Brigitte vom Wege / Mechthild Wessel

Das MärchenAktionsbuch

3. Auflage

Anmerkung des Verlages:
Wir danken den Verlagen und Rechteinhabern für die Erteilung der Abdruckgenehmigungen.
Bei einigen Texten und Liedern war es trotz gründlicher Recherchen nicht möglich, die Inhaber der Rechte ausfindig zu machen.
Honoraransprüche bleiben bestehen.

Gedruckt auf umweltfreundlichem, chlorfrei gebleichtem Papier

Umschlagkonzeption und Gestaltung:
R•M•E Roland Eschlbeck / Rosemarie Kreuzer
Illustrationen: Anke am Berg, Schwanebeck

www.herder.de

Layoutentwurf und Produktion: art und weise, Freiburg
Druck und Bindung: fgb • freiburger graphische betriebe 2006
www.fgb.de

ISBN-13: 978-3-451-28087-0
ISBN-10: 3-451-28087-6

Brigitte vom Wege / Mechthild Wessel

Das Märchen-Aktionsbuch

HERDER

FREIBURG · BASEL · WIEN

Märchen-Wissen

Märchen-Aktionen

Märchen-Sammlung

Beginnen wir mit einem Grimm'schen Märchen:

Zur Winterzeit, als einmal ein tiefer Schnee lag, musste ein armer Junge hinausgehen und Holz auf einem Schlitten holen. Wie er es nun zusammengesucht und aufgeladen hatte, wollte er, weil er so erfroren war, noch nicht nach Haus gehen, sondern erst Feuer anmachen und sich ein bisschen wärmen. Da scharrte er den Schnee weg und wie er so den Erdboden aufräumte, fand er einen kleinen goldenen Schlüssel. Nun glaubte er, wo der Schlüssel wäre, müsste auch das Schloss dazu sein, grub in der Erde und fand ein eisernes Kästchen. „Wenn der Schlüssel nur passt!", dachte er, „es sind gewiss kostbare Sachen in dem Kästchen." Er suchte, aber es war kein Schlüsselloch da, endlich entdeckte er eins, aber so klein, dass man es kaum sehen konnte. Er probierte und der Schlüssel passte glücklich. Da drehte er einmal herum und nun müssen wir warten, bis er vollends aufgeschlossen und den Deckel aufgemacht hat, dann werden wir erfahren, was für wunderbare Sachen in dem Kästchen lagen.

Niemand weiß, was in diesem Kästchen lag, gerade das ist sein Geheimnis. In der Fantasie kann sich jeder die wundervollsten Schätze darin vorstellen. Märchen bergen ebenso geheimnisvolle Schätze in sich. Für jeden ist etwas dabei.

Märchen sind für Kinder, Jugendliche und Erwachsene nach wie vor eine aktuelle und attraktive Lektüre. Heute stimmen maßgebliche Pädagogen, Psychologen und Literaturwissenschaftler darin überein, dass die Vermittlung und Rezeption von Märchen eine elementare Stellung in der Entwicklung von Kindern und Jugendlichen einnehmen. Und das nicht nur als Lesestoff, sondern auch als Film, Hörspiel, Musical, Theaterstück oder PC-Software. Über die Entstehung, geografische Herkunft und Verbreitung der Märchen steht interessierten Lesern ein beachtliches Angebot an Fachliteratur und Abhandlungen der Märchenforschung zur Verfügung. Auch zum kinderliterarischen Bereich sind Publikationen mit verschiedenartigen Blickwinkeln und Betrachtungsweisen nachzulesen.

Mit unserem vorliegenden Buch möchten wir pädagogische Fachkräfte, Eltern und selbstverständlich Kinder anregen, Märchen auf spielerische Weise zu erleben.

Eine theoretische Einführung, die sich auf das Wesentliche beschränkt, verdeutlicht dabei u. a. Auswahlkriterien der Märchen für Kinder von 3–6 Jahren, geeignete Vermittlungsformen und die Bedeutung für die Entwicklung von Kindern in diesem Alter.

Der umfassende Aktionsteil stellt eine Vielzahl von Spielmöglichkeiten vor, die in allen Schwerpunktbereichen der Elementarpädagogik einsetzbar sind, sei es im Bereich der Sprachförderung, Bewegungserziehung oder kreativen Gestaltung.
Vorschläge zu Märchenprojekten mit oder ohne Eltern runden den praktischen Aktionsteil ab.

Die Sammlung bekannter Volks- und Kunstmärchen vervollständigt schließlich das Aktionshandbuch und bietet gleichzeitig die Möglichkeit der direkten Märchenvermittlung.

Machen Sie mit uns märchenhafte Entdeckungen!
Finden Sie den goldenen Schlüssel der Fantasie!

Brigitte vom Wege   Mechthild Wessel

Zur Geschichte des Märchens

Märchen (Verkleinerungsform des mittelhochdeutschen Wortes maere = Kunde, Bericht, Erzählung, Gerücht) sind fantasievoll ausgeschmückte Prosaerzählungen, in der die natürlichen Gesetzmäßigkeiten aufgehoben sind und Wunder vorherrschen. Obwohl das Märchen als Urform des Erzählens bezeichnet werden kann und zu allen Zeiten und bei allen Völkern zu finden ist, konnte erst mit Beginn der Märchenforschung, die im 19. Jahrhundert mit den Brüdern Jacob und Wilhelm Grimm begründet wurde, der Begriff Märchen als literarischer Gattungsbegriff definiert werden.

Märchen haben sich vermutlich aus den Mythen entwickelt, erzählte Darstellungen von urzeitlichen Vorgängen zwischen Göttern, übernatürlichen Mächten und gottähnlichen Helden. Spuren des Märchens sind bereits im 3. Jahrtausend v. Chr. in Babylon zu erkennen. Das *Gilgamesch-Epos*, das zu den ältesten schriftlichen Aufzeichnungen gehört, enthält Erzählungen, deren Motive auch in Märchen zu finden sind und die zum Teil sogar einen märchenähnlichen Handlungsverlauf aufweisen. In den griechischen Sagen gibt es ebenfalls Elemente, die mit Märchenmotiven vergleichbar sind, so etwa in den Geschichten *Herakles* (als Vergleich bei Grimm: *Der starke Hans*) als auch in der römischen Mythologie z. B. *Amor und Psyche*, wo das Motiv des Tierbräutigams auftaucht (als Vergleich bei Grimm: *Der Froschkönig*).
Durch die Kreuzzüge im 8. und 9. Jahrhundert n. Chr. wurden die europäischen Märchen von jüdischen, arabischen, keltischen und indischen Einflüssen geprägt. Eine Übereinstimmung gleichartiger Märchenmotive der unterschiedlichen Völker und Kulturen kann mit dieser „Märchenwanderung“ begründet werden (s. S. 28 Märchen ferner Länder).
Auch die im Mittelalter überlieferten Mythologien und Heldensagen beinhalten märchenhafte Elemente, die sich in Gestalten und Motiven widerspiegeln, z. B. *Siegfried der Drachentöter* (als Vergleich bei Grimm: *Der starke Hans*) oder *König Artus*, dem wundersame Helfer zur Seite stehen (als Vergleich bei Grimm: *Sechse kommen durch die ganze Welt*).

Erst im 16. Jahrhundert wurde mit dem Erscheinen von *Giovan Francesco Straparolas* 73 Erzählungen *Ergötzliche Nächte* eine schriftliche Märchenüberlieferung deutlich. Die Sammlung enthielt u. a. die Geschichten vom Tierprinzen (Vergleich bei Grimm: *Das Eselein*), vom wilden Mann (Vergleich bei Grimm: *Der Eisenhans*) und vom Zauberlehrling (Vergleich bei Grimm: *De Gaudeif un sein Meester*), die nicht nur in deutsche, sondern auch in portugiesische, französische und weitere italienische Volksmärchensammlungen übernommen wurden.

Im 17. Jahrhundert lieferte der italienische Schriftsteller *Giambattista Basile* den wichtigsten Beitrag zu schriftlich aufgezeichneten Volksmärchen. Seine Sammlung *Pentamerone* enthielt fünfzig Geschichten, die in eine Rahmenhandlung eingebunden waren und in neapolitanischer Mundart erzählt wurden. In diesen Texten haben später die Brüder Grimm Parallelen zu ihren gesammelten Märchen erkannt. So sind hier *Petrosinella* als *Rapunzel* oder *Nennillo und Nennella* als *Hänsel und Gretel* wiederzuerkennen.
Ende des 17. Jahrhunderts veröffentlichte *Charles Perrault* in Frankreich seine Sammlung *Contes des Fées* mit acht Feen-Erzählungen, die einen deutlichen Volksmärchencharakter aufwiesen. Sprachlich und inhaltlich waren die Erzählungen voller Ironie, Moral und Erotik und an die höfische Zuhörerschaft gerichtet. Diese Sammlung *Perraults* nahm großen Einfluss auf die Volksmärchen der Brüder Grimm, die sie später mit Ausnahme des Märchens *Der gestiefelte Kater* (*Le Chat botté*) in den *Kinder- und Hausmärchen* aufnahmen, so z. B. *Aschenputtel* (*Cendrillon ou la Petite Pantoufle de Verre*), *Dornröschen* (*La belle au bois dormante*), *Rotkäppchen* (*La petit Chaperon rouge*).
Zu Beginn des 18. Jahrhunderts übersetzte und bearbeitete *Jean Antoine Galland* in Frankreich die 300 Erzählungen umfassende arabische Sammlung *Tausendundeine Nacht*, die zu dieser Zeit sehr in Mode kam und andere Volkserzählungen stark beeinflusste. Feengeschichten und orientalische Märchen erfreuten sich fortan großer Beliebtheit. Sie spiegelten das zeitgemäße Interesse des Bürgertums an orientalischer Kultur, aber auch das Bedürfnis nach wunderbaren, exotischen Abenteuern.
In Deutschland hingegen demonstrierte *Karl August Musäus* mit der Herausgabe der Märchensammlung *Volksmärchen der Deutschen* seine Abneigung gegen den französischen „Feentrend“. Weitere Sammler folgten seinem Beispiel, sodass zu Beginn des 19. Jahrhunderts durch die Brüder Grimm das Volksmärchen in Deutschland endlich buchfähig wurde.

Zur Charakteristik des Volksmärchens

Volksmärchen beruhen auf mündlicher Überlieferung. Sie wurden von Erwachsenen für Erwachsene erzählt und durch individuelle Gestaltung und Bearbeitung der jeweiligen Märchenerzähler bzw. Märchensammler sowie Reaktionen der Zuhörer im Laufe der Zeit unterschiedlich verändert.
Die *Kinder- und Hausmärchen* der Brüder Grimm, die als Prototyp der Volksmärchen betrachtet werden, entsprechen inhaltlich und sprachlich der Zeit der Romantik. Wie lebten die Menschen in dieser Zeit?
Im 19. Jahrhundert konnte der größte Teil der einfachen Bevölkerung nicht lesen. Beim gemeinsamen Tun wurden Märchen und Geschichten erzählt, um eintönige Arbeitsvorgänge angenehmer zu gestalten. Diese Erzählungen waren für die unteren Schichten meist die einzige Möglichkeit, mit literarischer Sprache in Berührung zu kommen. Sowohl lesen und schreiben als auch der Besitz von Büchern war fast ausschließlich ein Privileg der Reichen und des Klerus. In dörflichen Gemeinschaften wurden hin und wieder auch anerkannte Erzähler eingeladen, die es verstanden, die jeweiligen Zuhörer und Situationen immer wieder neu in ihre Märchen und Geschichten einzubinden, um Aufmerksamkeit und Gefallen zu erregen.
Das Volksmärchen spiegelt in der Erzählperspektive die Sicht der Benachteiligten, die nach Erfolg und Reichtum strebten und von einem freien, glücklichen Leben träumten. Die Märchenwelt entspricht dieser Wunschwelt, in der die Hoffnungslosen ausziehen und ihr Glück finden und die Unterdrückten durch Wunder oder Zauberei einen sozialen Aufstieg erleben.

Themen und Motive

Zu den zentralen Themen bzw. Motiven des Volksmärchens gehören die existenziellen Probleme des gesellschaftlichen Lebens (*Gemeinschaftsmotive*): Geschwisterstreit, Werbung, Hochzeit, Kinderlosigkeit, Trennung, Verstoßung, Kindesaussetzung, Tod etc. Die Ausgangslage ist gekennzeichnet durch einen Mangel oder eine Notlage (*Hänsel und Gretel*), eine Aufgabe (*Rotkäppchen*), ein Bedürfnis (*Hans im Glück*) oder andere Schwierigkeiten, die bewältigt werden müssen (*Schneewittchen*). Diese Motive spiegeln die Beziehungen zwischen Mensch und Umwelt und entstammen dem alltäglichen Leben. Neben diesen weltlichen Motiven beinhalten Volksmärchen magische und mythische Motive wie die Begegnung und Auseinandersetzung mit Toten oder fantastischen Wesen aller Art (Zwerge, Riesen, Drachen, Feen) und die Erlösung Verwünschter. Das Volksmärchen vereint magische und weltliche Motive miteinander, sodass daraus die typischen *Märchenmotive* entstehen.

Märchenhelden und Märchenheldinnen

Im Volksmärchen kommunizieren alle Wesen und Figuren wie selbstverständlich miteinander, handeln jedoch nur isoliert nebeneinander oder nacheinander. Die Märchenfiguren haben weder eine Beziehung zur Vergangenheit oder Zukunft noch zu irgendeiner Art von Gemeinschaft. Sie sind ohne Körperlichkeit, haben keine Gefühlswelt und keine Biografie. Häufig sind sie namenlos (das einzige Kind, der Jüngste, die Stieftochter, der Arme, der König, der Dummling, die Hexe), tragen Allerweltsnamen (Hans, Grete) oder Namen, die sie durch ein bestimmtes Merkmal kennzeichnen (Rotkäppchen, Dornröschen, Aschenputtel, Schneewittchen). Isoliert von ihren ursprünglichen Lebenszusammenhängen sind sie zu Beginn des Märchens ohne feste Bindung: So beabsichtigt die Stiefmutter, Schneewittchen von einem Jäger töten zu lassen, Hänsel und Gretel werden von ihren Eltern im Wald ausgesetzt oder die Müllerstochter wird von ihrem Vater an den König ausgeliefert, da sie angeblich Stroh zu Gold spinnen kann. Dieses Ausgeliefertsein bzw. diese Isolation zwingt die Protagonisten, ihre Abenteuer allein zu bewältigen, jedoch ohne Konsequenzen aus dem bereits Geschehenen zu ziehen: So weiß die Stiefschwester nichts von dem fleißigen und selbstlosen Handeln ihrer Schwester bei Frau Holle und kehrt mit Pech übergossen heim, auch Schneewittchen erkennt auch beim dritten Besuch immer noch nicht die böse Königin und ebenso wundert sich niemand, auch nicht der eigene Vater, dass die Müllerstochter tatsächlich Stroh zu Gold spinnen kann.

Wundergaben

Isoliert von ihren ursprünglichen Lebenszusammenhängen erhalten die Märchenhelden aber die besondere Gabe, die es ermöglicht, Bindungen mit Jenseitigen einzugehen, um in der Auseinandersetzung mit Gegenspielern bestehen zu können und das Ziel zu erreichen. In diesen Bewährungsproben entsteht eine unsichtbare Allverbundenheit zwischen den helfenden fantastischen Wesen oder Tieren und den Märchenhelden: So bekommt Aschenputtel Hilfe durch die Tauben, Schneewittchen durch die sieben Zwerge und dem Dummling steht das graue Männlein helfend zur Seite. Sind die Schwierigkeiten überwunden, wird diese Bindung wieder gelöst und die Helfer verschwinden in der Unbedeutendheit. Die einzig bleibende Verbindung, die Märchenhelden eingehen, ist die Ehe, in vielen Märchen der Schlusspunkt.
Wenn die Märchenhelden Probleme oder Aufgaben zu lösen haben, so treten die jenseitigen Helfer aus dem Nichts auf und stellen außerdem noch ihre besonderen Wundergaben zur Verfügung: ein Kochtopf, ein Goldesel oder ein Tischleindeckdich. Helfer und Wundergaben stehen nur den Märchenhelden zu.

Unhelden handeln bei der Begegnung mit Jenseitigen falsch, erhalten keine Wunderdinge oder kommen durch sie zu Schaden. Umfassende Wunderdinge, die alles Gewünschte herzaubern können, sind selten. Bekommen die Protagonisten ausnahmsweise doch einmal eine dieser Wundergaben, so nutzen sie diese niemals voll aus oder werden, bei maßloser Gier, am Ende dafür bestraft (*Von dem Fischer un syner Frau*). Nach der Lösung der Probleme sind auch die wunderbaren Requisiten meist nicht mehr von Interesse und tauchen in der Erzählung nicht wieder auf.

Gegensätzliche Eigenschaften

Zur Bewältigung ihrer Probleme empfangen die Handlungsträger weitere Gaben, zu denen besondere Fähigkeiten und Eigenschaften wie Selbstlosigkeit (*Die Sterntaler*), Fleiß (*Frau Holle*) und Unschuld (*Rotkäppchen*) gehören. Diese Privilegien, die zusätzlich durch starke Gegensätze verdeutlicht werden, heben die positive Persönlichkeit der Märchenhelden eindrucksvoll hervor. Da stehen sich das Gute (Aschenputtel) und das Böse (Stiefmutter) gegenüber, der Fleiß (Goldmarie) und die Faulheit (Pechmarie), Armut (Müllerstochter) und Reichtum (König) oder Hochmut (Königin) und Bescheidenheit (Schneewittchen). Aber auch diese Gabe der besonderen Eigenschaften oder Fähigkeiten vereinigen sich nicht mit der Gesamtpersönlichkeit der Märchenhelden, sondern spielen nur dann eine Rolle, wenn außergewöhnliche Situationen es erfordern.

Spielanregungen zu Märchenhelden und Märchenheldinnen

- Rätselreime: Wer bin ich?
- Märchenpaare (Bewegungsspiel)
- Märchenfiguren raten (Erzählspiel)
- Es war einmal ein Königssohn (Spiellied)
- Schnib-Schnab-Schabernack (Kartenspiel)

Da das Märchenerzählen der Kommunikation und Information diente, passte es sich in seiner Erzählform der einfachen, ungebildeten bzw. kindlichen Zuhörerschaft an. So entstand der unverwechselbare Typ des Volksmärchens, der durch elementare Strukturen und einen bildhaften, anschaulichen Stil zu charakterisieren ist.

Eingangs- und Schlussformeln

Märchenerzähler benutzten häufig rhetorische Hilfsmittel wie die *Eingangs- und Schlussformeln*, die ihnen das freie Erzählen erleichterten und an denen die einfachen Textstrukturen deutlich werden. Die meisten Märchen beginnen mit: *„Es war einmal …“*, (*Rumpelstilzchen*) oder *„Vor Zeiten waren …“* (*Dornröschen*). Während einige Eingangsformulierungen den zeitlosen Charakter des Märchens besonders bildhaft hervorheben wie *„Vor alten Zeiten, als der liebe Gott noch selber auf Erden unter den Menschen wandelte …“* (*Der Arme und der Reiche*) oder *„In den alten Zeiten, in denen das Wünschen noch geholfen hat, …“* (*Froschkönig*), setzen manche Märchen unvermittelt ein *„Vor einem großen Wald …“* (*Hänsel und Gretel*) oder *„Eine Witwe hatte zwei Töchter …“* (*Frau Holle*). Durch diese charakteristischen Eingangsformeln wurden die Zuhörer in eine Märchenwelt hineingeführt und am Ende kehrten sie durch bestimmte Schlussformulierungen wieder in ihre Wirklichkeit zurück. Die am häufigsten benutzte Formulierung ist dabei *„und wenn sie nicht gestorben sind, dann leben sie noch heute“*; aber auch *„Mein Märchen ist aus, dort läuft eine Maus, wer sie fängt, darf sich eine große, große Pelzkappe daraus machen“* oder *„und dem, der das zuletzt erzählt hat, ist der Mund noch warm“* (*Die Bremer Stadtmusikanten*). Diese Eingangs- und Schlussformulierungen verdeutlichen u. a. ein weiteres typisches Wesensmerkmal des Volksmärchens: die *undifferenzierte Zeitperspektive*, die dem Märchen Wirklichkeitsferne verleiht. Zeit und Raum sind bedeutungslos, Vergangenheit und Zukunft existieren nicht, die Figuren weisen keine Biografie auf, sie agieren nur im Hier und Jetzt.

Eingangs- und Schlussrituale für Märchenstunden

- Märchenkerze/-leuchte/Duftlampe/Discokugel o. a. reflektierendes Licht
- Triangel/Glöckchen/Gong/Leier/Glockenspiel/Gitarrenklänge/Klangschale/ instrumentale Musik von MC oder CD
- Ein goldener Märchenschlüssel öffnet und schließt den Märchenraum
- Kinder gehen durch ein Märchentor, kriechen durch den Märchentunnel, steigen durch den Märchenreifen
- Eingangsverse
- Das Land der Fantasie (Spiellied)
- Figur des Märchenerzählers tritt auf und ab (Stock-Handpuppe)

Rhythmische Verse

Zu den weiteren Formeln, die Märchenerzähler benutzten, gehörten rhythmisch gesprochene Verse magischen Ursprungs, die zum Teil mit heidnischen Beschwörungs- oder Zaubersprüchen assoziiert werden könnten, wie z. B.:

„Heute back ich, morgen brau ich,
übermorgen hol ich der Königin ihr Kind;
ach, wie gut, dass niemand weiß,
dass ich Rumpelstilzchen heiß!"

Mit einer selbst erdachten, eintönigen Sprachmelodie, die schon fast einen meditativen Charakter aufwies, wurden diese Sätze vorgetragen, von den Zuhörern mitgesprochen und als Höhepunkte einer Märchenstunde erlebt, wie:

„Spieglein, Spieglein, an der Wand,
wer ist die Schönste im ganzen Land?"
oder
„Manntje, Manntje, Timpe Te,
Buttje, Buttje in der See,
meine Frau, die Ilsebill,
will nich so, wie ich wohl will."

Spielanregungen zu Märchenversen

- Truhe, öffne dich! (Erzählspiel)
- Verdrehte Märchensprüche (Erzählspiel)
- Märchenverse würfeln (Karten- und Brettspiele)
- Verzauberte Finger (Fingerspiel)

Magische Zahlen

Die magische Kraft, die von diesen überlieferten Zauberworten oder Beschwörungsversen ausgeht, wird darüber hinaus von der alles beherrschenden *Dreizahl* verstärkt: *Drei Söhne ziehen nacheinander aus, um Holz zu hauen, drei Schwestern wollen sich die goldenen Federn der Gans holen, drei Aufgaben muss der Dummling bewältigen, um das Königreich zu gewinnen (Die goldene Gans).* Die Dreizahl verweist auf das symbolische Zahlen- und Ordnungsprinzip der Realität, z. B. Vater, Mutter, Kind als eine natürliche harmonische Einheit, die drei Elemente: Feuer,

Wasser, Luft oder die drei Gestirne: Sonne, Mond und Sterne. Auch strukturell hilft die Dreizahl, einen Text aufzubauen und zu gliedern (Einleitung, Hauptteil, Schluss) oder den Handlungsverlauf in einen eingängigen Rhythmus zu bringen. Dieser wiederholende *Dreier-Rhythmus* half wiederum dem Märchenerzähler, den roten Faden nicht zu verlieren und den Zuhörern, den Text besser zu verstehen und zu behalten.
Das Volksmärchen arbeitet nicht nur mit der Dreizahl, die Sieben und die Zwölf gehören ebenso zu den Zahlen von fester Prägung mit ursprünglich magischer Bedeutung, z. B.: Sieben Tage ergeben eine Woche, zwölf Monate vollenden den Jahreszyklus. In den Grimm'schen Märchen werden *sieben Söhne* in Raben verwandelt, lebt Schneewittchen bei den *sieben Zwergen* oder sind *zwölf Feen* zur Geburt von Dornröschen eingeladen. Die Zahlen Sieben und Zwölf tragen nicht wie die Dreizahl zur Strukturierung des Textes bei, sie sind reine Stilformen, die die Mehrzahl an sich verkörpern, aber dem Volksmärchen in hohem Maße eine *formelhafte Starrheit* verleihen, da keine zufällige Zahl benutzt wird.

Spielanregungen zu den magischen Zahlen 3 und 7

- Magische Abzählverse (Bewegungsspiele)
- Zungenbrecher
- Papier – Schere – Stein (Bewegungsspiele)
- Tri – Märchen-Memory (Kartenspiel)
- Sieben kleine Geißlein (Darstellendes Rollenspiel)

Intention

Das Volksmärchen vermittelt keine Lehre oder Moral, sondern eine glückliche Weltsicht. Aus diesem Grund werden die Märchenhelden zu Sympathieträgern, da sie mit „guten“ Eigenschaften ausgestattet sind, mit denen sich jeder identifizieren möchte. Gerade die Märchenhelden, die über keine herausragenden Qualitäten oder gesellschaftlich hochrangigen Stellungen verfügen wie die Dummen, die Jüngsten, die Schwächsten oder Ärmsten, können im Märchen Macht und Reichtum erwerben. Das Volksmärchen appelliert somit an die geheimsten Wünsche, dass jedem Zuhörer oder Leser dieses Glück zuteil werden kann. Das Märchenende vermittelt Zuversicht und Lebensfreude: Das Böse wird bestraft, das Gute belohnt und die gestörte Ordnung wieder hergestellt.

Die Brüder Grimm und andere Märchensammler

Märchen sind in unserem Kulturkreis fast unlöslich mit den Namen der Brüder Grimm verbunden. Tatsächlich waren Jacob (1785–1863) und Wilhelm (1786–1859) Grimm die ersten, die deutschsprachige Märchen erforschten, sammelten und veröffentlichten, obwohl dies eigentlich nicht ihr vorrangiges Ziel war.
Beide in Hanau (Hessen) als Söhne eines Juristen geboren, begannen sie ebenfalls ihr Jurastudium in Marburg, obwohl Jacob sich mehr für klassische Philologie und Wilhelm für Medizin interessierte. Angeregt durch ihren Professor Friedrich Karl von Savigny, der zu der Zeit als der bedeutendste europäische Rechtsgelehrte galt, begannen sie Volksüberlieferungen zu sammeln und aufzuschreiben. Dieses Interesse war nicht nur philologisch zu begründen, sondern hatte zugleich einen politischen als auch sozialgeschichtlichen Hintergrund.
Als Jacob und Wilhelm mit ihrer Sammeltätigkeit begannen, war Preußen gerade durch die siegreiche Doppelschlacht in Jena und Auerstedt von Napoleon besetzt und die nationale Identität als auch literarische Vergangenheit drohte sich ihrer Meinung nach zu verändern oder sogar aufzulösen. Außerdem fürchteten sie, die mündliche Erzähltradition in der einfachen Bevölkerung ginge verloren, da die allgemeine Schulpflicht zu einer steigenden Lese- und Schreibfähigkeit führte. So sahen die Grimms ein wichtiges Ziel darin, Lieder, Sagen und Märchen des Volkes zu sammeln, um die ursprüngliche deutsche Poesie und Dichtung für nachfolgende Generationen zu bewahren.
Gesammelte Lieder stellten sie ihren Freunden, den Dichtern Clemens Brentano und Achim von Arnim zur Verfügung, die 1806 die Volksliedsammlung *Des Knaben Wunderhorn* herausgaben. Brentano bat die Grimms, ihm ebenso gesammelte Märchentexte zur Verfügung zu stellen, um sie zu bearbeiten und zu veröffentlichen. Obwohl die Grimms einige Vorbehalte hatten, stellten sie Brentano dennoch ihre Texte zur Verfügung, die sie zum Glück vorher kopierten; denn Brentano führte sein Vorhaben nicht aus. Danach schienen diese ursprünglichen Märchentexte verloren gegangen zu sein, tauchten jedoch 1920 im Kloster Ölenberg (Elsass) wieder auf und wurden nach ihrem Fundort als *Ölenberger Handschrift* für die spätere Märchenforschung von großer Bedeutung.
Nachdem Jacob Grimm als wissenschaftlicher Gehilfe Savigny nach Paris gefolgt war, verlor er schließlich die Lust, das Jurastudium zu beenden. Kassel war von Napoleon besetzt und Jacob wurde Bibliothekar der Privatbibliothek König Jéromes, Napoleons jüngstem Bruder. Hier fand Jacob genügend Zeit und Muße, sich mit dem Studium der altdeutschen Poesie und Sprache zu beschäftigen, sodass 1812 der erste Band der Kinder- und Hausmärchen veröffentlicht wurde und schon 1815 der zweite Band folgen konnte.
In den folgenden Jahren brachten die Brüder ihr letztes gemeinsames Sammelwerk heraus: Deutsche Sagen.

Wilhelm arbeitete zeitlebens sehr eng mit seinem Bruder zusammen. Er war der Hauptsammler und Redakteur der Märchen und Sagen. Er setzte sich kritisch mit der deutschen Literatur des Mittelalters und mit volkskundlichen Themen auseinander.
Der Erfolg der Kinder- und Hausmärchen, aber auch der Appell der Brüder Grimm, Volksliterarisches aufzuschreiben, gab im In- und Ausland den Anstoß zu weiteren Sammlungen.

Der Märchensammler Ludwig Bechstein (1801–1860)

In Deutschland fand das *Deutsche Märchenbuch* (1845) des Thüringer Germanisten, Volkskundlers und Schriftstellers Ludwig Bechstein großen Anklang. Zeitweilig stellte diese Sammlung sogar die Grimm'sche Märchenausgabe in den Schatten, da sie zum einen preiswerter war und zum anderen reichhaltig mit Illustrationen (Holzschnitte) des Dresdner Malers Ludwig Richter ausgestattet war, die von höchster Qualität zeugten. Bechstein war Bibliothekar und Archivar. Ihm standen sowohl alte als auch zeitgenössische Volkssammlungen zur Verfügung. Gleichzeitig reiste er sehr viel herum und schöpfte überwiegend aus mündlicher Überlieferung, einiges jedoch auch aus der Sammlung der Brüder Grimm. Mit entsprechenden pädagogisch-moralischen Botschaften konzipierte er seine Märchen von Anfang an für Kinder. Obwohl seine Sprache ausschweifender (Vergleich: *Das Märchen vom Schlaraffenland*), mitunter ironisch und steif und im Vergleich zu Grimm weniger klar wirkt, sind seine Märcheneditionen bis heute recht beliebt und verbreitet, z. B. *Goldmarie und Pechmarie*, *Das Märchen vom Mann im Mond*, *Der Wettlauf zwischen dem Hasen und dem Igel.*

Zur gleichen Zeit entstanden weitere deutsche Märchensammlungen, die für die Märchenforschung bis heute von Bedeutung sind, aber in ihrer Popularität mit den bereits genannten Sammlungen nicht vergleichbar waren.

Spielanregungen zum Sammeln von Märchen, Geschichten und anderem Wunderbarem

- Sammler-Ausstellung (Erzählspiel)
- Märchenbilder sammeln (Erzählspiel)
- Märchen-Bilderlexikon (Gestaltungsspiel)
- Oma- und Opamärchen oder Hörmalmärchen (Erzählspiel)

Die Entstehung der Kinder- und Hausmärchen

Als Jacob und Wilhelm Grimm 1812 zum ersten Mal die *Kinder- und Hausmärchen* veröffentlichten, ahnte niemand, dass ihre Sammlung einmal zur Weltliteratur gehören würde.

Volksmärchen galten in Deutschland noch im 18. Jahrhundert als Trivialliteratur, als „Poesie der Ungebildeten", die es nicht wert war, gedruckt zu werden, im Gegensatz zur propagierten Gattung der Kunstmärchen.
In Anlehnung an den deutschen Dichter und Philosophen Johann Gottfried Herder (1744–1803), der den Begriff *Naturpoesie* prägte, versuchten die Grimms jedoch, den Ursprung überlieferter Dichtung in Liedern, Sagen und Märchen des Volkes aufzuspüren, um damit die sprachliche und literarische Bedeutung zu vermitteln.
Die Brüder Grimm lebten recht zurückgezogen. Sie waren nicht sehr kontaktfreudig, weshalb ihnen selbst nur wenige Märchen direkt mündlich überliefert wurden. Deshalb waren sie auf Bibliotheksarchive und Helfer angewiesen, die ihnen Manuskripte zusandten und ebenfalls Erzähler aufsuchten. Bis zu ihrer letzten Märchenausgabe 1857 hatten die Grimms mit Hilfe von ungefähr 40 Mitarbeitern 240 Märchen und Legenden zusammengetragen, weit mehr, als sie je erwartet hatten.
Den Grundstock der Sammlung bildeten aufgezeichnete mündliche Erzählungen aus ihrer Heimat Hessen, die ihnen zumeist von stadtbürgerlichen Erzählerinnen angetragen wurden (u. a. *Rotkäppchen, Dornröschen, Die kluge Else, Aschenputtel*). Diese Frauen gehörten zum gebildeten Bürgertum und waren im französischen Sprachraum aufgewachsen, sodass indirekt Märchen französischen Ursprungs, insbesondere von Charles Perrault, in die Grimm'schen Märchentexte eingingen (z. B. *Der gestiefelte Kater*).
Zu wichtigen Zulieferinnen gehörten auch Wilhelm Grimms spätere Frau Dortchen Wild und ihre Mutter (u. a. *Frau Holle, Der Froschkönig*), der Bökendorfer Märchenkreis mit Annette von Droste Hülshof (z. B. *Die Bremer Stadtmusikanten*) und der Maler und Schriftsteller Philipp Otto Runge (*Von dem Fischer un syner Frau, Machandelboom*).
Jacob Grimm betonte immer wieder, dass er die Märchen wörtlich und buchstabentreu aufzeichne, während Wilhelm zwar auf die Beibehaltung der Motive, Inhalte und Sinnbilder achtete, aber die Texte gerne auf seine Weise kürzte oder streckte. Mitunter vermischte er sogar zwei oder mehrere Märchenvarianten miteinander. So blieb es nicht aus, dass mit der sprachlichen und stilistischen Bearbeitung der Volkserzählungen immer mehr an Authentizität und Originalität verloren ging.

Ursprünglich wollten Märchen ausschließlich Erwachsene unterhalten, ja selbst Frauen waren bei den Erzählungen nicht gern gesehen, da der Inhalt bisweilen derb, frivol und anstößig war. Das Märchenpublikum hatte sich aber im Laufe der Zeit verändert und es zeigte sich, dass immer mehr Frauen ihren eigenen Kindern oder Zöglingen Märchen erzählten, um bürgerliche Normen und Wertvorstellungen schon in früher Kindheit zu vermitteln.
Von der zweiten Auflage an gestaltete Wilhelm Grimm die Texte bewusst für Kinder, sodass die Kinder- und Hausmärchen fortan zur Kinderliteratur gehörten. Sexuelle Anspielungen wurden verworfen und mit Moralisierungen und zeitgemäßen pädagogischen Wertvorstellungen ergänzt. Um eine kindgerechte Sprache zu erreichen, benutzte Wilhelm einfache Situationsdarstellungen, die durch den erzählenden Imperfekt, die direkte Rede, Sprichwörter, wiederholende Formeln und Redensarten anschaulicher und eingängiger wurden. Fremdwörter wurden vermieden, Verkleinerungsformen wie „Spieglein, Tellerlein, Bettlein" bevorzugt. Aus einer bösen Mutter wurde fortan die „Stiefmutter" und „Prinz und Prinzessin" wurden durch „Königssohn und Königstochter" ausgetauscht. Viele überlieferte Texte bekamen einen naiv-religiösen bzw. tugendhaften Ton, der hin und wieder die Grausamkeiten noch mehr hervorhob. Diese Wirkung war nicht beabsichtigt, sondern sollte deutlich machen, dass das Böse nur durch den Glauben an das Gute besiegt werden kann.

Da die Grimm'schen Märchen aufgrund der redaktionellen Bearbeitung weder zu den mündlich überlieferten Volksmärchen noch zu den von bestimmten Autoren verfassten Kunstmärchen gehörten, wurde der neue Begriff *Buchmärchen* geprägt.

Nachsage- und Nacherzählspiele

- Stille Märchenpost (Erzählspiel)
- Märchen Allerlei (Erzählspiel)
- Schneewittchen und die sieben Hänsel (Computerspielmärchen)

Entstehung und Besonderheit

Als bedeutsame Literaturgattung entstanden die Kunstmärchen neben den Volksmärchensammlungen ebenfalls im 18./19. Jahrhundert (Romantik). Die Darstellung fantastischer, unwirklicher wie übernatürlicher Wunderwelten stellt die Gemeinsamkeit beider Märchenformen dar. Kunstmärchen sind das dichterische Werk eines einzelnen Autors. Motive und Gestaltungstechniken der Volksmärchen werden zwar teilweise von ihm übernommen, aber bezüglich der Absicht, der sprachlichen Gestaltung und des Handlungsaufbaus sind Kunstmärchendichter an keine bestimmte Erzähltradition gebunden und können sich alle dichterischen Freiheiten nehmen. Kunstmärchen sind meist im literarischen Zeitstil geschrieben, z. B. sinnbildlich-philosophisch, romantisch-naturhaft, komisch-fabulierend oder satirisch-parodierend. Hierin bestehen auch die Gründe dafür, dass Kunstmärchen vornehmlich nicht für die jüngeren Kinder geschrieben sind.
Kunstmärchen verfügen über eine innere und äußere Struktur, die Hauptdarsteller sind Menschen, Tiere oder leblose Dinge, die reden, fliegen, handeln können. Den einzelnen Figuren und Ereignissen haftet häufig eine tiefere Bedeutung an, wobei philosophische Gedankenwelten oder existenzielle, gesellschaftliche Probleme gleichnishaft-bildlich oder auch märchenhaft-poetisch verklärt werden. Die Sprache, die Erzählstruktur und der Handlungsablauf der Kunstmärchen sind im Vergleich zu Volksmärchen differenzierter. Deswegen werden sie vom Rezipienten auch besser verstanden, wenn sie gelesen und nicht erzählt werden. Zudem fehlt den Kunstmärchen die Verlässlichkeit auf ein gutes Ende. In der Romantik und darüber hinaus gehörten Kunstmärchen zur geistreichen Unterhaltung des lesegebildeten Bürgertums. Großen Teilen der Bevölkerung wie Arbeitern, Bauern und Handwerkern blieben die Kunstmärchen allerdings verschlossen.

Alte und neue Kunstmärchen

Früher wie heute verfassten Dichter neben anderen Prosa- und Lyrikwerken vereinzelt Märchen. Die beliebtesten Märchendichter der Romantik veröffentlichten außer ihren Werken für das lesekundige Publikum zuweilen auch verständliche Märchen für jüngere, leseunkundige Kinder. Dazu verwendeten sie vertraute Motive und Erzähltechniken der Volksmärchen oder erfanden völlig frei neue Wundergeschichten. Diese Märchengeschichten gestalteten sie mit eigenen pädagogischen Intentionen und ließen zeitbezügliche Lebenseinstellungen und Werthaltungen einfließen. Umfang, Aufbau und ihre Symbolhaftigkeit lassen daher den Schluss zu, dass Kunstmärchen eher für das ältere Lesepublikum

als für Kinder geeignet erscheinen, da ihnen zunächst die Märchenaussagen noch unverständlich bleiben.
Einige maßgebliche Autoren der Kinderliteratur des 20. Jahrhunderts haben neben realistischen Alltagsgeschichten, fantastischen Erzählungen oder Bilderbuchgeschichten ebenfalls fantastische Märchen, Zaubermärchen oder Wunschmärchen erfunden. Solche Märchen wurden der breiten Öffentlichkeit oft erst bekannt, nachdem sie zunächst von den Kindern der Autoren positiv bewertet worden waren. Alte wie neue Kunstmärchen vermitteln Zeitgeist und verfügen häufig über witzige, ironische, satirische Eigenheiten. Vielleicht haben sie deshalb für aufgeschlossene Leserinnen und Leser nicht an Attraktivität verloren. Dem Geburtsjahrgang folgend werden hier einige bedeutende alte wie neue Kunstmärchendichter mit ihren Werken vorgestellt.

Hans Christian Andersen und weitere Kunstmärchendichter

E. T. A. Hoffmann *(1776–1822)*

Der Jurist und Schriftsteller E(rnst) T(heodor) A(madeus) Hoffmann verdankt seinen literarischen Ruhm der spezifischen Gestaltung eines skurrilen und gespenstisch verfremdeten Alltags, mit der er dem romantischen Kunstmärchen neue Dimensionen eröffnete, z. B. *Klein Zaches genannt Zinnober, Nussknacker und Mausekönig* u. a. m. Diese Märchen werden hier der Vollständigkeit wegen erwähnt, sind jedoch durch ihren Umfang und ihre tiefere Bedeutung von jüngeren Kindern noch nicht erfassbar.

Clemens Brentano *(1787–1842)*

Der Schriftsteller und Lyriker war mit Bettina von Arnim verheiratet und mit ihrem Bruder Achim von Arnim befreundet. Brentano und Achim von Arnim gaben die Liedersammlung *Des Knaben Wunderhorn* (1808) heraus und pflegten freundschaftliche und berufliche Kontakte zu den Brüdern Grimm, die zunächst für Brentano als Lieder- und Märchensammler tätig waren. Brentanos fantastische Erzählfreude, Heiterkeit und tiefsinniger Ernst kommen in seinen *Italienischen Märchen* zum Ausdruck, z. B.: *Gockel, Hinkel und Gackeleia, Das Märchen vom Myrtenfräulein*[1], *Das Märchen von Fanferlieschen Schönefüßchen, Das Märchen vom Schulmeister Klopfstock und seinen fünf Söhnen* u. a. m. Obwohl Brentanos Märchen viele Eigenarten des Volksmärchens aufweisen, erschließen sich der poetische Stil ebenso wie das Sinnverständnis erst älteren Kindern bzw. dem erwachsenen Lesepublikum.

[1] *Nachzulesen bei www.gutenberg2000de/brentano/maerchen*

Wilhelm Hauff *(1802–1827)*

Der schwäbische Dichter und Redakteur gehört noch immer zu den beliebtesten deutschen Märchendichtern. Berühmt und bis heute weit verbreitet, wurden vor allem die drei *Mährchenalmanache – Märchen für Söhne und Töchter gebildeter Stände*, in denen seine Erzählungen publiziert wurden. Mit diesen Erzählungen wollte er sich von den Volksmärchendichtern absetzen. Die zwei Rahmenerzählungen *Die Karawane, Der Scheich von Alexandria* enthalten die bekannten orientalischen Erzählungen *Die Geschichte vom Kalif Storch, Zwerg Nase, Die Geschichte vom kleinen Muck*. Aus der Rahmenerzählung *Das Wirtshaus im Spessart* stammen *Die Sage vom Hirschgulden* sowie das beliebte Märchen *Das kalte Herz*.
Viele dieser Märchengeschichten weisen abenteuerliche, romantisch-fantastische, wundersame, aber auch realistische Elemente auf, mit zeitkritischen sowie satirischen Zügen. Einige der Hauff-Märchen sind zwar schon für Kinder ab etwa sechs Jahren geeignet, wie etwa *Zwerg Nase* oder *Der kleine Muck*, die meisten aber wenden sich eher an das ältere Lesepublikum.

Hans Christian Andersen *(1805–1875)*

Der dänische Dichter und Märchenerzähler stammte aus ärmlichen Verhältnissen und wurde der wohl bekannteste Dichter seines Landes und Vorbild für die moderne Märchendichtung auch in Deutschland. Seine Märchen sind in viele Sprachen übersetzt. Neben seinen gleichnishaften Erzählungen, die sich mit dem tieferen Sinn des Lebens befassen, entstanden Geschichten mit Volksmärchenmotiven, aber auch die feinsinnige Lebensgeschichte *„Das Märchen meines Lebens“*. Unter anderem hat Andersen viele Märchen für Kinder geschrieben, was ihm den Ruf eines „Kinderdichters“ einbrachte, mit dem er aber nicht einverstanden war. Seine Märchen finden teilweise an realen Schauplätzen und mit genauen Zeitangaben statt, gleichzeitig benutzt er sie auch zur kritischen Auseinandersetzung mit seinem Land. Die Figuren, häufig Tiere und alltäglichste Dinge, werden zu lebendigen Handlungsträgern, die mit Sprache, Gefühl und Gedanken ausgestattet sind.
In seinen Märchen verweist Andersen immer wieder auf eine ausgleichende Gerechtigkeit und mittels einer humoristisch, verschmitzten Ausdrucksweise bezieht er Stellung zu gesellschaftlichen Eitelkeiten, z. B. *Die Prinzessin auf der Erbse*[1], *Des Kaisers neue Kleider, Das hässliche Entlein*. Einige andere Märchen beschreiben heikle oder schwierige Gefühlslagen der Protagonisten und enden traurig-tragisch wie z. B. *Der standhafte Zinnsoldat, Das Mädchen mit den Schwefelhölzern, Die kleine Meerjungfrau*. Der Ausgang des Geschehens ist zwar meist märchenhaft gestaltet, die Lösung aber nicht immer so eindeutig wie bei den Volksmärchen. Meistens stimmen solche Märchen den Leser oder Zuhörer melancho-

lisch und jüngeren Kindern erschließt sich erst später die innere Botschaft. Einige dieser Märchen wurden von Künstlern illustriert und sind u. a. auch als Bilderbuch erschienen. Das gekonnte Zusammenspiel von Bild und Text erleichtert dabei Kindern manchmal das Verstehen.

Theodor Storm *(1817–1888)*

Der nordfriesische Dichter und Jurist wurde bekannt u. a. durch die Novelle *Der Schimmelreiter*. Für Kinder verfasste er die ebenfalls berühmt gewordene Märchengeschichte *Der kleine Häwelmann*[2]. Weitere seiner spukhaft-unheimlichen Märchenerzählungen wie *Bulemanns Haus* oder *Die Regentrude* eignen sich besser für das ältere Lesepublikum.

Oscar Wilde *(1854–1900)*

Der in Irland geborene Schriftsteller verfasste neben Erzählungen (z. B. *Das Gespenst von Canterville*) und anderer Prosa eine Märchensammlung für seine Söhne, in denen bekannte Titel wie *Der glückliche Prinz, Der selbstsüchtige Riese, Das Granatapfelhaus* enthalten sind. In poetischer Verkleidung unterzieht Wilde soziale Konventionen einer kritischen Betrachtung, weswegen seine Märchen sich erst älteren Kinder erschließen.

Wilhelm Matthiesen *(1891–1965)*

Der Schriftsteller und Bibliothekar schrieb einige beliebte Kinder- und Jugendbücher. Neben Schul- und Detektivgeschichten und abenteuerlichen Jugendbüchern wie *Das rote U* oder *Adler der schwarzen Berge* verfasste er auch märchenhafte Kindergeschichten. Die Märchenerzählungen wurden in Deutschland sehr geschätzt und in den Sammlungen *Das alte Haus, Deutsche Hausmärchen, Turm der alten Mutter, Die grüne Schule* und *Die alte Gasse* veröffentlicht. Der Jubiläumsband *Das Schönste aus dem Märchenland* enthält die Märchen aus den bereits erschienenen Bänden. Matthiesens oft geheimnisvolle, mystische Märchen sind den Volksmärchen sehr ähnlich. Er benutzt zumeist kleine alltägliche Ereignisse aus dem Naturleben als Einstieg in den märchenhaften Handlungsverlauf. Typisch sind die Rahmenerzählung und der Auftritt der gleichen Figuren. Zu seiner pädagogischen Intention gehört, Kinder mittels der Märchen auf die Pflichten und Aufgaben, auf die Schule und auf das Leben im Allgemeinen vorzubereiten.

[1] *Märchensammlung Seite 208*
[2] *Märchensammlung Seite 210 ff.*

Vera Ferra-Mikura *(*1923)*
Die populäre österreichische Schriftstellerin verfasste unter anderem zeitgemäße Kinderbücher, die realistische und viele fantastische Erzählungen aufweisen. In den Geschichten, Gedichten und Märchen drücken sich ihr Einfallsreichtum und ihre Sprachvielfalt aus. Ihre Werke weisen ebenso sozial-erzieherischen Gehalt wie skurril-übersteigerten Witz auf. Mit Wortspielen und Wechsel der Erzählebenen werden kindliche Zuhörer und Leser nahezu magisch angezogen. Ihre bekanntesten Geschichten sind *Drei Stanisläuse, Der Teppich der schönen Träume, Dornröschen*[1], *Das alte Märchen eignet sich vorzüglich für die Werbung*[2] u. a. m.

James Krüss *(1926–1997)*
Der helgoländische Schriftsteller arbeitete zunächst für Rundfunk und Zeitungen. Während dieser Zeit schrieb er Kindergedichte und Hörspiele, wobei er sich am Stil der neuen Sachlichkeit orientierte. Der bekannte Kinder- und Jugendbuchautor schrieb unter anderem so erfolgreiche Geschichten-Bücher wie: *Der Leuchtturm auf den Hummerklippen* (1956) und *Mein Urgroßvater und ich* (1959). Für Letzteres erhielt er 1960 den Deutschen Jugendliteraturpreis. 1964 wurde er für das Bilderbuch *3x3 an einem Tag* zum zweiten Mal mit dieser Auszeichnung geehrt. 1968 erhielt Krüss die Hans-Christian-Andersen-Medaille für sein gesamtes literarisches Schaffen und später noch weitere Auszeichnungen. Seine Bücher, die spaßige, fantastische, aufklärerische und sozialkritische Elemente miteinander verbinden, wurden in mehr als 40 Sprachen übersetzt. Zuletzt erschien der Sammelband *Märchen*, in dem die Märchengeschichten aus den anderen, o. g. Bänden zusammengefasst sind.

Michael Ende *(1929–1995)*
Bekannt wurde der Autor 1960 mit dem Kinderbuch *Jim Knopf und Lukas der Lokomotivführer*, für das er 1961 den Deutschen Jugendliteraturpreis erhielt. Die *Augsburger Puppenkiste* verfilmte dieses Buch und trug so zu seiner Berühmtheit bei. Die eindrucksvollen Märchenromane *Momo, Die unendliche Geschichte* wurden ebenfalls mit dem Deutschen Jugendliteraturpreis ausgezeichnet. Endes international erfolgreiche Geschichten für Kinder sind in dem Sammelband *Vom Wunsch aller Wünsche und andere Geschichten* enthalten. Es sind märchenhafte, symbolisch fantasievolle Geschichten für Kinder ab 6 Jahren, wie z. B. *Tranquilla Trampeltreu, Das Traumfresserchen, Das kleine Lumpenkasperle, Der Lindwurm und der Schmetterling*, die auch als Bilderbücher erschienen sind. Für sein literarisches Werk erhielt er zahlreiche nationale Preise und internationale Auszeichnungen.

Irmela Brender *(*1935)*

Die Journalistin und erfolgreiche Schriftstellerin wird insbesondere wegen ihrer aufgeschlossenen, modernen Mädchenbücher geschätzt. Aber sie hat auch Märchengeschichten für Kinder verfasst, wie beispielsweise das aufschlussreiche Märchen *Vom Küchenjungen in Dornröschens Schloss*[3] oder *Das Rumpelstilzchen hat mir immer leid getan*[4]. Brender gibt den Märchengestalten in den Beispielen eine Identität und entwickelt aus der Märchenvorlage andere, menschlich überzeugende Schlussfolgerungen.

Paul Maar *(*1937)*

Der Kunsterzieher und populäre Autor zahlreicher Kinderbücher und Kindertheaterstücke wurde bekannt durch *Der tätowierte Hund*, eine Rahmenerzählung mit mehreren fantastischen Geschichten. Sie entstanden durch das Geschichtenerzählen für die eigenen Kinder. Seine Alltagsgeschichten, fantastischen Tiergeschichten und Erzählungen mit fantasievollen Anteilen sind häufig angereichert mit Rätseln, Reimen und Liedern. Als Bilderbuch, Kindertheaterstück, Musical oder Hörspiel (CD/Kassette) finden sie einflussreiche Verbreitung.

Teilweise verstehen erst die älteren Kindergartenkinder Maars märchenfantastische Erzählungen. Er spielt auf surrealistisch-ironische Weise mit den typischen Elementen des Märchens und stellt die Märchenwelt so auf den Kopf. Die so entstandene Situationskomik wird von jüngeren Kindergartenkindern manchmal nicht erfasst. Maar verzichtet in den kurzen, sprachlich differenzierten Geschichten fast völlig auf pädagogische Belehrungen. Für einzelne Werke sowie für sein Gesamtwerk erhielt Paul Maar verschiedene Auszeichnungen. Hier einige Märchen und Buchtitel, in denen märchenhafte Erzählungen zu finden sind: *Der verhexte Knödeltopf, Der König in der Kiste, Der Aufzug*[5], *Hinter der Tür*[6], *Lippels Traum, Matti, Momme und die Zauberbohnen, In einem tiefen dunklen Wald.*

[1] *Gelberg, Hans-Jürgen (Hg.): Neues vom Rumpelstilzchen, Beltz und Gelberg, Weinheim 1981, S. 149*
[2] *ebd., S. 163*
[3] *Gelberg, Hans-Jürgen (Hg.): Daumesdick. Der neue Märchenschatz, Beltz und Gelberg, Weinheim 1990, S. 285*
[4] *Gelberg, Hans-Jürgen (Hg.): Neues vom Rumpelstilzchen, Beltz und Gelberg, Weinheim 1981, S. 198*
[5] *Gelberg, Hans-Jürgen (Hg.): Daumesdick, Beltz und Gelberg, Weinheim 1990, S. 147*
[6] *ebd., S. 298*

Märchenadaptionen – Märchenparodien

Zeitgenössische Autoren entwickeln einige Geschichten und neue Märchen für Kinder, indem sie alte Volksmärchen adaptieren, d. h. Märchenfiguren komisch verfremden, die Märchenhandlung umschreiben, sachfremde Zusammenhänge herstellen, Märchenmotive variieren. In Märchenparodien werden Handlungsträger, Nebenfiguren, Ereignisse, Gegebenheiten oder der Märchenschluss karikierend, übertrieben oder gar spöttisch dargestellt. Märchen mit parodistischen oder satirischen Stilmitteln auszustatten, heißt einerseits die Märchenvorlage zu kritisieren und andererseits auf Schwärmerisches oder allgemein menschliche Schwächen der Helden und Nebendarsteller hinzuweisen. Durch humorvolle Überspitzung verdeutlichen die Autoren u. a. ihre Einstellung und Haltung zu Sozialbeziehungen und gesellschaftspolitischen Gegebenheiten.
Um Märchenadaptionen und -parodien zu verstehen, sollten Kinder im Kindergartenalter erst das Originalmärchen gehört und sich damit auseinander gesetzt haben. Deshalb ist bei Angeboten von verfremdeten oder ironisierten Märchenerzählungen bei jüngeren Kindern Zurückhaltung angebracht. Sind die Kinder in der Lage, sich auf Variationen eines bekannten Märchenstoffes einzulassen, bereitet ihnen das Zuhören sowie das Erkennen neuer Zusammenhänge große Freude. Ältere, märchenerfahrene Kindergartenkinder und natürlich Schulkinder beteiligen sich gerne aktiv an Märchenverwirrungen und entwickeln ihre eigenen alternativen Märchentexte.

Iring Fetscher *(*1922)*

Der politische Wissenschaftler und Autor politischer Standardwerke z. B. über den Marxismus verfasste Anfang der siebziger Jahre *Das Märchenverwirrbuch – Wer hat Dornröschen wachgeküsst?*. In dem Werk stellt Fetscher bekannte Märchen der Brüder Grimm dar, erläutert kurz seine drei angewandten Verwirr-Methoden *(philologisch-textkritisch, psychoanalytisch, historisch-materialistisch)*. Er liefert in seiner Version eine neue Kulisse der Märchenwelt und spekuliert darüber, wie es wirklich hätte sein können. Diese Märchenversionen sind populär, richten sich aber nicht an jüngere Kinder, sondern eher an ein älteres Lesepublikum.

Horst Eckert „Janosch" *(*1931)*

Der allseits bekannte deutsche Maler, Illustrator, Autor und Erzähler ist einer der vielseitigsten Kinderbuchmacher der Gegenwart. Für das märchenhafte Kinderbuch *Oh wie schön ist Panama* erhielt er 1979 den Deutschen Kinder- und Jugendliteraturpreis. In seinen Geschichten behandelt er alltägliche Notlagen und bietet fantastische Lösungsmöglichkeiten, dreht vertraute Erzählabläufe um, versieht sie mit stereotypen Beiwörtern und stellt verfremdete, realistische Bezüge zur Gegenwart her. Er karikiert in Bild und Text u. a. die Märchen der Brüder Grimm und veröffentlichte eigene Märchenfassungen in *Janosch erzählt Grimms Märchen.* Weitere Märchenversionen, z. B. *Der Däumling* [1], sind in diversen Anthologien verschiedener Herausgeber enthalten.

Tomi Ungerer *(*1931)*

Der französische Werbegrafiker, Maler, Cartoonist, Fotograf und Kinderbuchautor erhielt 1998 für seine Kinderbücher den Hans-Christian-Andersen-Preis für Illustration. Aus der Begründung der Kinderbuch-Vereinigung IBBY: „Sein künstlerischer Stil ist gewagt, farbenfroh, innovativ, respektlos und einzigartig." Zwei seiner märchenhaften, mit feinsinnig, hintergründigem Humor ausgestatteten Geschichten: *Kein Kuss für Mutter* und *Die drei Räuber* [2] erschienen auch als Bilderbücher und sind für Kindergartenkinder geeignet.

Friedrich Karl Waechter *(*1937)*

Der deutsche Grafiker, Karikaturist und Schriftsteller polnischer Herkunft zeichnete zunächst für Zeitschriften und Magazine. Einem breiten Publikum wurde er bekannt durch seinen *Anti-Struwwelpeter*, der zunächst für Erwachsene gedacht und im Zuge der antiautoritären Erziehung zu einem Kinderbuch umfunktioniert wurde. Seit diesem Werk illustriert Waechter vor allem Kinderbücher, z. B. die eher unbekannten Märchen der Brüder Grimm in dem Buch *Der kluge Knecht.* Neben Filmen und Theaterstücken verfasst er Bücher für Kinder. Für sein Buch *Wir können noch viel zusammen machen* erhielt er 1975 den Deutschen Kinder- und Jugendliteraturpreis. Seine teilweise comicartigen und mit Sprechblasen versehenen Bildergeschichten fordern von den jüngeren Kindern Vorstellungskraft und Einfallsreichtum, sie werden zu spielerischem Handeln aufgefordert. Waechters Werke sind oft von Sozialkritik durchzogen, so schildert er in seinem Märchen *Die Bauern im Brunnen* die Schrecken und fatalen Folgen des Krieges. In anderen märchenhaften Geschichten verfremdet Waechter alte Märchenstoffe und Märchenfiguren, z. B. in *Tischlein deck dich* und *Die Mondtücher*, hier verwandelt sich zum Schluss eine hässliche Kröte in eine wunderschöne, junge Frau.

[1] *Märchensammlung S. 212 f.*
[2] *Märchensammlung S. 206*

Machtkonflikte, Nahrungsmangel und Naturkatastrophen haben seit jeher dazu geführt, dass große Völkerwanderungen stattgefunden haben. Jedes Volk unterlag dabei mit seiner Kultur und seiner Sprache wechselhaften Einflüssen, die besonders in der Volksdichtung zum Ausdruck kommen.

Märchen in Europa

Trotz aller nationalen, zeitlichen und individuellen Unterschiede in den europäischen Ländern können viele Gemeinsamkeiten in den Volksmärchen festgestellt werden, sodass man von einem Grundtyp sprechen kann.
Ausgehend von einer Notlage, einer Aufgabe oder einem besonderen Problem folgt die Handlung einem Strang und gliedert sich in mehrere Episoden. Der Ort und die Zeit der Handlung ist unbestimmt. Der Verlauf der Handlung wird durch Zahlen mit symbolischer Bedeutung strukturiert. Vor allem die Drei spielt dabei eine große Rolle. Formelhafte Wendungen am Anfang und am Schluss sind typisch, ebenso wie Beschwörungsformeln oder Verse, die wiederholt werden.
Die Märchenhelden haben keine individuelle Persönlichkeit, heben sich aber durch eindeutige positive Eigenschaften von ihren Gegenspielern ab, z. B. gut – böse, schön – hässlich oder dumm – schlau. Diese Widersacher sind meist Wesen aus der Über- oder Unterwelt, wie Feen und Elfen (insbesondere in den keltischen Märchen), sprechende Tiere, Teufel, Hexen, Riesen oder Zauberer, durch die es zu Konflikten kommt, die die Handlung in Gang setzen.
Der Handlungsverlauf zielt in fast allen Märchen auf eine glückliche Überwindung der Hindernisse und Konflikte, im Sinne einer ausgleichenden Gerechtigkeit, wie sie im wirklichen Leben nicht unbedingt zu finden ist.
Das glückliche Ende wird allerdings meist nur stereotyp und kurz mitgeteilt.

Märchen des Orients

Die arabische Märchensammlung *Alf Laila wa Laila*, auf deutsch *Tausendundeine Nacht* ist von allen fremdländischen Volkserzählungen die bekannteste. Sie wurde über hunderte von Jahren aus persischen, arabischen, indischen und ägyptischen Erzählungen zusammengestellt und im 15. Jahrhundert in arabischer Sprache aufgeschrieben. Zu der 300 Geschichten umfassenden Sammlung zählen Romane, Sagen, Legenden, Fabeln und Parabeln, die reich an philosophischen Gedanken, gesellschaftlichen Anekdoten und erotischen Szenen sind. In einer Rahmenhandlung werden die Märchen von der jungen Scheherazade erzählt, die durch ihre ineinander verschachtelten Geschichten versucht, den Sultan durch Neugier und Spannung so zu fesseln, dass er ihre geplante Hinrichtung immer wieder verschiebt. Die Rahmenhandlung endet glücklich, der Sultan hat während der über 1000 miteinander verbrachten Nächte Vertrauen zu Scheherazade gefasst und sich in sie verliebt, er macht sie zu seiner Königin. Der Orientalist Antoine Galland übersetzte die Sammlung ins Französische (1704–1717) und Enno Littmann übertrug das Original ins Deutsche (1921–1928). Seitdem sind sehr viele Glättungen und Kürzungen vorgenommen worden, sodass die orientalischen Geschichten fälschlicherweise der Kinderliteratur zugeordnet wurden. Literaturerfahrene Schulkinder (ca. ab 10 J.) haben sicher Interesse an den exotischen Abenteuern von *Ali Baba und den vierzig Räubern, Aladin und der Wunderlampe* oder *Sindbad dem Seefahrer*. Für jüngere Kinder sind diese Märchen hingegen nur in medialer Adaption geeignet.

Märchen der nordamerikanischen Indianer

Die Märchen der nordamerikanischen Indianer gleichen eher mythologischen Geschichten, die versuchen, die Entstehung der Welt darzustellen. Sie zeigen, wie eng das tägliche Leben und die gesamte Kultur mit der Religion und der Vorstellungswelt dieser Menschen verknüpft sind.[1] Sie erklären den Ursprung der Tiere, der Stämme, der Gegenstände, der Zeremonien oder des Universums selbst. Daneben stehen Erzählungen, die von der Entwicklung bzw. den Wanderungen bestimmter Stämme berichten.
Häufig taucht in den Märchen die Figur des *Tricksters* auf, ein Schelm, Spaßmacher oder Ränkeschmied. Der *Trickster*, mitunter in Gestalt eines Tieres mit menschlichen Eigenschaften, hat zwei Gesichter, einerseits ist er gut und seinem Volk gegenüber wohltätig, andererseits ist er böse und grausam (Vergleich: *der Eulenmann* in *Große Mutter Erdbeben* s. Märchensammlung S. 220).
Schließlich gibt es viele nordamerikanische Märchen, die von Verwandlungen, Zaubern und Wundern handeln und in denen die Helden oder Heldinnen mit ähnlich typischen Eigenschaften ausgestattet sind wie in den Grimm'schen Volksmärchen z. B. gehorsam, mutig und stark (*s. Große Mutter Erdbeben*). Die Anzahl der in Deutschland veröffentlichten nordamerikanischen Indianermärchen ist groß. Da viele dieser Märchen ohne Kenntnis der jeweiligen Stammesrituale schwer zu verstehen sind, gibt es Ausgaben mit umfangreichen Kommentaren.
Trotzdem sind Indianermärchen und -geschichten insbesondere bei Kindern sehr beliebt, da sie sich gerne mit ihren Helden und Heldinnen identifizieren und der Traum von grenzenloser Freiheit und Abenteuer in der Wildnis hineinprojiziert werden kann.

[1] *Hetmann, Frederik a.a.O., S. 30*

Märchen aus Afrika

Afrikanische Märchen sind in ihrer Textqualität sehr unterschiedlich, da die schriftliche Aufzeichnung der meist lebhaft gestikulierenden Erzähler und das Verständnis der afrikanischen Sprachenvielfalt für die Sammler äußerst schwierig war. Obwohl der Kontinent Afrika und die Anzahl seiner verschiedenen Volksstämme groß sind, sind die Märchen in ihrer Motivwahl, Charakteristik und Struktur ähnlich. Schwänke, Fabeln und Tiermärchen überwiegen, gleich ob es sich dabei um Tiere als menschlich verkleidetet Wesen oder Menschen als verkleidetet Tiere handelt. Sie sind immer Träger von Projektionen menschlicher Eigenschaften. Die Hyäne z. B., vergleichbar mit dem Wolf im europäischen Volksmärchen, stellt die Dummheit dar, der Schakal (Fuchs) die Schlauheit. Die Spinne oder der Hase kommen als *Trickster*-Figuren vor und die Schildkröte ist das Symbol für Klugheit.[1]
Daneben sind ebenso mythische Erzählungen und sagenhafte Geschichten enthalten. In ihnen stößt man mitunter auf eingeschobene Liedtexte oder Zaubersprüche, die zur Urform der afrikanischen Erzählungen gehören und die nicht einmal von Erzählern selbst übersetzt werden können.
Die Besonderheit der afrikanischen Märchen ergibt sich zum Teil aus dem kulturell recht unterschiedlichen Hintergrund, aus dem die Erzählungen stammen. Auf der einen Seite stehen die seit Jahrhunderten wirksamen arabisch-islamischen Einflüsse in Nord- und Ostafrika, auf der anderen Seite die eingeborenen afrikanischen Kulturen in West-, Zentral- und Südafrika.
Von den afrikanischen Märchen sind für jüngere Kinder sicher einige der Tiermärchen am leichtesten zugänglich. Das Märchen *Die Schildkröte und der Elefant* (s. Märchensammlung S. 214) beinhaltet das Motiv des Wettmärchens, das nicht nur in Afrika viele Parallelen kennt, sondern auch im deutschen Sprachraum (s. Märchensammlung S. 162 *Der Wettlauf zwischen dem Hasen und dem Igel*).

Märchen ferner Länder – ein Beitrag zur interkulturellen Erziehung im Kindergarten

- Märchen aus den Herkunftländern der Kindergartenkinder erzählen.
- Märchen fremder Länder werden in einem entsprechenden Ambiente erzählt, z. B. in einer Jurte (Hauszelt eurasischer Nomaden) oder einem Tipi (Kegelzelt der Indianer, Eskimos, Lappen), danach gibt es landestypische Speisen und Musik.
- Eltern erzählen Märchen, die den meisten Kindern bekannt sind, in ihrer Landessprache. Die Erzählung kann durch selbst gestaltete Bilder der Kinder oder einem entsprechenden Märchenbilderbuch ergänzt werden.

WISSEN

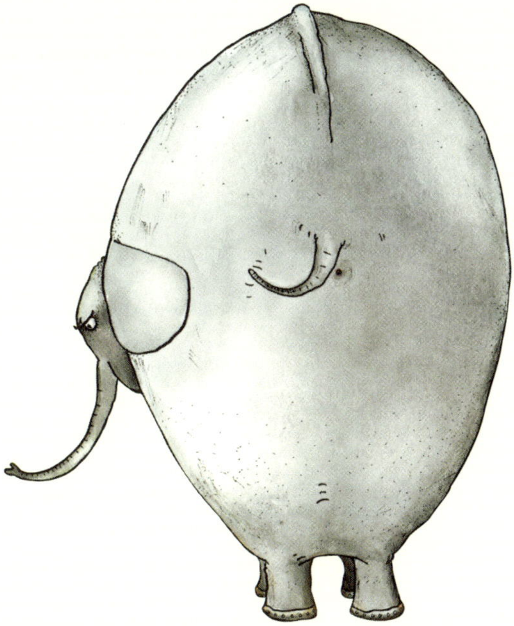

[1] *Meinhof, Carl (Hg.): Afrikanische Märchen, Diederichs, München 1991, S. 344 ff.*

Märchenanalysen

Die Märchenforschung bietet verschiedene Ansätze über die Entstehung, das Alter und die geographische Herkunft der Märchen. Hinsichtlich der Märchenmotive, ihrer Deutung und Aussagewirkung gibt es, je nach wissenschaftlicher Fachrichtung – Literatur, Pädagogik, Psychologie, Soziologie, Ethnologie – ebenso unterschiedliche Annahmen und Auffassungen. Es scheint, als ob jedes Märchen eine eigene Entstehungsgeschichte und einen eigenen Mythos aufzuweisen hat.
Als Überblick und zum besseren Verständnis werden hier drei Hauptrichtungen[1] der Betrachtungsweisen verkürzt skizziert.

Der struktur-formalistische Ansatz[2] beschreibt Märchen nach ihrer äußeren Struktur, also den Teilen, aus denen sie bestehen, ihrer Beziehung untereinander und zum Ganzen. Danach bedeutet:

- *Eindimensionalität*: Reales und Irreales sind in den Volksmärchen miteinander verwoben, Wunderbares geschieht genauso wie Alltägliches.
- *Flächenhaftigkeit*: Orts- und Zeitlosigkeit prägen den Ablauf der Volksmärchen, die Märchenfiguren haben keine Umwelt und Innenwelt, sie besitzen keine Körperlichkeit.
- *Abstrakter Stil*: Orte, Plätze und Geschehnisse werden nur umschrieben, nicht ausführlich geschildert.
- *Isolation und Allverbundenheit*: Märchenhelden sind allein, sie handeln isoliert. Gleichzeitig sind sie allseitig beziehungsfähig und nehmen die Hinweise von Hilfsfiguren an.
- *Sublimation und Welthaltigkeit*: Wirklichkeit ist in Märchenhandlungen aufgehoben, dennoch geht es um existente Sozialbeziehungen, um den Erwerb von Kompetenzen.
- *Funktion und Bedeutung*: Volksmärchen zeigen, welche Wege und Möglichkeiten es in der Welt gibt.

Die Märchenfiguren sind nach dem Märchenforscher Lüthi keine individuellen Personen, sondern sie stehen stellvertretend für den Menschen. Sie sind Leitbilder, die ein Versprechen, aber auch eine Gefährdung enthalten. In den Zaubermärchen erscheinen unterschiedliche Gestalten bei verschiedenen Ereignissen, die Vorgänge und damit verbundenen Gegenstände ändern sich. Die Namen, Handlungen, typischen Eigenschaften der Handlungsträger sind ebenfalls veränderbar, nur ihre zentrale Funktion ist gleich bleibend: die Lösung einer gestellten Aufgabe. Dazu müssen sie zwar ihr Sozialgefüge, das Zuhause verlassen und erhalten dafür am Ende einen Gewinn, der sie glücklich macht.

Der psychologisch-symbolische Ansatz[3] besagt, dass sich im Märchen scheinbar archetypische Bilder und Figuren ausdrücken, die allgemeinmenschliche Sehnsüchte widerspiegeln. Da in zahlreichen Märchen Sozial- oder Familienbeziehungen zentrales Thema sind, bieten sie Identifikationsmöglichkeiten sowie symbolische Hinweise zur Konfliktbewältigung. Dieser Ansatz geht davon aus, dass Märchen Reifungs-, Ablösungs- und Individuationsprozesse symbolisch darstellen und ein Mittel sind, die Ängste und Schrecken zu verarbeiten, die sich zwangsläufig bei diesen Entwicklungsprozessen ergeben. Um diese Märchenbilder zu deuten, wird ihr Aufbau in Phasen eingeteilt wie beim klassischen Drama:

- Die Angaben von Ort, Zeit, Personen sind im Volksmärchen ungenau, umschreibend und führen in die Unwirklichkeit (*Exposition*);
- das Problem, meist eine Notlage des Protagonisten, wird benannt und eine Aufgabe wird zur Problemlösung gestellt (*Verwicklung*);
- das weitere Geschehen entwickelt sich auf einen kurzen oder langen Wendepunkt zu (*Perepetie*);
- auf dem Höhepunkt wendet sich das Geschehen zum Guten oder Schlechten des Protagonisten (*Klimax*);
- das Ende gestaltet sich im Märchen als guter Schluss (*Lysis*), der doppelt ausgedrückt zur Rückführung in die Wirklichkeit beiträgt, z. B. *da lebten sie glücklich und zufrieden – wir aber gehen leer aus.*

Die abschließende psychologische Deutung erfolgt, indem die Aufgabe der Handlung und die erweiterte Geschichte in psychologische Sprache übersetzt wird.

Der materialistisch-historische Ansatz[4] geht davon aus, dass Märchen in einer bestimmten historischen und gesellschaftlichen Situation der Unterschicht entstanden sind. Die Erzähler sind kleine Pächter, Dienstleute, Landarbeiter, Handwerker, Fischer, Matrosen, Bettler. Die Märchenstoffe werden durch die mündliche Weitergabe aktualisiert und verändert, lassen die soziale Lage der ländlichen Unterschicht erkennen und spiegeln, bis zu ihrer schriftlichen Fixierung, ländlich-feudalistische Verhältnisse wider. Die Ausgangslage der Märchen ist immer realistisch und somit den Zuhörern bekannt und durch die meist knappe Beschreibung der Lebenswelt nachvollziehbar. Aber im Gegensatz zu ihrer Wirklichkeit (Not, Hunger, Unterdrückung usw.) greifen im Märchen magische Helfer (Tiere, Feen, Hexen usw.) in das Geschehen ein, und die oft aussichtslose Situation des Helden führt dann meistens zu einem glücklichen Ende. Der materialistisch-historische Ansatz besagt, dass selbst hier die Handlung für die Märchenhörer wirklichkeitsnah bleibt, weil eigene

[1] *Doderer, Klaus (Hg) (1984): Lexikon der Kinder- und Jugendliteratur, Bd. 2, a.a.O. Seite 422 f.*
[2] *Lüthi, Max (1969): Das europäische Volksmärchen*
[3] *Heitmann, Frederik (1999): Märchen und Märchendeutung, a.a.O., Seite 57 f.*
[4] *Richter, Dieter/Johannes Merkel (1974): Märchen Phantasie und soziales Lernen, a.a.O., Seite 37 f.*

Sehnsüchte, Ängste, Wünsche und Bedürfnisse gleichsam versuchsweise zu einer glücklicheren Lebenswirklichkeit umgebaut werden. Dieses Märchenglück vertritt zugleich die Erkenntnis einer fernen, besseren Zukunft.

Die oben vorgestellten Betrachtungsweisen der Märchendeutung lösten in den siebziger Jahren kontroverse Diskussionen aus, die in den polarisierenden Haltungen gipfelten: *„Volksmärchen sind für Kinder geeignet!“ „Volksmärchen sind für Kinder nicht geeignet!“* Die Auflösung wurde von dem Erziehungswissenschaftler und Kinderpsychologen Bruno Bettelheim eingeleitet. In seinem 1982 erschienenen Buch *Kinder brauchen Märchen* berichtet er von seiner Erfahrung, dass Kinder aller Entwicklungsstufen an Volksmärchen mehr Gefallen finden als an anderen Geschichten. Er ging der Frage nach, warum das Märchen so bezeichnend für das Innenleben des Kindes ist, dabei wurde ihm mehr und mehr klar, dass das Märchen in einem viel tieferen Sinn als jede andere Lektüre dort einsetzt, wo sich das Kind in seiner seelischen und emotionalen Existenz befindet.

Er schreibt:
„Soll eine Geschichte ein Kind fesseln, so muss sie es unterhalten und seine Neugier wecken. Um aber sein Leben zu bereichern, muss sie seine Fantasie anregen und ihm helfen, seine Verstandeskräfte zu entwickeln und seine Emotionen zu klären. Sie muss auf seine Ängste und Sehnsüchte abgestimmt sein, seine Schwierigkeiten aufgreifen und zugleich Lösungen für seine Probleme anbieten. Kurz: Sie muss sich auf alle Persönlichkeitsaspekte beziehen. Dabei darf sie die kindlichen Nöte nicht verniedlichen; sie muss sie in ihrer Schwere ernst nehmen und gleichzeitig das Vertrauen des Kindes in sich selbst und in seine Zukunft stärken. In dieser und in manch anderer Hinsicht ist sowohl für Kinder als auch für Erwachsene – von wenigen Ausnahmen abgesehen – in der gesamten Kinderliteratur nichts so fruchtbar und befriedigend wie das Volksmärchen.“[1]

Märchenwelt und Lebenswirklichkeit

Themen und Handlungsträger

Volksmärchen berichten von vergangenen Zeiten und spiegeln historische Lebenssituationen. Die Grundthemen der Volksmärchen aber umfassen Familienbeziehungen sowie alle Bereiche zwischenmenschlicher Beziehungen. Die Lebensumstände der Protagonisten werden dabei kaum beschrieben, Zeiten und Orte nur vage bestimmt. Drei existenzielle Motive überwiegen jedoch und tauchen als Hauptthema immer wieder auf, „... *das Bedürfnis, geliebt zu werden*

und die Furcht, als nutzlos zu gelten; die Liebe zum Leben und die Furcht vor dem Tode"[2].
Die unterschiedlichen Erscheinungsweisen der Themenbereiche Liebe, Angst und Tod werden im Märchen ernst genommen und damit verbundene Konfliktschilderungen erfolgen kurz, aber deutlich (*Rumpelstilzchen, Schneewittchen*). Im Märchen werden Benachteiligte zu Helden (*Aschenputtel*) und mutige, aber auch ängstliche Hauptfiguren lösen Aufgaben und bestehen Prüfungen, wobei Helferfiguren vielgestaltige Ratschläge geben (*Der Wolf und die sieben Geißlein, Rotkäppchen, Froschkönig*). Märchen machen existenzielle Probleme sichtbar (*Hänsel und Gretel*), konfrontieren mit elementaren menschlichen Nöten (*Sterntaler, Der süße Brei*) und offenbaren menschliche Bedürfnisse, Wünsche und Träume (*Hans im Glück*). Geschwister- und Trennungsprobleme werden aufgezeigt (*Schneeweißchen und Rosenrot, Brüderchen und Schwesterchen*), zeigen das „Sich-Entwickeln" (*Die goldene Gans, Tischlein deck dich* ...) und verweisen auf Konsequenzen (*Rotkäppchen, Dornröschen, Der Wolf und die sieben jungen Geißlein*).
Die Märchengestalten, Haupt- wie Nebenfiguren, sind vorwiegend namenlos und nicht individuell gekennzeichnet und können alle miteinander sprechen. Alle Haupt- wie Nebenfiguren werden mit polarisierenden Eigenschaften vorgeführt (Armut – Reichtum; Glück – Pech, Schönheit – Hässlichkeit, Fleiß –Faulheit). Je einfacher und geradliniger eine gute Gestalt ist, umso leichter fällt es dem Kind, diese anzunehmen und die böse Gestalt abzulehnen. Hierbei bildet das Kind moralische Sichtweisen aus. Die Darstellung der charakterlichen Polaritäten erleichtert es ihm, den Unterschied zu erfassen. Dies wäre nicht so einfach, wenn die Figuren lebensecht und komplex dargestellt wären. Auf diese Weise können sich Kinder leichter an den Helden orientieren, sich mit ihnen identifizieren. Der Held (oder die Heldin, der männliche und weibliche Anteil ist in etwa ausgewogen) siegt immer. Da sich das Kind von Anfang an mit ihm identifiziert, durchleidet es mit ihm alle Mühen und Widrigkeiten, um am Ende mit ihm glücklich zu sein.
Märchen erzählen symbolhaft von Wünschen, Sehnsüchten, Ängsten, Schwierigkeiten und Nöten, die auch für heutige Kinder noch bedeutungsvoll sind. Die literarisch einfachen formalen Strukturen und die besonderen Stilmittel der Märchen verhelfen Kindern zu einer bildhaften Vorstellung, die Eingangsformeln heben die Gegenwart auf und führen in das Geschehen ein, Verse und Verswiederholungen bieten eine Handlungsorientierung, Schlussformeln bringen den erwarteten, beruhigenden Schluss.
Märchenvariationen oder Märchenparodien sind erst älteren Kindern zugänglich, da Kenntnisse der Originalmärchen vorausgesetzt werden. Der Reiz des Komischen liegt gerade in der Doppeldeutigkeit, die nur durch einen Vergleich mit dem Original erfasst werden kann.

[1] *Bruno Bettelheim (1986): Kinder brauchen Märchen, a.a.O., Seite 11*
[2] *Bettelheim, 1986, a.a.O. Seite 17*

Pädagogische Bedeutung

Märchen beschreiben alle Seiten des menschlichen Lebens und machen dadurch Mut. Märchen berichten auch von angewandten Erziehungsmitteln wie Ermahnungen (Versprechen einzuhalten), Geboten (dem Wolf nicht die Tür zu öffnen), Verboten (zu einem Königsball zu gehen), helfenden Ratschlägen und vielseitigen Lebensregeln. Im Märchen siegt immer die Gerechtigkeit, erfolgreich gelöste Aufgaben werden belohnt, Untaten und Bosheit bestraft, was der kindlichen Überzeugung entspricht.

Die Entwicklungspsychologie geht davon aus, dass sich Kinder bis etwa zum sechsten Lebensjahr in der Entwicklungsphase des so genannten *magischen Realismus* befinden, d. h. in der kindlichen Denkweise stehen Realität und Fantasie eng nebeneinander, sodass Kinder äußere Gegebenheiten mit ihrer inneren Vorstellungswelt vermischen.
Kinder unter sechs Jahren denken nicht abstrakt, sondern handlungs- und anschauungsbezogen, sie glauben noch an das Wunderbare, schlüpfen gerne in andere Rollen und geben alltäglichen Ereignissen eine symbolhafte Bedeutung, stellen Vergleiche an und schaffen anschauliche Verbindungen zu unbekannten Zusammenhängen. Auch im Märchen gehen realistische und fantastische Welten fließend ineinander über. Märchenstoffe erzählen und informieren nicht über die äußere, wirkliche Welt, sondern bringen innere, unbewusste Abläufe in Form von Bildern zum Ausdruck, und zwar so, wie das Kind sie verstehen kann. Die hervorgerufenen Bilder leiten neue, anschauliche Denkvorgänge ein.
Im Laufe seines Lebens erlebt sich das Kind als Teil einer Gemeinschaft und entwickelt erwünschte wie auch unerwünschte Verhaltensweisen. Daraus und auch aus seiner Machtlosigkeit ergeben sich für das Kind laufend Probleme und Konflikte wie Trennungsangst, Geschwisterrivalität, Gefühle der Nutzlosigkeit oder Minderwertigkeit.
Die Bedeutung der Märchen für Kinder ergibt sich einerseits aus der Funktion des Märchens für die kindliche Persönlichkeitsentwicklung und andererseits aus ihrer Rolle im Prozess der literarischen Sozialisation. Volksmärchen greifen spezielle Lebenssituationen auf und zeigen Wege der Konflikt- oder Problemlösung, wie sie auch von kindlichen Zuhörer verstanden werden. Zudem veranschaulichen sie die Erfüllung unbefriedigter Wünsche. Anders als viele fantastische Geschichten erzählen Märchen nicht nur von den guten Seiten des Lebens, sondern sie beschreiben auch das Böse und seine Auflösung und dass das eigentliche Glück in der Lösung der Konfliktsituation liegt. Märchen können für Erzähler wie Zuhörer gleichermaßen bei der eigenen Lebensbewältigung helfen, indem sie

- Ablösungsprozesse, Identitätsfindung, Emanzipation veranschaulichen,
- Verhaltensmodelle aufzeigen,
- moralische Haltungen auslösen,
- Freude, Befriedigung, emotionale Sicherheit verschaffen,
- zur Bewältigung innerer Konflikte und Ängste beitragen und
- Fantasie und Vorstellungskraft in Gang setzen.

Grausamkeit im Volksmärchen

Sicherlich enthalten einige Volksmärchen, auch von den Brüdern Grimm formulierte, Grausamkeiten. Allerdings muss dabei an die Zeit erinnert werden, in der sie erzählt und aufgeschrieben wurden. Die im Märchen geschilderten Grausamkeiten waren damals mehr oder weniger normale Strafen, die von den Zuhörern als selbstverständlich empfunden wurden. Außerdem muss im Märchen zwangsläufig, im Sinne der Polarisierung und einer glücklichen Lösung, eine Schuld gesühnt und der Verursacher der Bosheit bestraft werden. Bosheiten werden nicht einfach hingenommen, grausame Handlungen nie verherrlicht oder in Einzelheiten berichtet und keinesfalls fordern Märchen zu Gewalttätigkeiten oder gar zum Mord auf. Die Bestrafung ist die Konsequenz der vorangegangenen Schandtat und eine Erinnerung daran.
In der Märchenwelt, die sich als eine Zauber- und Wunderwelt darstellt, ist alles möglich und in fast allen Märchen wird das Gute wie das Böse gleichermaßen dargestellt. Das Böse (z. B. symbolisiert durch Zauberkunst der Hexe, Allwissenheit der Königin) beinhaltet oft Faszination und gewinnt vorübergehend auch die Oberhand, wird am Ende aber doch immer bestraft. Und die Bestrafung oder die Vernichtung des Bösen ist der Sieg des Helden und lässt ihn überragen. Die Charaktere werden typisch, nicht einmalig dargestellt, sie sind nicht ambivalent, nicht wie in Wirklichkeit gut und böse zugleich. Für Kinder ist die Bestrafung im Märchen meistens logisch und nicht grausam. Die Flächenhaftigkeit der Märchen bewahrt das Kind vor emotionaler Überforderung. Kinder mögen die Märchen, auch wenn sie in den Märchen ihre eigenen dunklen Erinnerungen und Erlebnisse wieder entdecken, weil sie aus ihnen neue Hoffnung und Zuversicht nehmen können. Grausamkeiten im Märchen können auch eine gewisse Entlastung für das zuhörende Kind sein, weil z. B. verschlüsselte Wünsche oder Aggressionen geäußert werden, die in der erlebten Wirklichkeit des Kindes chancenlos sind. Die Bilder des Märchens werden von den Kindern angenommen, sie bieten ihnen einen weiten Freiraum für eigene Lösungen. Ganz entscheidend dabei ist, welchen Kindern in welcher Situation auf welche Weise Märchen vermittelt werden.

Richtige Märchen zur richtigen Zeit

Kinder lieben es, sich mit Zaubermärchen und Geschichten zu beschäftigen. Sie entdecken dabei ihre eigene Vorstellungswelt und wiederholen die Märchenstoffe in ihren Rollenspielen. Geübte Kinder suchen sich die Märchen aus und benennen klar, welche sie immer wieder hören möchten und welche nicht. Aber auch unvorbereitete Kinder äußern während oder nach dem Märchenhören, ob ihnen ein Märchen gefallen hat. Stoßen Märchen auf ihre Zustimmung, wollen sie ihr Lieblingsmärchen immer wieder hören und achten beispielsweise auf die wortgetreue Wiedergabe der ersten Erzählfassung, vom Erzähler darf nichts verändert werden, auch sprechen Kinder bald Formeln und Verse lebhaft mit. Nicht zu unterschätzen sind die Anlässe und Situationen, in denen Märchen rezipiert werden, ebenso die Art der Vermittlung.
Volksmärchen sind für Kinder ab etwa vier Jahre geeignet, wobei das Entwicklungsalter ausschlaggebend ist. Nicht jedes Märchen ist für jedes Kind passend, hier sollte eine sorgfältige Auswahl getroffen werden. Dabei greift die schlichte Regel, je jünger das Kind, umso einfacher sollten Inhalt und Struktur des Märchenstoffes sein. Um emotionale Überforderungen zu vermeiden, sollten Grausamkeiten zunächst ganz ausgeklammert werden. Sind Kinder mit den ersten Volksmärchen vertraut, können sie auch Kunstmärchen verstehen und noch später Märchenparodien in ihr Denken einordnen.
Entsprechend des kindlichen Entwicklungsalters und hinsichtlich formaler und inhaltlicher Unterschiede der Volksmärchen können die nachfolgend katalogisierten Kriterien und Beispiele bei der Auswahl der Märchenstoffe behilflich sein:

Ein-Motiv-Märchen für Kinder ab etwa 4 Jahren

Aus einem Märchenmotiv entwickelt sich eine schlichte, kurze Geschichte, die oft gradlinig verläuft. Handlungsträger ist häufig nur eine Person oder ein personifizierter Gegenstand. Der Handlungsablauf wird ohne Umschweife deutlich geschildert und der Inhalt ist von Kindern nachvollziehbar (z. B. Dinge teilen können). Beispiele für Ein-Motiv-Märchen:

- Der süße Brei (Grimm)
- Die Sterntaler (Grimm)
- Der goldene Schlüssel (Grimm)

Ketten-Märchen für Kinder ab etwa 5 Jahren

Im Sinne einer *Und-dann-Geschichte* sind einzelne Szenen eines Märchenmotivs kettenförmig aneinander gereiht, die Wiederholungen stehen in einer direkten Verbindung zum Grundgeschehen. Die Märcheninhalte entsprechen oft dem Erlebnisbereich des Kindes (Trennungsangst) und die Handlungsträger sind überwiegend Kinder und vermenschlichte Tiere oder personifizierte Gegenstände. Beispiele für Ketten-Märchen:

- Hänsel und Gretel (Grimm)
- Rotkäppchen (Grimm)
- Der Wolf und die sieben jungen Geißlein (Grimm)
- Die drei Räuber (Tomi Ungerer)
- Die Prinzessin auf der Erbse (Hans-Christian Andersen)
- Der kleine Häwelmann (Theodor Storm)

Schachtelmärchen für Kinder ab etwa 6 Jahren

Mehrere Hauptmotive sind in diesen meist Zauber- oder Wunder-Märchen ineinander verschachtelt. Die Handlungen verlaufen zeitlich parallel und ereignen sich an verschiedenen Orten. Diese eher komplexen Märchen berichten von Wundergaben, außerirdischen Welten oder wunderbaren Verwandlungen. Alle Handlungsträger, egal ob Kinder, Erwachsene, vermenschlichte Tiere oder personifizierte Gegenstände, können miteinander sprechen. Die Handlungsmotive der Protagonisten sind Kindern meist bekannt (z. B. für eigene Bedürfnisse einzutreten). Beispiele für Schachtelmärchen:

- Aschenputtel (Grimm)
- Das Märchen vom Mann im Mond (Ludwig Bechstein)
- Der Wettlauf zwischen dem Hasen und dem Igel (Ludwig Bechstein)
- Der Däumling (Janosch)
- Der Froschkönig oder der eiserne Heinrich (Grimm)
- Dornröschen (Grimm)
- Frau Holle (Grimm)
- Rumpelstilzchen (Grimm)
- Schneewittchen (Grimm)
- Tischchen deck dich, Goldesel und Knüppel aus dem Sack (Grimm)

Helden-Märchen für Kinder ab etwa 7 Jahren

Diese Märchen beinhalten mehrere Handlungsabläufe und Ereignisse zu verschiedenen Zeiten, die an unterschiedlichen Schauplätzen passieren. Die Handlungsträger sind Personen oder vermenschlichte Tiere. Sie müssen teilweise schwere Aufgaben lösen, was ihnen auf abenteuerliche, hinterlistige oder humorvolle Weise meistens gelingt. Einzelne Helden-Märchen gehören eher in die Kategorie Fabel, Legende oder Schwank. Beispiele für Helden-Märchen:

- Das tapfere Schneiderlein (Grimm)
- Der Schmied und die Elfen (Schottland)
- Die goldene Gans (Grimm)
- Die Schildkröte und der Elefant (Afrika)
- Große Mutter Erdbeben (Irokesen, Nordamerika)

Grundlagen zur Vermittlung von Märchen

Früher und heute

Im 18. Jahrhundert wurden Märchen ausschließlich durch Erzähler – Frauen wie Männer – zur Unterhaltung erwachsener Zuhörer verbreitet. Durch die schriftliche Fixierung der Brüder Grimm und anderer Sammler im 19. Jahrhundert erhielten die Volksmärchen einen neuen Verwendungszweck. Die sprachlich und inhaltlich aufbereiteten Buchmärchen waren nun im Grimm'schen Sinne auch für Kinder geeignet. Das Vorlesen von Märchen war in bürgerlichen Familien fester Brauch und diente zwar auch der bildenden Unterhaltung von Kindern, aber stärker noch der moralischen Belehrung und Überlieferung gesellschaftlicher wie religiöser Normen und Wertvorstellungen.
In der Zeit des Faschismus wurden die Kinder- und Hausmärchen der Brüder Grimm als ein *„... Teil nationaler Tradition, zum Bestandteil einer völkischen Ideologie umgemünzt, und als Beitrag für den Kampf um ein inneres Deutschtum verstanden und zur Rassenerziehung eingesetzt“*[1].
Später hielten Märchen auch Einzug in die Schulbücher aller Schulformen und Jahrgangsstufen.
Volksmärchen gehören zum gemeinsamen literarischen Kulturerbe von Erwachsenen und Kindern. Märchenerinnerungen der Erwachsenen und ihre zustimmende oder ablehnende Haltung gegenüber Märchen resultiert meist aus erlebten Erzähl- oder Vorlesesituationen und den damit verbundenen angenehmen oder unangenehmen Empfindungen. Prägend für eine positive Einstellung zu Märchen sind abgesehen vom amüsanten oder spannenden Handlungsablauf

sich wiederholende Gewohnheiten und Rituale, die gemütliche Atmosphäre und Stimmlage der geliebten Bezugspersonen. Denn nicht nur die richtige Märchenauswahl, sondern auch emotionale Beziehungen, aktuelle Anlässe und die Art der Märchenpräsentation beeinflussen Gefühls- und Erinnerungsfähigkeit. Heute transportiert nicht nur das gewöhnliche Märchenbuch die Märchenstoffe, sondern auch Bilderbücher, Puppenspiele, Theatervorstellungen und Spielfilme tragen zur weiteren Verbreitung bei. Darüber hinaus intensivieren elektronische Kommunikationsmedien (Radio, Fernsehen, Kino, Tonträger, Bildträger, Computersoftware) die Verbreitung der Märcheninhalte. Die methodisch unterschiedlichen Bearbeitungen geben dabei alten Märchenstoffen oft neue und interessante, manchmal sogar außergewöhnliche Schwerpunkte.

Märchenanthologien

Schon die ersten deutschen Märchensammlungen aus dem 19. Jahrhundert wurden von namhaften Künstlern illustriert, z. B. *Ludwig Richter* (1803–1884), *Moritz von Schwind* (1804–1871) oder *Heinrich Vogeler* (1872–1942). Die meist naturalistischen Illustrationen beeinflussten sicherlich die Vorstellungen vieler Generationen, sodass auf diese Weise das charakteristische Aussehen bestimmter Märchenfiguren, Symbole und Szenen geprägt wurde und bis heute unverändert blieb. In der heutigen Zeit beschäftigen sich nach wie vor Künstler und Künstlerinnen mit den Texten, wählen aus der Sammlung der Grimm'schen Motive aus, um sie in ihrer Weise sichtbar zu machen, z. B. Nikolaus Heidelbach, Maurice Sendak, Svend Otto S., Tomi Ungerer, Renate Selig u. a. Wirft man einen Blick auf diese Märchenillustrationen wird deutlich, dass die symbolhaften Märchentexte den Künstlern vielfältigste bildnerische Freiräume eröffneten, die jedoch für jüngere Kinder zum Teil schwer zugänglich sind.
Märchensammlungen werden überwiegend von Erwachsenen bevorzugt, einerseits aus eigenem literarischen Interesse, zum anderen, um Kindern Märchen vorzulesen oder um sie aufzufrischen und erzählen zu können. Bei einer Märchenvermittlung mit jüngeren Rezipienten setzen sich gegebenenfalls Erwachsene und Kinder gemeinsam mit den für sie unverständlichen Illustrationen auseinander. Die Texte der Märchensammlungen sollten sich so stark wie möglich an den Originalfassungen orientieren. Unbekannte, veraltete Bezeichnungen und Redewendungen können erklärt oder durch einfachere Begriffe, die unserem Sprachgebrauch näher sind, ersetzt werden.
Parodistische oder satirische Märchensammlungen, z. B. von Fetscher oder Janosch, sind für jüngere Kinder noch nicht verständlich. Witz, Ironie oder gesellschaftskritische Überzeichnung werden nur im Vergleich mit den ursprünglichen Märchentexten deutlich (*s. Märchenadaptionen – Märchenparodien S. 26*).

[1] *Lexikon der Kinder- und Jugendliteratur, Bd. 2, 1984, Seite 425*

In der Zusammenstellung der Märchenanthologien können Volks- und Kunstmärchen aus verschiedenen Ländern enthalten sein, die den jüngeren Kindern mitunter noch unbekannt sind und Einblicke sowohl in frühere als auch in fremde Lebensweisen und Kulturen geben. In der pädagogischen Arbeit mit Kindern sind Märchensammlungen oder -anthologien mit einer Altersgliederung zu empfehlen, um den altersgemäßen Umgang zu erleichtern.

Empfehlenswerte Märchenanthologien:

***Das große Märchenbuch** – Die schönsten Märchen aus Europa*
Christian Strich (Hrsg.)/*Tatjana Hauptmann* (Illustr.), Diogenes Verlag

Diese Sammlung enthält hundert Märchen sowohl klassische der Brüder Grimm als auch Volks- und Kunstmärchen anderer europäischer Länder. Die ganzseitigen farbigen und schwarz-weißen Illustrationen ergänzen und bereichern die Märcheninhalte, sodass diese Anthologie zum literarischen Bestand einer Tageseinrichtung für Kinder gehören sollte.

***Der fliegende Koffer** – Das Buch der Märchen*
Edmund Jacoby (Hrsg.)/*Renate Seelig* (Illustr.), Gerstenberg Verlag

Für diese Märchenanthologie wurden klassische Texte von Grimm, Straparola, Perrault, Hauff und Andersen ausgewählt, jedoch nicht in der Urfassung, sondern in einer späteren Bearbeitung. Die ganzseitigen Illustrationen, die immer nah am Text bleiben, reichen von farbenfroher Expressivität bis zur dezenten Kolorierung der Figuren und Landschaften. Das Layout wird durch Tiere oder Gegenstände an den Texträndern liebevoll ergänzt, die besonders Kinder zu intensiver Betrachtung anregen.

***Die Märchentruhe** – 110 Märchen*
Vilma Mönckeberg-Kollmar (Hrsg.)/*Lilo Fromm* (Illustr.), Ellermann Verlag

Die Märchensammlung beinhaltet auch Grimm'sche Klassiker, vorwiegend aber unbekanntere Märchen, die nach Themenkreisen geordnet sind, z. B. *„Kleinkindergeschichten“, „Von Tieren, großen und kleinen“, „Von Riesen und Zwergen“* u. a. Die Sammlung richtet sich an den kindlichen Zuhörer oder Leser, der das Leben und die Menschen mit allen guten und schlechten Seiten durch Märchen kennen lernen soll. Die farbigen Bildtafeln zu jedem Themenkreis gehören zu den Klassikern unter den zeitgenössischen Märchenillustrationen.

Märchen der Brüder Grimm
Jakob und Wilhelm Grimm (Text)/*Nikolaus Heidelbach* (Illustr.), Beltz & Gelberg Verlag

Die Illustrationsarbeit zu den 101 ausgewählten Märchen stellt nach eigener Aussage Heidelbachs den Höhepunkt seines Schaffens dar. Durch seine präzise Wahrnehmung und detailgetreue Bearbeitung der Zauber-, Tier- oder Schwankmärchen werden die wesentlichen Züge des Volksmärchens klar zum Ausdruck gebracht. Seine Bildsprache ist sparsam. Er schweift nicht ab, sondern gibt bildliche Informationen, die immer aus dem Text hervorgehen. Seine Bildgegenstände sind naturalistisch, deuten auf bevorstehende Situationen hin und fordern den Betrachter zu eigenen Interpretationen und fantasievollen Lösungsmöglichkeiten heraus. Durch diese wundervoll gestaltete Märchensammlung werden ältere Kindergartenkinder Freude an Märchen der Brüder Grimm entwickeln und in den Heidelbach'schen Bildern immer wieder neue Entdeckungen machen.

Erzählen und vorlesen

Vorlesen und erzählen sind besondere Formen der Kommunikation und Zuwendung zwischen Erwachsenen und Kindern, wobei jede Erzähl- und Vorlesesituation einen Inhalts- wie Beziehungsaspekt besitzt. Der Beziehungsaspekt ist dabei vielschichtiger als der Inhaltsaspekt und von der Einstellung des Märchenerzählers bzw. -vorlesers zum Inhalt ist es weitgehend abhängig, wie nachhaltig die Wirkung des Märchens ist. Beim Erzählen/Vorlesen richten sich Nähe und Aufmerksamkeit des Erwachsenen für eine gewisse Zeit nur auf die Kinder, sodass die Kinder die Bezugsperson für sich allein haben.
Insbesondere das Zusammensein zwischen Märchenerzähler/-vorleser und Märchenhörer schafft ein Gefühl der Zusammengehörigkeit. Technische Medien können diese gefühlvolle Intimität nicht übertragen und vermitteln!

Beim Vorlesen/Erzählen entstehen subjektive, innere Bilder. Nach dem Märchenschluss sollte der Vorleser/Erzähler zunächst das Gehörte nicht interpretieren, sondern den Kindern aktiv zuhören, denn die Kinder brauchen einige Zeit und ausreichenden Spielraum, um eigene Deutungen zu finden.
Wenn Kinder sich bei Märchenrezeptionen langweilen oder sich durch übertrieben theatralische Erzählweise emotional überfordert fühlen, lehnen sie einzelne Märchen ab und entwickeln manchmal sogar Ängste. Andererseits fordern und genießen Kinder besonders die „ritualisierten Märchenstunden", wobei ihre Lust auf Wiederholungen nicht nur auf Märcheninhalte bezogen ist, sondern auch

auf die Vorahnung von Wohlbehagen und Vertrautheit. Wiederkehrende, vom Kind positiv erlebte Situationen bedeuten Sicherheit und die Möglichkeit der Identifikation.
Märchenhören hat sehr förderliche Auswirkungen in Bezug auf Spracherwerb, Wortschatzerweiterung und auch auf späteres Leseverhalten. Das Nacherzählen des Inhaltes, die Wiederholung der Reimformeln und der schöpferische Umgang mit Sprache stimulieren in hohem Maße die kindliche Sprechfreude.

Vorüberlegungen und Organisation

Bei der Auswahl und dem Einsatz der Märchen-Medien stehen die kindlichen Interessen und das Wahrnehmungsvermögen der Kindergruppe im Vordergrund. Beinahe ebenso wichtig sind aber die ästhetische sowie die technische Qualität der medialen Märchenbearbeitung (s. *Märchen in medialer Bearbeitung,* S. 46). Darüber hinaus trägt eine atmosphärische Umrahmung der Märchenstunde dazu bei, Kindern ein emotional positives Märchenerlebnis zu ermöglichen. Ruhe, ausreichend Zeit sowie eine bequeme Sitzposition sorgen für entspannte Ausdauer. Gedämpfte Lichtverhältnisse unterstützen eine märchenhafte Spannung ebenso wie der anregend dekorierte Veranstaltungsort, z. B. Teelichter (Märchenlicht), Aromalampe (Märchenduft), luftig-farbige Stoffe (Märchenstoff). Ein spielerisch gestalteter, ritualisierter Eintritt ins Märchenland bleibt dabei den Kindern in unvergesslicher Erinnerung (Beispiele s. *Eingangs- und Schlussrituale für Märchenstunden*, S. 13). Zur Einstimmung kann die Erzieherin symbolische Märchen-Gegenstände unter einem leichten Tuch verbergen, die von den Kindern getastet und geraten werden, z. B.: *Kieselsteine = Hänsel und Gretel; Henkeltopf = Der süße Brei; Stroh = Rumpelstilzchen.* Zum Abschluss der Märchenstunde assoziieren die Kinder Gegenstand und Märcheninhalt.
Werden technische Medien und Geräte zur Märchenpräsentation benötigt, sollten sie vor Beginn der Nutzung auf ihre Funktion, Handhabung und Bedienungssicherheit hin sorgfältig überprüft werden. Bei der gemeinsam durchgeführten Überprüfung und der Verständigung über die Bedienungsregeln erwerben Kinder zusätzliche Fertigkeiten und erweitern ihre Sachkompetenz. Manchmal stellen ruhiges Sitzen und passives Zuhören bei *Märchenstunden* hohe Anforderungen an Kinder. Die angespannte Konzentration, die nötig ist, um das Gehörte aufzunehmen und zu verstehen, verhindert zunächst, dass Kinder sich handelnd ausleben können. Direkt im Anschluss an die Märchenrezeption allerdings teilen sie spontan ihre Eindrücke und momentane Befindlichkeit mit. Beflügelt von ihrer Fantasie spinnen sie nachher die Geschichte weiter, vertiefen ihre Eindrücke in Bildern und Symbolen und verwerten Erlebtes in ihren Spielhandlungen. Entsprechend ihrer typischen Ausdrucksmöglichkeiten

erschließen sich Kinder ihre *Märchenwelt* auf verbale und nonverbale Weise, bei Rollen- und Bewegungsspielen, Gesang, Maltätigkeiten und Materialgestaltung.

Vorlesen und erzählen in der Kindergruppe:

- Erzähler/Vorleser sitzt auf einem besonderen Platz;
- Textvorlage als Gedächtnisstütze bereithalten (auch wenn Text auswendig bekannt ist);
- wörtliche Rede oder Reime und Formeln im Originaltext sprechen;
- Versformeln mit Kindern gemeinsam wiederholen;
- unbekannte/veraltete Begriffe (z. B. Wams = Jacke) umgangssprachlich übersetzen, vor oder auch während der Vermittlung;
- Körpersprache (Mimik, Gestik) gezielt und sparsam einsetzen;
- auf flüssige und artikulierte Aussprache achten (Lebendigkeit);
- Stimmlage und Tempo variieren, Sprechpausen setzen;
- ständiger Blickkontakt ermöglicht Beobachtung und vergrößert die Aufmerksamkeit der Kinder;
- durch Körpernähe oder Körperkontakt Sicherheit vermitteln;
- auf spontane sprachliche Äußerungen und Reaktionen flexibel eingehen;
- gegebenenfalls beruhigende und erklärende Bemerkungen einfließen lassen;
- mit einer sinngemäßen Aussage in die Wirklichkeit zurückführen;
- nach dem Märchenerlebnis immer Gelegenheit für Fragen und sprachliche Äußerungen geben;
- Möglichkeiten zur kreativen Vertiefung – eventuell erst zu einem späteren Zeitpunkt – anbieten (Beispiele im Kapitel *Märchen-Aktionen*).

Ursprünglich wurde das Volksmärchen ausschließlich durch mündliches Erzählen verbreitet. Mit Beginn des Buchmärchens durch die Brüder Grimm und andere Märchensammler entstanden bereits mediale Märchenadaptionen, die durch Illustrationen dieser ersten Märchenbücher geprägt wurden.
Moderne technische und elektronische Entwicklungen machten literarische Massenproduktionen möglich, sodass Märchenbilderbücher, Märchencomics, Audioproduktionen, Zeichentrick- und Realfilme von Märchen entstanden, die den ursprünglichen Text meist in den Hintergrund drängten, um der visuellen Wirkung genügend Raum zu bieten.
Da bei den Volksmärchen keine Urheberrechte erhoben werden können, hat auch die Industrie die Märchenfiguren und Symbole übernommen, um damit für ihre Produkte einträglicher zu werben und sie effektiver an den Mann oder besser gesagt an das Kind zu bringen. So ziert Sterntaler die Kinderbettwäsche, die sieben Zwerge werben für einen Fruchtjogurt und Rotkäppchen verspricht einen leckeren Käse.
Märchen erscheinen in immer mehr Spielarten und medialen Bearbeitungsformen. Die dadurch entstehenden Adaptionsschwierigkeiten führen häufig dazu, dass die Intention des Märchens, dem Rezipienten Lebenshilfe und Problemlösungen anzubieten, zum größten Teil verloren geht.
Bis heute steht die mediale Märchenbearbeitung in kontroverser Diskussion. Sie reicht von der ablehnenden Haltung, Märchen in keiner medialen Bearbeitung zuzulassen, bis zur Befürwortung medialer Märchenbearbeitungen als eigenständige literarische Kunstform.
Unbestritten gehört das mündliche Erzählen von Märchen zu der qualitativ besten Vermittlungsform für Kinder. Leider verbringen heutzutage aber immer weniger Familien ihre Zeit gemeinsam, sodass elektronische Medien immer mehr gemeinsame Gespräche ersetzen und zur Unterhaltung beitragen. Die mediale Erfahrungswelt der Kinder hat sich ebenso verändert. Für sie gehören die Musik-CD, das Computerspiel und der Videofilm zum Alltag. Diese Medienvielfalt Kindern vorzuenthalten oder sogar zu verbieten, würde bedeuten, ihre Lebenssituation unberücksichtigt zu lassen.
Unter Berücksichtigung aller Vorbehalte und im Rahmen literarischer Früherziehung kann und darf das Märchen sich auch der medialen Vermittlungsformen nicht entziehen. Wichtig dabei ist jedoch, dass die ausgesuchten medialen Märchenbearbeitungen das Wahrnehmungsvermögen von Kindern in den verschiedenen Altersstufen berücksichtigen, Möglichkeiten zur Entfaltung von Fantasie und Emotion bieten und die ästhetische Entwicklung fördern.
Denn für Kinder ist es nützlicher, Märchen in qualitativ wertvollen medialen Bearbeitungen kennen zu lernen als gar nicht.

Bilderbuch-Märchen

„... Mein Blick fiel auf einen Vierfarbdruck, goldlockig Dornröschen, rosa im rotweißen Dornengehege, soeben erwachend, vor ihr auf den Knien der hellblaue Prinz. Ich mochte Bilder in Büchern nicht. Meine Schneewittchen, Rotkäppchen, Hexen und Feen, Zwerge und Riesen sahen alle anders aus. Bilder nahmen den Buchstaben bloß den Platz weg ...“[1]

Dieses Zitat soll deutlich machen, dass illustrierte Märchen bzw. Märchenbilderbücher als Erstbegegnung mit Märchen für Kinder ungeeignet sind. Märchen bedürfen eigentlich keiner Illustration, da sie die kindliche Vorstellungskraft beeinflussen oder auf eine bestimmte Richtung festlegen.
In Märchenbilderbüchern bzw. Bilderbuchmärchen bringen Illustratoren ihre individuellen Vorstellungen der fantastischen Wunderwelt zum Ausdruck, das heißt, es wird eine ganz bestimmte Interpretation des Märchenstoffes anhand von Bildern vermittelt. Durch die Fülle von Symbolen und bildhaften Vergleichen bietet das Märchen wie keine andere literarische Gattung Kindern die Möglichkeit, eigene Bilder in ihrer Vorstellung zu entwickeln. Märchen sind Projektionsflächen für kindliche Fantasien. Projektionen und Identifikationen sind aber nur dann möglich, wenn die Abbildungen noch genügend Raum für eigene Sichtweisen zulassen.
Illustrierte Darstellungen von Märchen sollten sich auf das Wesentliche beschränken und Farben und Formen, sowie Hintergründe abstrahieren, sodass die Entwicklung innerer Bilder nicht eingeschränkt wird, sondern möglichst erweitert werden kann.

Ältere Kindergartenkinder, die Märchen bereits durch Erzählungen kennen gelernt haben und auch schon Erfahrungen mit Bildsprache machen konnten, benötigen möglicherweise bei weniger bekannten Märchenelementen Interpretationshilfen, um die Aussage des Bildes zu begreifen.
Die Illustrationen der Bilderbuchmärchen unterscheiden sich durch die individuellen Vorstellungen und Ausdrucksformen der jeweiligen Künstlerpersönlichkeiten. Für das noch märchenunerfahrene Kindergartenkind bieten sich Illustrationen an, die die symbolhaften Märchenmotive ausschmücken oder ausschnitthaft wiedergeben (wie z. B. bei Gerhard Oberländer, Klaus Ensikat, Binette Schroeder) oder im impressionistischen Stil gefühlsintensiv darstellen (wie z. B. bei Lilo Fromm, Lisbeth Zwerger, Felix Hoffmann).
Der Märchentext kann sich gegebenenfalls dem heutigen Sprachgebrauch annähern, ohne jedoch die Originalität zu verlieren. Bild und Text müssen in jeder Hinsicht immer aufeinander abgestimmt sein.

[1] *Ulla Hahn: Das verborgene Wort, Deutsche Verlags-Anstalt, Stuttgart 2001, S. 64*

Bei der großen Anzahl von Bilderbuchmärchen auf dem Büchermarkt werden hier nur einige aktuelle Titel exemplarisch vorgestellt, die den oben genannten Kriterien – insbesondere für jüngere Kinder – entsprechen. (Weitere Empfehlungen s. Literaturverzeichnis.)

Der Froschkönig oder Der eiserne Heinrich
Binette Schroeder (Illustr.)/*Jacob und Wilhelm Grimm* (Text), Nord-Süd Verlag

Das Grimm'sche Volksmärchen *Der Froschkönig*, das zu den ältesten in Deutschland gezählt wird, verknüpft die Geschichte des treuen Heinrichs mit der Erlösungsgeschichte des Prinzen. Der Text ist der Grimm'schen Originalausgabe von 1857 entnommen.
Binette Schroeders Bilder sind inszenierte Kunstwelten in verschlüsselten Formen, in die der Betrachter nur durch die Kraft seiner Fantasie einen Zugang erhält. Im Froschkönig wechseln sich Bilder von geheimnisvollen Landschaften mit Darstellungen mythisch-venezianischer Architektur ab, in denen die Prinzessin und der Prinz zu schweben scheinen. *„Ich möchte Kindern kleine Bühnen malen, die sie dazu verlocken, hineinzusteigen ...“* [1], sagt sie, und so erinnert jede dargestellte Szene tatsächlich an ein Bühnenbild oder eine virtuelle Kulisse, die abwechselnd in ein fahles Teichgrün, leuchtendes Königsrot oder steinernes Schattengrau eingetaucht ist. Durch eine Aneinanderreihung von Bewegungsabläufen in Bildsequenzen wird die Verwandlung des Frosches in einen Prinzen sehr lebendig. Die Menschwerdung, der Höhepunkt des Märchens, kann so von Kindern Schritt für Schritt nachvollzogen werden.
Binette Schroeders extrem imaginäre Märchenbilder ermöglichen es Kindergartenkindern ab 5/6 Jahren, die Realitätsebene zu verlassen und in die Welt des Märchens einzutauchen.

Der kleine Häwelmann
Lisbeth Zwerger (Illustr.)/*Theodor Storm* (Text), Michael Neugebauer Verlag

In dem kostbar ausgestatteten Bilderbuch mit ganzseitigen Bildtafeln und blauem Leineneinband illustriert die mehrfach ausgezeichnete österreichische Künstlerin Lisbeth Zwerger das bekannteste Kleinkindermärchen des deutschen Dichters Theodor Storm. Ein kleiner Junge, der in seinem Bett liegt und seine Mutter mit seinem Geschrei und seiner Unruhe nervt, geht mit Hilfe des „guten alten Mondes“ auf eine abenteuerliche Reise. Sein unstillbarer, wiederholender Ruf: *„Mehr, mehr. Leuchte, alter Mond, leuchte!“* wird zum Schluss jedoch nicht gehört, denn die „unfreundliche“ aufgehende Sonne wirft den kleinen Häwelmann kurzerhand ins Meer.

Der eingängige Rhythmus und die lautmalerische Fülle machen diesen zeitlosen Klassiker zum geeigneten Vorlesetext.
Lisbeth Zwerger, die von sich selbst sagt: „Ich male nie für Kinder“, trifft durch ihre lebendigen und scheinbar schwerelosen Aquarellbilder ungewohnte Perspektiven und Sichtweisen, die gerade Kindern die Möglichkeit geben, ihre Vorstellungen und Fantasien zu erweitern. Zwergers Märchenfiguren, z. B. in *Rotkäppchen* (Text: Brüder Grimm, 2./1994), *Däumelienchen* (Text: H.-C. Andersen, 2002), *Zwerg Nase* (Text: W. Hauff, 2./1994) oder *Der Zauberer von Oz* (Text: Frank L. Baum, 1996), bewegen sich beschwingt, mit aufgebauschten Kleidern in luftigen magischen Welten. Übergröße und starke Konturierung wirken dämonisch wie die Figur des Mondes im „kleinen Häwelmann“ mit blauem Sternenmantel und einer sichelförmigen Kopfbedeckung. Einfarbige Hintergründe gehen scheinbar stufenlos in den Horizont über, die den Szenerien eine Raum- und Tiefenwirkung verleihen.

Die Bremer Stadtmusikanten
Klaus Ensikat (Illustr.)/*Jacob und Wilhelm Grimm* (Text), Altberliner Verlag

Klaus Ensikat, der für seine Bilderbuchbearbeitungen mit zahlreichen Auszeichnungen geehrt wurde, erhielt 1995 den *Deutschen Jugendliteraturpreis* für sein Gesamtwerk und 1996 den internationalen *Hans-Christian-Andersen-Preis*. Seine realistisch-fantastischen Strichzeichnungen, überwiegend mit Feder und Bleistift in Schraffurtechnik, bestechen durch präzise und detailreiche Ausarbeitung voller satirischer und hintersinniger Bedeutung. In den *Bremer Stadtmusikanten* bevorzugt der Künstler Motive aus der Tierwelt, denen er menschliche Züge verleiht und die er in einen sozialkritischen Kontext stellt. So wird z. B. durch seine Bilder in den *Bremer Stadtmusikanten* der Umgang mit Alter und Armut in unserer Gesellschaft deutlich; die „ausgemusterten“ Tiere sitzen wie Obdachlose auf dem Bürgersteig und werden von Passanten mit geringschätzigen Blicken bedacht. Seine Illustrationsarbeit zeichnet sich dadurch aus, dass Titelbilder, Vorsatzblätter, Vignetten und Schrift immer eine Einheit darstellen, sodass Text und Bild ein Gesamtkunstwerk ergeben.
Ältere Kindergartenkinder, die mit dem Märchen *Die Bremer Stadtmusikanten* bereits vertraut sind, werden unter Anleitung die zweideutige Bildsprache Ensikats wahrnehmen und eigene aktuelle Gesellschaftsbezüge herstellen können.

[1] *Jens Thiele: Die Gedanken der Jongleuse, Eselsohr 11/95, S. 42*

Bilderbuchmärchen in der Kindergruppe

- Eine motivierende Einstimmung gestalten und eine märchenhafte Atmosphäre erzeugen durch symbolische Gegenstände oder Requisiten zum ausgewählten Bilderbuchmärchen, indirektes Licht, Aromalampe, gemütlich-kuschelige Sitzgelegenheiten (s. Eingangs- und Schlussrituale für Märchenstunden, S. 13).
- Die Sitzrunde so zusammenstellen, dass alle Kinder gleichzeitig die Bilder sehen können oder mit ins Buch gucken können. Dazu ggf. vor den Kindern sitzen und das Märchenbilderbuch in Augenhöhe der Kinder vor dem Oberkörper oder am ausgestreckten Arm halten.
- Zunächst den Buchtitel vorstellen und gemeinsam das Titelbild analysieren, Vermutungen über die Beziehung Titelbild/Märchentitel äußern, anschließend Vorsatzseiten zeigen und kurz kommentieren (lassen).

Zur weiteren Betrachtung bieten sich unterschiedliche Vorgehensweisen an:
- Text auswendig (langsam, mit Betonung, Blickkontakt) erzählen, dabei Seite für Seite umschlagen, ohne näher auf die Abbildungen einzugehen. Die Kinder hören zu, betrachten die Bilder, stellen bei Bedarf Fragen, kommentieren Bild- und Textaussagen. Der Erwachsene reagiert kurz und einfühlend, führt dann seine Erzählung fort.

oder
- In sinnvollen Satz-/Handlungsabschnitten den Text still erfassen und merken, beim Vortrag Blickkontakt zu den Kindern herstellen, wieder ins Buch schauen, der Kinderblick richtet sich mit ins Buch. Nächsten Textabschnitt still erfassen und merken, Kinder anschauen und vortragen usw. Auf diese Weise sind Vorleser und Sprecher in einem fortlaufenden, gemeinsamen Kontakt zum Handlungsablauf und zu den Bildern. Die Bildbesprechung wird in den Textvortrag integriert, ohne den Handlungsablauf zu unterbrechen.

oder
- Den Kindern ist das Originalmärchen bekannt. Es findet eine gemeinsame bildbetrachtende Erzählung statt. Die Kinder beschreiben, erläutern, erklären, kommentieren, analysieren die Abbildungen, nehmen Bezug zum Märcheninhalt, usw., während der Erwachsene hauptsächlich als Moderator wirkt.

Der Abschluss einer Bilderbuchbetrachtung sollte Kindern Gelegenheit geben, zum Ausgangspunkt des Märchengeschehens, aber auch in die Wirklichkeit zurückzufinden. Zum Spannungsabbau können z. B. ein Gespräch, ein Bewegungsspiel, Verswiederholungen, ein spontanes Rollenspiel beitragen. Möglichkeiten zur Vertiefung können auch zu einem späteren Zeitpunkt angeboten und durchgeführt werden (Beispiele im Kapitel Märchen-Aktionen).

Hörspiel-Märchen

Die ersten Hörproduktionen für Kinder waren vorgelesene Märchen, die zunächst im Rundfunk ausgestrahlt wurden und in den späten 20er Jahren auch als Schallplattenaufnahmen erhältlich waren. Mit diesen „Märchenplatten“ war der Anfang eines „Tonträgermarktes“ für Kinder geschaffen.
Heute stehen Tonträger jeder Altersstufe jederzeit zur Verfügung. Insbesondere bei jüngeren Kindern erfreuen sich der Kassettenrecorder und der Walkman für MCs (Musik-Cassetten) großer Beliebtheit. 83 % aller Haushalte[1], dazu gehören auch die Tageseinrichtungen für Kinder, verfügen (häufig mehrfach) über Kassettenrecorder. Sie sind leicht bedienbar, robust, unabhängig von bestimmten Programmzeiten und jederzeit verfügbar. Viele Eltern befürworten bei ihren Kindern das Hören von Kassetten als Alternative zum Fernsehen. Selbst in den Tageseinrichtungen wird die Audiokassette von allen elektronischen Medien am häufigsten eingesetzt. Je nach individueller Beliebtheit werden dann ausgewählte Produktionen konzentriert gehört oder als ständige Geräuschkulisse nebenbei wahrgenommen.
Mediale Hörproduktionen für Kinder unterscheiden sich allerdings in der Qualität. Meist handelt es sich um Billigproduktionen von Tonspuren aus populären Filmen oder Volksmärchen, da diese urheberrechtlich nicht geschützt sind.
Seit einiger Zeit bietet der Markt jedoch auch Märchenproduktionen auf hohem Niveau, die jenseits serieller Märchenreihen stehen.
Nach wie vor hören sowohl Kinder als auch Erwachsene gerne Märchen und Geschichten und lassen sich von ihnen verzaubern. Die akustische Fantasie wird in Gang gesetzt und beim Hören entwickeln sich ganz eigene Bilder und Vorstellungen, die verinnerlicht werden und zur Verarbeitung des Inhalts beitragen.
Die Frage, ob die geeignete Vermittlungsform für Märchen das Hörmedium oder die mündliche Erzählung sei, ist ebenso müßig wie die Diskussion um die Illustration von Märchen. In der sozialpädagogischen Arbeit mit Kindern ist nicht nur die qualitative Auswahl der Hörmedien von entscheidender Bedeutung, sondern vielmehr der methodische Einsatz. Unabhängig von der Wahl der medialen Märchenvermittlung müssen die formalen und inhaltlichen Unterschiede der Märchen berücksichtigt werden, die maßgeblich den altersgemäßen Einsatz bestimmen (s. S 38 ff.).

[1] *Böcher, Hartmut/Koch, Roland (1998): Medienerziehung – Theorie und Praxis, Köln: Stam, S. 148*

Fragenkatalog zur Auswahl von Hörspielmärchen

Zur äußeren Gestaltung
- Sind Kassettenhüllen, Cover, Booklets o. Ä. altersgemäß ansprechend gestaltet?
- Sind die Angaben von Autor/Produzent/Sprecher/Komponist/Spieldauer/Produktionsort und -jahr/Inhalt/Alter eindeutig?

Zum Inhalt
- Orientiert sich der Inhalt an der literarischen Vorlage, ist nichts gekürzt oder verändert?
- Folgt die Handlung stringent dem vorgegebenen Verlauf im Originalmärchen? Rückblenden können von jüngeren Kindern nicht nachvollzogen werden bzw. verwirren.

Zur Sprache
- Ist die Sprache klar, natürlich und lebendig?
- Unterscheiden sich die verschiedenen Märchenrollen klar und deutlich durch Sprech- und Sprachunterschiede?
- Ist die Rolle des Erzählers durch eine akzentuierte sprachliche Ausdrucksfähigkeit deutlich erkennbar?

Zu den Geräuschen
- Sind die Geräusche klar zuzuordnen und ihrer Funktion entsprechend?
- Werden übertriebene Gruseleffekte, die angstauslösend sein können, vermieden?

Zur Musik
- Bilden Musik und Inhalt eine Einheit?
- Unterstützen Klänge, einzelne Tonfolgen oder Melodien Stimmungen und Gefühle, wobei der Spannungsbogen nicht überzogen wird?
- Ergänzen musikalische Klangbilder die märchenhafte Atmosphäre?
- Sind Pausen zur Entspannung, Verinnerlichung oder geistiger Verarbeitung sinnvoll eingesetzt?

Im Folgenden einige empfehlenswerte Hörspielproduktionen:

Märchen der Welt
Reihe im Jumbo Verlag

Die umfangreiche Hörbuch-Sammlung mit unterdessen 24 Folgen stellt jeweils 3 bis 8 Märchen in einen thematischen Zusammenhang. Es sind Märchen verschiedener Motive und Handlungsträger enthalten, z. B. „Märchen von der Liebe“ und „Märchen von Zwergen“, aber auch Märchen fremder Länder und Kulturen, z. B. aus Afrika und China. Exzellente Sprecher wie Hannelore Hoger, Katharina Thalbach oder Henning Venske verleihen den jeweiligen Märchen ihre individuelle Note. In den Pausen unterstreichen kleine musikalische Kompositionen die magische Stimmung und vermitteln besonders in den exotischen Märchen eine landestypische Atmosphäre.
Analog zu der Hörspielsammlung erscheinen die Taschenbuchausgaben *Märchen der Welt* im Fischer Verlag.

Wilhelm Hauff: ***Die Märchen-Karawane***
Hans Christian Andersen: ***Märchen***
BMG-Wort (Litera junior)

Die Reihe *„Litera junior“* hat klassische Märchen von Wilhelm Hauff und Hans Christian Andersen zu Hörspielpaketen gebündelt. Jeweils 3 CDs bzw. 3 MCs sind in einem Schuber enthalten, der mit Gemälden alter Meister oder szenischen Abbildungen der Epoche oder Märchen attraktiv gestaltet ist. Die Märchenbearbeitungen beeindrucken durch ihre hervorragenden Sprecher. Lebendige Dialoge, kurze Musikpassagen und Klänge schaffen eine authentische Atmosphäre, sodass Kinder ab 6 Jahren eigene Bilder und Vorstellungen z. B. zu den Märchen von *„Kalif Storch“* oder der *„kleinen Seejungfrau“* entwickeln können. Zur Information für ältere Rezipienten werden die *Audio-Books* durch kurze Dichterportraits und Märchentexte ergänzt.

Brüder Grimm: ***Hans im Glück***
Pollux Audio

Das *Audio-Book „Hans im Glück“* (CD/MC mit Booklet) von Gabriel Genschow bearbeitet, ist besonders für jüngere Kinder geeignet. Die langen Dialoge im Originalmärchen werden durch einen Erzähler gekürzt vorgetragen, sodass die wesentlichen Schlüsselsituationen mit sparsamen Worten, Musik und Geräuschen eine besondere Ausdruckskraft erhalten.

Kunz, Gunnar/Sieghart, Jörg: ***Die Bremer Stadtmusikanten***
Tunesday records

Das musikalische Hörspiel nach dem Grimm'schen Märchen *Die Bremer Stadtmusikanten* fällt in der Reihe der üblichen Audioproduktionen aus dem Rahmen. Das Märchen selbst wird klar und schlicht nacherzählt und mit Dialogen ergänzt, die jedoch nach und nach durch rockige, poppige Songs immer mehr ihre Intensität und Ausdruckskraft verstärken. Jedes Tier hat seinen eigenen Song, der als musikalisches Grundmotiv in der Szenenfolge wiederholt auftaucht. Das Märchenmusical ist für ältere Kindergartenkinder geeignet, um von der hintergründigen, spannenden Geschichte und den frechen, fetzigen Liedern zu eigener Kreativität angeregt zu werden.

Hörspielmärchen in der Kindergruppe

- Ihre Lieblingskassette mit bestimmten Hörspielmärchen wollen Kinder immer wieder hören. Durch die ständigen Wiederholungen erleben Kinder den Spannungsaufbau, die befreiende Lösung sowie den geglückten Ausgang des Märchengeschehens.
- In der Regel sind Kindergartenkinder im sachgerechten Umgang mit Kassettenrecorder und Audiokassetten zwar ziemlich geübt, dennoch sollten Sicherheitshinweise erteilt werden.
- Bei der Auswahl von Hörspielmärchen sollten die Vorlieben und Wünsche der Kinder mit einbezogen werden. Um eine ritualisierte Dauerbeschallung zu vermeiden, ist es sinnvoll, Vereinbarungen zu treffen bezüglich der Häufigkeit, Dauer und Lautstärke.
- Hörspielmärchen können auch in einer kleinen Gruppe ein anregendes und nachhaltiges Hörerlebnis sein. Dazu gehört neben der gelungenen Inszenierung eine zum Märchenmotiv passende stilvolle Umgebung, drinnen oder draußen.
- Während des Hörens sollten die Kinder ihre Emotionen verbal und gestisch-mimisch ausdrücken können, ggf. sollte das Hörspielmärchen für eine kurze aktive Pause unterbrochen werden.
- Direkt im Anschluss an Hörspielmärchen wollen Kinder ihren Gefühlen Ausdruck verleihen und körperlich wie sprachlich aktiv sein. Passende Sprach- und Bewegungsangebote mit Requisiten erfüllen dieses Bedürfnis.
- Zur späteren Vertiefung des Hörspielmärchens und zur kreativen Verarbeitung individueller Hörspieleindrücke eignen sich vorzüglich Leerkassetten und ein Aufnahmegerät. Eigene Höraufnahmen können erstellt werden. Als weitere Ergänzung erstellen ältere Kindergartenkinder unter Einbeziehung des Originals ein eigenes Hörspielmärchen.

Filmmärchen

Audiovisuelle Bearbeitungen von Märchen haben eine lange Tradition, die besonders durch Kinderfilme aus Russland, der ehemaligen Tschechoslowakei und DDR geprägt wurde. Sie stellen die Fortführung des herkömmlichen Märchentheaters und Märchenballetts dar, die ebenfalls Bilder, Sprache, Musik und Geräusche als Ausdrucksmittel benutzen. Selbst in den 50er Jahren waren die Kinderfilme in Deutschland in erster Linie Märchenfilme, wie z. B. *Schneeweißchen und Rosenrot* oder *Tischlein deck dich*, die jedoch eher kommerziellen als filmkünstlerischen Überlegungen entsprachen. In der heutigen Zeit würden Kinder diesen Märchenfilmen vermutlich wenig Aufmerksamkeit schenken, da das vielfältige audiovisuelle Medienangebot von Fernsehen, Video, DVD und Kino ihre Sehgewohnheiten gravierend verändert hat.

Nach wie vor erleben Kinder jedoch das Filmgeschehen als ganzheitliche Realität, d. h. auch den Märchenfilm. Besonders für jüngere Kinder ist es daher wichtig, dass vertraute Erwachsene ihnen zuerst Märchen erzählen oder vorlesen, um Fragen zu klären und entstehende Ängste aufzufangen. Erst danach sind Kinder in der Lage, das Gehörte in einfachen, aufeinander folgenden Filmszenen zu verstehen. ***Märchen hören, steht immer vor Märchenfilm sehen!***

Die Unterscheidung zwischen Fiktion und Wirklichkeit können die meisten Kinder dieses Alters dagegen noch nicht vollziehen.

Dazu folgendes Beispiel:

„… *In Gesprächen mit Kindern über SimsalaGrimm-Angebote* (= Märchen-Zeichentrickserie im Fernsehen) *wurde deutlich: Die fernsehgewohnten Kinder bevorzugten eindeutig Zeichentrickfilme gegenüber Realfilmen mit Schauspielern. Sie bestätigten sich in Gesprächen darin auch gegenseitig mit der Begründung, dass die Filme mit Schauspielern so echt seien. Da könnte es doch diese ganzen gefährlichen Sachen auch in Wirklichkeit geben, oder? Selbst Drittklässler waren noch der Meinung, dass man bei Trickfilmen besser wüsste, dass das so nicht in Wirklichkeit passieren könne. Zaubermärchen eignen sich an sich gut für Kinder, um bald den Unterschied zwischen real und fiktional zu erkennen. Bei Filmen, die sich visuell vermitteln, wünschen sie aber offenbar doch einen klaren Unterschied durch außermenschliche Figuren gegenüber echten Menschenfiguren …*“ [1]

Filmische Bearbeitungen von Märchen müssen folglich inhaltlich und formal das Wahrnehmungsvermögen und die Fantasie von Kindern in besonderer Weise berücksichtigen. Ebenso wie beim Hören von Märchen eigene Vorstellungen und geistige Bilder entstehen, so sollte auch das Filmerleben Kindern Möglichkeiten zur emotionalen Entfaltung bieten, ohne durch Action, Überzeichnung und Effekthascherei zu verunsichern.

[1] *Helga Zitzlsperger: Was sollte an Märchen bei einer Verfilmung nicht verloren gehen? Aus: Medien erzählen Märchen, München: Märchen-Stiftung Walter Kahn, Heft 7, S. 29*

Bei jüngeren Kindern reicht die Konzentration meist noch nicht für einen Märchenfilm mit einer Spielfilmlänge von 90 Minuten. Videos oder DVDs bieten jedoch eine gute Möglichkeit, diese Filmmärchen in ausgewählten Szenen zu erleben. Dafür wird bei DVDs aus der Menüübersicht des Films zuvor eine entsprechende Auswahl getroffen und den Kindern in überschaubaren Einheiten angeboten. Bei Videos gestaltet sich die Szenenauswahl hingegen etwas komplizierter.

Fragenkatalog für geeignete Filmmärchen

- Orientieren sich die audiovisuellen Bearbeitungen im Wesentlichen an der literarischen Vorlage und sind sie in ihrer Gesamthandlung stimmig? Für jüngere Kinder sind gute Animations- bzw. Zeichentrickfilme gegenüber Realfilmen zu bevorzugen, da sie den Unterschied zwischen Realität und Fiktion deutlich machen und möglichen Ängsten vorbeugen.
- Zeichnet sich der verfilmte Märchenstoff durch eine gewissenhafte literarische Recherche, eine anspruchsvolle Dramaturgie und Inszenierung aus?
- Bilden Farben, Geräusche und Musik eine Einheit und stehen sie in direktem Zusammenhang zum Inhalt?
- Leisten die Animations- und Zeichentrickfilme einen Beitrag zur ästhetischen Erziehung von Kindern?
- Werden problematische Szenen für Kinder angemessen und verantwortlich durch filmische Mittel gestaltet, ohne den Spannungsbogen vorzeitig abzubrechen, zu entschärfen oder ins Komische zu verkehren?
- Ermöglichen eingebaute Sequenzen nach spannungsgeladenen Szenen den Kindern Zeit zur Besinnung und Entspannung?
- Bleiben Sprüche, Formeln und poetische Umschreibungen, die bei Märchenverfilmungen meist in Dialogen eingebunden werden, in ihrer Originalität bewahrt?
- Werden Märchenhelden und Märchenheldinnen gemäß ihrer vorgegebenen Eigenschaften so natürlich dargestellt, dass Kinder sich mit ihnen identifizieren können? Kommen Mimik und Gestik angemessen zum Ausdruck? Entsprechen die Körperproportionen den natürlichen Gegebenheiten und sind ihre Bewegungen harmonisch fließend? Ist Die Sprache authentisch, klar und deutlich?

Im Folgenden einige empfehlenswerte Filmmärchen[1]

Aschenbrödel *von Lotte Reiniger,*
GB, 1953, Animationsfilm – Scherenschnitt, schwarz-weiß, VHS-Video, 10 Minuten; ***ab 6 Jahre***

L. Reiniger erzählt das Volksmärchen in der bekannten Fassung nach den „Kinder- und Hausmärchen“ der Brüder Grimm in 5 Akten. Ein Erzähler unterstützt jeweils mit wenigen Worten die von der Musik untermalte Handlung.
Scherenschnitte bzw. Silhouettenfilme sind für zeichentrickgewohnte Fernsehkinder sicher ungewohnt, aber gerade für die audiovisuelle Bearbeitung von Märchen für Kinder von besonderer Bedeutung. Hintergründe in mehreren Schattierungen und fein geschnittene, bewegte Figuren geben dem Film ein Hauch von Dreidimensionalität, lösen die Fläche auf und lassen alles lebendig werden. Sowohl die Figuren als auch die Handlung beschränken sich auf das Wesentliche, entfalten aber gleichzeitig eine magische Atmosphäre. Der Scherenschnitt ist jedoch nicht wirklichkeitsnah, sodass besonders jüngere Zuschauer vor möglichen Ängsten bewahrt werden können.
Lotte Reinigers zahlreiche Filme (weitere z. B. *Hänsel und Gretel, Däumelienchen, Das tapfere Schneiderlein etc.*) gehören zu den Filmkunstklassikern.

Die Geschichte vom dicken, fetten Pfannekuchen
von Jürgen Egewolf/Uwe Jeschke
BRD 1985, Animationsfilm, Farbe, VHS-Video, 10 Minuten; ***ab 5 Jahre***

Eine Frau backt ihren sieben Kindern einen Pfannkuchen, der jedoch aus der Pfanne hüpft und den Berg hinunterrollt. Auf seiner Flucht versuchen mehrere Tiere, ihn zu fangen und zu fressen. Zum Schluss entkommt er durch einen mutigen Sprung in den Himmel, wo er abends als Vollmond gelegentlich zu sehen ist.

Die Königin der Farben *von Jutta Bauer*
Deutschland 1996, Animationsfilm, Farbe, VHS-Video, 5 Minuten; ***ab 5 Jahre***

Nach dem gleichnamigen Bilderbuch von Jutta Bauer.
Was geschieht, wenn Farben sich streiten? Sie vermischen sich und alles wird grau. Darüber muss Malvida, die Königin der Farben, weinen. Doch die Tränen entmischen die Farben und Malvida kann wieder mit ihnen spielen. (Empfehlungsausschuss Medien im Auftrag der Obersten Landesjugendbehörde)

[1] *Aktuelle Informationen und Kurzkritiken über Märchenfilme für Kinder, die auf Video und DVD erhältlich sind, sowie ein „Filmarchiv“ sind unter www.top-videonews.de erhältlich. Diesen Service bietet das Kinder- und Jugendfilmzentrum in Remscheid (www.kjf.de) in Zusammenarbeit mit dem Bundesverband Audiovisueller Medien e.V. (www.bvv.de).*

***Dornröschen** (Walt Disney)*
von Clyde Geronimi, Wolfgang Reitherman, Eric Larson
USA 1958, Zeichentrickfilm, Farbe, DVD, 72 Minuten; ***ab 6 Jahre***

Walt Disneys Märchenklassiker in einer neuen digitalen DVD-Bearbeitung. Die schöne Königstochter Aurora wird kurz nach ihrer Geburt von der bösen Zauberin Malefiz verflucht und soll an ihrem 16. Geburtstag an einem Spindelstich sterben. Die drei lustigen Feen Fauna, Flora und Sonnenschein verstecken sich daraufhin gemeinsam mit der Prinzessin im tiefen Wald, um sie vor Malefiz' Fluch zu schützen. Und dennoch geschieht das Unvermeidliche. Wie vorhergesehen, sticht sich Aurora an der einzigen noch verbliebenen Spindel und fällt in einen tiefen Schlaf. Doch zum Glück wird sie von dem Prinzen Philipp wieder erlöst.
„Dornröschen" zählt zu den letzten der großen Märchenfilme des Disney Studios. Aus heutiger Sicht zählen die menschlichen Figuren zu den gelungensten aller Zeichentrickfilme. Untermalt von der Filmmusik nach Tschaikowskys „Dornröschen" vermittelt der Film eine traumhafte Atmosphäre, die jedoch besonders bei jüngeren Kindern durch gruselige Szenen mit der Hexe Malefiz gestört wird. Die Nutzung der DVD-Technik, die viele Möglichkeiten aufzeigt, bietet sich an, z. B.: DVD1: Malstudio: Wir basteln ein Schloss!, Abenteuerspiel: Rette Aurora; DVD2: Wie die Geschichte entstand, Die Musik von „Dornröschen"; Das Dornröschen Märchenbuch u. v. m.
Ebenso auf DVD/VHS erhältlich: Walt Disney: ***Schneewittchen und die sieben Zwerge***, ca. 80 Minuten

Zwerg Nase
DDR 1986, Animationsfilm, Farbe, VHS-Video, 38 Minuten; ***ab 6 Jahre***

Dieser Puppentrickfilm aus der DDR bleibt dicht an der literarischen Vorlage von Wilhelm Hauff.
Jakob, der Sohn einer Marktfrau, wird von einer Hexe in einen hässlichen Zwerg mit einer langen Nase verwandelt, aber gleichzeitig zum Meisterkoch gemacht. Seine Kochkünste kann er beim Herzog unter Beweis stellen und wird dafür mit Ehren überhäuft. Als eine Tages ein ganz besonderes Gericht von ihm verlangt wird, muss er dafür ein geheimnisvolles Kraut suchen. Mit Hilfe des in eine Gans verzauberten Mädchens Mimi findet Jakob das Zaubermittel, das beiden ihre ursprüngliche Gestalt zurückgibt. Zusammen mit Mimi kehrt Jakob zu seiner Mutter zurück.

Hans im Glück
von Rolf Losansky, Produktion GG Film, WDR, ORB, Kinderkanal
Deutschland 1999, Realfilm, Farbe, VHS-Video, 70 Minuten; ***ab 6 Jahre***

Frei nach dem Volksmärchen der Brüder Grimm.
Nach sieben Jahren Lehre bei einem Müller entschließt sich Hans, nach Hause zurückzukehren. Der Müller schenkt ihm als Dank für die gute Arbeit einen großen Goldklumpen, den die schöne Müllerstochter in ihr rotes Tuch einschlägt. Auf seinem Weg nach Hause begegnet er Menschen, mit denen es immer wieder zu Tauschgeschäften kommt, sodass er schließlich mit leeren Händen vor seinen Eltern steht. Doch Hans ist keineswegs betrübt, denn er denkt schon wieder an den Rückweg zur schönen Müllerstochter, die auf ihn wartet.

Der gestiefelte Kater *von Eric Battut*
Medienpaket: Dias, Bilderbuch, Arbeitshilfe

Das bekannte Märchen von Charles Perrault aus dem 17. Jahrhundert wird von dem französischen Künstler Eric Battut in seiner ornamentalen, barocken Bildsprache mit intensiver Farbigkeit neu erzählt. Als Dias projiziert. verstärken die prächtigen Illustrationen des Bilderbuches die magische Stimmung, sodass aus der Geschichte vom listigen, gestiefelten Kater ein beeindruckendes Kunstwerk entsteht.
Das Bilderbuch-Kino ist bei gut sortierten Medienzentren und Bildstellen auszuleihen und hervorragend für die Arbeit in Tageseinrichtungen geeignet.

Filmmärchen in der Kindergruppe

- Filmmärchen können als besondere einzelne Veranstaltung oder innerhalb eines Märchen-Projektes in einer Kindergruppe vorgeführt werden. Die Auswahl eines geeigneten Filmes (Video/DVD lassen sich leichter unterbrechen) ist abhängig vom Alter der Kinder und der pädagogischen Intention.
- Vor der Filmvorführung sind die üblichen Sicherheitsvorkehrungen zu treffen sowie räumliche Bedingungen zu überprüfen: Funktionstüchtigkeit der Abspielgeräte; Standsicherheit der Geräte; unfallsichere Verlegung der Stromanschlusskabel; Belüftungs- und Verdunklungsmöglichkeiten des Raumes; die Anzahl der Sitzgelegenheiten und ihre Ausrichtung mit ungestörter Sicht auf Bildschirm oder Leinwand.

- Für die Filmmärchen-Veranstaltung einen geeigneten Zeitpunkt finden und die Gesamtdauer festlegen (ca. 60 Minuten, davon max. 25–30 Minuten für das Filmmärchen), dazu Einladungen und/oder Eintrittskarten gemeinsam erstellen.
- Zur Einstimmung auf das Filmmärchenereignis typische Symbole/Requisiten des Filmmärchens für eine mögliche Verkleidung der Kinder gemeinsam vorbereiten. Eine märchenhafte Raumatmosphäre schaffen durch gedämpftes Licht, Aromalampe, passende Raumdekoration und außerdem gemütlich-kuschelige Sitzgelegenheiten (Decken, Kissen) bereitstellen.
- Während der Filmvorführung eine aktive Pause einlegen mit einem themenbezogenen Bewegungsspiel oder/und Märchen-Snack (der vorher gemeinsam zubereitet wurde). Innerhalb der Unterbrechung können die Kinder schon ihre ersten Eindrücke und Emotionen austauschen.
- Direkt nach dem Filmmärchenereignis sollten die Kinder Gelegenheit zum Spannungsabbau haben, z. B. durch Gespräche, Bewegung/Bewegungsspiele, Verswiederholungen, singen des Titelsongs, Meinungsaustausch, spontane Rollenspiele (dazu Requisiten bereithalten).
- Bei späteren Angeboten, die der Vertiefung und Ergänzung der Filmmärcheninhalte dienen, können Schlüsselszenen oder Lieblingsrollen nachgespielt, neue Handlungsabläufe und Dialoge ausgedacht, ein Daumenkino oder Bauchladenkino hergestellt oder weitere Märchenrequisiten angefertigt werden.
- Zudem können Kindergartenkinder ihr Märchen-Rollenspiel fotografieren und später zu einem eigenen Bildermärchen zusammensetzen. Ältere Kinder könnten ihr Rollenspiel als Märcheninszenierung mit der Videokamera aufnehmen.
- Märchenerfahrene Kinder werden aufgefordert, den original erzählten Märchentext mit einer filmischen Bearbeitung zu vergleichen. Auf diese Weise setzen sie sich kritisch mit audiovisueller Vermittlung von Märchen auseinander und entwickeln schrittweise eigene Medienkompetenzen.

Computerspiel-Märchen

Der Umgang mit dem Computer wird von Jahr zu Jahr einfacher, sodass bereits Kinder im Kindergartenalter erste interaktive Spielerfahrungen machen. Die Frage nach dem Einsatz des Computers schon im Kinxdergarten spaltet viele Erzieher und Eltern, denn die Berührungsängste sind noch groß. Die Sorge, dass der Computer die soziale und motorische Entwicklung der Kinder blockiert, ist ernst zu nehmen. So müssen Gründe für oder gegen eine Computernutzung im Kindergarten sorgfältig abgewogen werden. Da der Computer heute beinahe zur alltäglichen Ausstattung von Lebens- und Arbeitsräumen gehört, wäre es sinn-

voll, Kindern so früh wie möglich einen Zugang zu ermöglichen, um kompetente Nutzungsweisen zu vermitteln.
Der Computer bietet viele Möglichkeiten, spielen und lernen miteinander zu verbinden. Neben einem beinahe unüberschaubaren Angebot an Spiel-Lern-Software (*Edutainment* = Verbindung von Unterhaltung und Lernen) hat sich ein vergleichsweise kleines Angebot etabliert, das als *Tailtainment* bezeichnet wird. Hier können Kinder „elektronische Bilderbücher" zum Leben erwecken. In Form einer Erzählung werden die jungen Anwender neugierig gemacht, sich spielerisch am Fortgang einer Geschichte, eines Märchens zu beteiligen. Durch das Anklicken bestimmter Symbole werden Trickfilmsequenzen in Gang gesetzt, Grafiken durch Zeichnungen oder neue Wörter ersetzt. Hierzu ertönen Geräusche, Musik, akustische Signale oder Kommentare. Geschichten, die nur per Mausklick „umgeblättert" werden, wirken dagegen oft eintönig, sodass Kinder schnell das Interesse verlieren.

Sowohl einige Volksmärchen der Brüder Grimm als auch moderne Kunstmärchen sind als so genannte *living books* zu hören und zu sehen. Obwohl diese animierten Märchen auch auf jüngere Kinder einen großen Reiz ausüben, sind sie zur primären Märchenrezeption nicht geeignet. Interaktive Märchen entsprechen eher den Spielinteressen von älteren, märchenerfahrenen Kindern. Für den Einsatz eines Computerspielmärchens, z. B. zur Erweiterung oder Vertiefung eines geplanten Märchenprojektes im Kindergarten, sollten die nachfolgenden Kriterien zur Qualitätsauswahl herangezogen werden.

Fragenkatalog für die Auswahl von Computerspielmärchen[1]

1. zur Konzeption

- Ist die Benutzerführung und Navigation gemäß der Altersangabe? Fremdsprachige Anweisungen erschweren die Handhabung.
- Orientiert sich die Grundidee der CD-ROM an der Märchenerzählung?
- Welche Ziele werden verfolgt?
- Ist die Anklickfunktion verständlich?
- Entspricht der Spielaufbau der Märchenvorlage?
- Bietet die CD-ROM abwechslungsreiche, altersgemäße Spiele?

2. zur Grafik

- Ist die Qualität der Illustrationen, Animationen und Videos hochwertig?
- Ist die vorliegende multimediale Version sinnvoll?

[1] *nach Feibel, Thomas (1997): Multimedia für KIDS: Spielen und Lernen am Computer, Reinbek: Rowohlt TB, S. 99 f.*

3. zum Sound
- Ist die Musikwahl passend?
- Sind die Sprechrollen authentisch und professionell?
- Werden Geräusche sinnvoll eingesetzt? Auf drastische Übertreibungen sollte verzichtet werden.

4. zum Text
- Entspricht der (Märchen-)Text der Zielgruppe?
- Wie wird der (Märchen-)Text für „Nicht-Leser“ präsentiert?
- Gibt es zu viel Text?

5. zum pädagogischen Konzept
- Wie ist das Verhältnis zwischen Lehrinhalten und Spielspaß?
- Können sich mehrere Spieler an dem Spiel beteiligen?
- Entsprechen die Spielinhalte den geistigen, emotionalen und sozialen Fähigkeiten der Spieler?

6. zur Spielzeit
- Wie lange lässt sich die CD-ROM spielen?

7. zum Preis-Leistungs-Verhältnis
- Ist die CD-ROM ihren Preis wert?

Im Folgenden einige Empfehlungen:

Schneewittchen und die sieben Hänsel*, Berlin: Tivola, 1998, (PC/Mac in Deutsch/Englisch), nach drei Märchen der Brüder Grimm,* ***ab 6 Jahre***

Schneewittchen flieht zu den sieben Zwergen, Rotkäppchen trifft auf den bösen Wolf und Hänsel und Gretel landen bei der gemeinen Hexe. In dieser Spielgeschichte kann man die drei Märchen nur dann richtig zu Ende bringen, wenn man sie ganz genau kennt. Unter Umständen treffen Hänsel und Gretel auf den bösen Wolf, landet Rotkäppchen bei den sieben Zwergen und knabbert Schneewittchen so lange am Knusperhaus, bis es einstürzt.
Bei der aufwändig gestalteten CD-ROM schlüpft der Spieler z. B. in die Rolle von Rotkäppchen, spaziert dann in ein anderes Märchen hinein und sieht, welche Veränderungen damit hervorgerufen werden. Der Spieler kann das Märchen aber auch gemäß der literarischen Vorlage zum richtigen Ende führen.
Schneewittchen und die sieben Hänsel wurde als die beste Titelformulierung Europas ausgezeichnet. Die hervorragenden Grafiken bieten eine gelungene opti-

sche Einbettung und die Benutzerführung ist so angelegt, dass vor allem jüngere Spieler durch kleine gelbe Pfeile den richtigen „Märchenweg“ finden.
Die Märchenhelden, von professionellen Sprechern besetzt, beenden den falsch gewählten „Märchenweg“ mit kritischen Fragestellungen, z. B. fragt Schneewittchen: „Willst du wirklich, dass ich mein ganzes Leben das Haus des Jägers putzen muss?“ Diese z. T. satirisch wirkenden Kommentare können jüngere Kinder sicher noch nicht einordnen, tragen aber dazu bei, Gesellschaftskritik und Emanzipation zu üben.

Simsala Grimm: Das tapfere Schneiderlein/Rumpelstilzchen/Der Froschkönig** Berlin: Tivola, 1999/Europa Multimedia (PC/Mac in Deutsch/Englisch), nach den gleichnamigen Märchen der Brüder Grimm, **ab 6 Jahre

Die Idee zur gleichnamigen Zeichentrickserie entstammt einem jungen Produzententeam, das in einem gigantischen Werbefeldzug die Märchenfilmproduktion schon vor der ersten Fernsehausstrahlung in 40 Länder verkaufte. Parallel zur Simsala-Grimm-Serie wurden Lese- und Malbücher, Hörspiele, Kinderbettwäsche, Puzzle, Brettspiele, Plüschtiere und nicht zuletzt auch interaktive Computerspiele angeboten. Bis heute sind als CD-ROM die drei o. g. Titel erschienen. Alle drei Computerspielmärchen, die sich an der literarischen Vorlage der Brüder Grimm anlehnen, werden durch die lustigen Figuren Yoyo und Doc Croc begleitet, die sich regelmäßig in das Geschehen einschalten. Aufeinander folgende Erzählszenen mit kurzen Dialogen und verschiedene Geschicklichkeitsspiele in unterschiedlichen Schwierigkeitsgraden, die auch von mehreren Mitspielern gespielt werden können, wechseln sich ab. Durch Anklicken der unteren Symbolleiste können zusätzliche Bastelvorschläge oder Kochrezepte aufgerufen und ausgedruckt werden, um sie aktiv mit einer Kindergruppe umzusetzen.
Der Spielverlauf und die animierten Bilder zeugen von durchschnittlicher Qualität, ohne herausragende Spannungsmomente, jedoch eine gute Alternative zu japanischen Comicserien.

Das Traumfresserchen, *München: Terzio 1999 (PC/Mac), nach dem gleichnamigen Buch von Michael Ende mit Illustrationen von Annegret Fuchshuber,* ***ab 4 Jahre***

Das gleichnamige Bilderbuchmärchen erzählt die Geschichte von Prinzessin Schlafittchen, die aus Angst vor bösen Träumen kein Auge zubekommt. Ihr Vater, der König von Schlummerland, macht sich schließlich selbst auf die Suche, eine Therapie für seine Tochter zu finden. Nach vielen Irrwegen trifft er auf einen seltsamen Kobold, der nur schlechte Träume frisst und Prinzessin Schlafittchen wieder gesund macht.
Der Aufbau der CD-ROM verläuft linear, streng nach der Bilderbucherzählung, wobei der Text durch einen Sprecher (Rufus Beck) wiedergegeben wird. Die fantastischen Illustrationen von Annegret Fuchshuber bieten wenig Animationsmöglichkeiten. Junge Computerspieler werden sicher Freude daran haben, dem Erzähler zuzuhören und die bewegten Bilder des schön gestalteten Märchens anzuschauen und durch Anklicken zu animieren (s. auch *Märchen-Aktionen* S. 140).

Zilly, die Zauberin, *Berlin: Tivola 1998 (PC/Mac in Deutsch/Englisch), nach dem gleichnamigen Buch von Valerie Thomas mit Illustrationen von Korky Paul,* ***ab 5 Jahre***

Die Zauberin Zilly lebt in einem schwarzen Haus mit schwarzen Möbeln. Pech für ihren schwarzen Kater Zingaro, der dauernd im Wege ist. Da muss sich Zilly etwas einfallen lassen. In den verschiedenen Räumen von Zillys Zauberschloss gibt es Erstaunliches zu entdecken und zu verzaubern.
Die CD-ROM bietet vielfältige multimediale Möglichkeiten: einmal als *living book* zum Vorlesen oder Selberlesen, zum anderen als Animationsfilm. Darüber hinaus wird ein breites Spektrum an interaktiven Spielen angeboten, die neben der eigentlichen Erzählung gespielt werden können und in ihrer Originalität selbst noch ältere Grundschüler begeistern.

Computerspielmärchen in der Kindergruppe

- Bevor den Kindern Computerspielmärchen angeboten werden, sollten sie schon mit dem Originalmärchen vertraut sein, da sonst der eigentliche Spielreiz verloren geht. Zudem sollten im Allgemeinen mindestens zwei Kinder am Computerspielmärchen tätig sein und sich beim Bedienen der Maus abwechseln. So ist der kommunikative Austausch von Eindrücken und Erfahrungen gesichert.
- Zweckmäßig ist es, wenn der Computer nicht direkt zugänglich im Gruppenraum steht, sondern separat in einer Raumecke oder sogar in einem Extraraum. Die üblichen Sicherheitsmaßnahmen sind zu treffen (Kontrolle der Funktionstüchtigkeit und Standsicherheit, Stromkabel unfallsicher verlegen).
- Tisch- und Sitzhöhe sollten auf die durchschnittliche Kindergröße abgestimmt sein. Als nützlich erweist sich ein normaler Computertisch, da die Kinder an ihm stehen und sich dadurch leichter bewegen können.
- Ein qualitativ guter Bildschirm ist genauso wichtig wie die gute Arbeitsplatzbeleuchtung, am vorteilhaftesten ist Tageslicht. Die Blickrichtung zum Bildschirm sollte geradeaus sein und etwa 50–70 cm Entfernung betragen.
- Ein CD-ROM-Laufwerk, Lautsprecher, Soundkarte und eine Maus mit Mousepad sind weitere Voraussetzungen für Einsatz und Handhabung der Computerspielmärchen.
- Da üblicherweise nur eine Person die Tastatur oder Maus bedient, sind vor der Anwendung klare und einsichtige Absprachen zu treffen bezüglich der Zeit, Dauer, Reihenfolge, Bedienungs- und Spielregeln, Hilfestellungen u. a. m.
- Je nach Intention werden Computerspielmärchen als alltägliches, freies Spielangebot oder projektähnlich als Besonderheit mit einer speziellen Kindergruppe durchgeführt. Die Gesamtspieldauer sollte 20–30 Minuten in der Regel nicht überschreiten. Während der Spielsitzung aktive Pausen einlegen.
- Sinnvoll ist es, die Sitzung mit einem natürlichen Spielschluss zu beenden. Zudem sollte das Ende des Märchenspiels mit einer positiven Erfahrung verbunden und das Abschalten des Computers von Kindern selbsttätig ausgeführt werden. Diese Handlung verleiht Kindern eine Machtposition und unterstützt sie im selbstständigen Umgang mit dem PC.
- Wenn andere Medien (z. B. Bilderbuch, Lieder, Tischspiele, Rollenspiele) zielgerichtet in die Computerspielmärchen eingebunden und zusätzlich Mal- und Zeichenprogramme spielerisch benutzt werden, sind der kindlichen Kreativität und dem Spaß im Umgang mit Computerspielmärchen kaum Grenzen gesetzt.
- Einzelne Elemente der Computerspielmärchen (z. B.: animierte Haupt- oder Helferfiguren, Titelsong, vorgelesene Textpassagen, Klänge und Geräusche, Verswiederholungen, Lösung einer kniffligen Aufgabe) und die Möglichkeit, einen Ausdruck zu erstellen, dienen Kindern als Impuls zur Entwicklung eigener Märchen-, Rollen- oder Gestaltungsspiele. Hier sollten Kinder über passende Märchen-Requisiten verfügen können.

Traditionelle Märchenliedspiele wie *Hänsel und Gretel* oder *Dornröschen war ein schönes Kind* werden auch von heutigen Kindern mit Enthusiasmus gesungen und gespielt. Sie bieten auf Grund ihres einfachen Aufbaus die Möglichkeit des schnellen, selbstständigen Nachahmens. Durch häufige Wiederholungswünsche der älteren Kindergartenkinder wachsen jüngere Kinder in die gesungenen Rollenspiele hinein und übernehmen nach anfänglichem Zögern auch gern eine ausgewählte Rolle, ohne das Originalmärchen zu kennen. Die Lust an der Rollenübernahme zeigt sich auch bei anderen märchenhaften Liedspielen, die es in großer Auswahl gibt. Vielstrophige Märchenspiellieder sind als Kreisspiele nur bedingt geeignet, da sie auf Grund ihrer zeitlichen Länge die Konzentration besonders von jüngeren Kindern überfordern. Durch die Ausstattung von Verkleidungsmaterialien, Requisiten, Kulissen u. a. m. erhalten diese Märchenspiellieder hingegen einen besonderen atmosphärischen Rahmen, sodass sie sich als darstellende Rollenspiele vor Zuschauern anbieten.
Bei der Einführung eines neuen Liedspiels legt die Erzieherin allein oder in Absprache mit den Kindern pantomimische Bewegungsfolgen den Textpassagen entsprechend fest, die im Laufe der Zeit jedoch verändert werden können. Die vorkommenden Rollen werden gemeinsam verteilt und die passenden Requisiten und Kulissen ausgewählt.

Dornröschen war ein schönes Kind

Text und Melodie: überliefert

Spielhinweis: Vor dem Spiel werden die in Klammern stehenden Rollen verteilt. Die Kinder bilden einen Kreis und singen das Lied mit entsprechender pantomimischer Darstellung.

1. *Dornröschen war ein schönes Kind*
2. *Dornröschen, nimm dich ja in Acht!*
3. *Da kam die böse Fee herein.*
4. *„Dornröschen, du sollst sterben.“ (Böse Fee)*
5. *Da kam die gute Fee herein.*
6. *„Dornröschen, schlafe hundert Jahr!“ (Gute Fee)*
7. *Da wuchs die Hecke riesengroß.*
8. *Da kam ein junger Königssohn.*
9. *Der schlug die Hecke ganz entzwei*
10. *„Dornröschen, wache wieder auf!“ (Königssohn)*
11. *Da feierten sie das Hochzeitsfest.*

AKTIONEN

Aschenputtel

Melodie: Taler, Taler, du musst wandern – Text: überliefert

Spielhinweis: Vor dem Spiel werden die Rollen verteilt: Aschenputtel, Stiefmutter, zwei Stiefschwestern, mehrere Tauben, Baum, Prinz. Alle Kinder bilden einen Kreis. Die Akteure singen und führen passende Bewegungen (evtl. mit Requisiten) zum Text aus.

1. Auf dem Schloss ist großer Ball,
eingeladen sind sie all.
„Liebe Mutter, ach, ich bitt,
lass doch Aschenputtel mit.“

2. „Aschenputtel bleibt zu Haus!
Diese Erbsen suchst du raus!“
„Kommt, ihr Täubchen, fliegt herein,
kommt und helft mir fleißig sein.“
Gesprochen:
Die Guten ins Töpfchen,
die Schlechten ins Kröpfchen.

3. „Pickt, ihr Täubchen, helft mir fein!
Und schon sind die Erbsen rein.“
„Aschenputtel, hier bleibst du,
hast kein Kleid und auch kein Schuh.“

4. „Liebes Bäumchen, schüttel dich,
wirf ein Kleidchen über mich!“
Und das Bäumchen und der Wind
bracht' ein Kleid dem armen Kind.

5. Aschenputtel ging zum Ball,
war die Schönste in dem Saal.
Tanzte mit dem Prinz im Nu
Und verlor dabei den Schuh.

6. Und es rief der Prinz ganz laut:
„Wem der Schuh passt, wird meine Braut.“
Allen war der Schuh zu klein,
nur Aschenputtel passte rein.

7. Auf dem Schloss soll Hochzeit sein,
auch die Täubchen fliegen ein.
Alle klatschen in die Hände
und das Märchen ist zu Ende.

Rapunzel

Melodie: überliefert / Text: von den Autorinnen bearbeitet

Spielhinweis: Die Kinder bilden einen eng geschlossenen Kreis um Rapunzel und singen. Außen herum geht ein Kind, das mit den gesprochenen Worten drei Mitspielern auf den Rücken tippt, sodass diese ihm folgen. In der nächsten Spielrunde gehen vier Mitspieler um den Kreis herum, wobei wieder der erste Mitspieler am Ende des Liedverses drei weitere Mitspieler auffordert, mit ihnen zu gehen. Das wiederholt sich so lange, bis der Kreis aufgelöst und Rapunzel befreit ist.

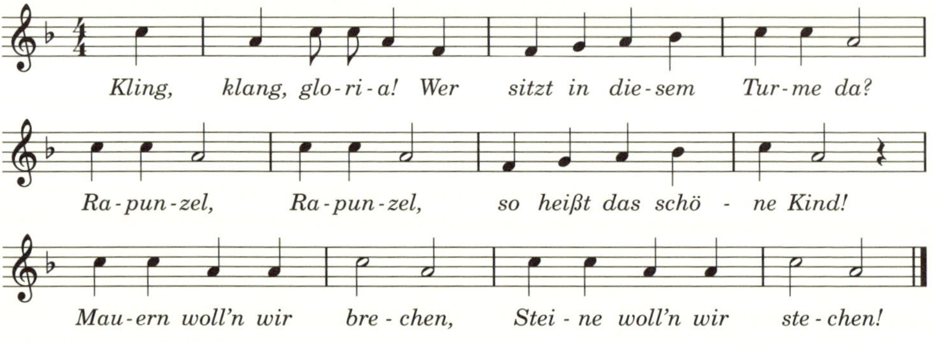

Gesprochen: Brecht ab! Brecht ab! Brecht ab!

Hänsel und Gretel *überliefert*

Spielhinweis: Vor dem Spiel wählen die Kinder die Rollen: *Hänsel und Gretel, Hexe, Pfefferkuchenhaus* (zwei Kinder stehen sich gegenüber, fassen sich an und bilden mit einem ausgestreckten Armpaar ein Dach, das andere Armpaar in Hüfthöhe stellt das Fenster dar, wodurch die Hexe schaut). *Backofen* (Darstellung wie das Pfefferkuchenhaus, Hexe beugt den Oberkörper in die Öffnung und ist dann von den beiden Kindern umringt). Alle singen gemeinsam.

1. Hänsel und Gretel verirrten sich im Wald.
Es war so finster und auch so bitter kalt.
Sie kamen an ein Häuschen
von Pfefferkuchen fein.
Wer mag der Herr wohl von diesem Häuschen sein?

2. Hu, hu! Da schaut eine alte Hexe raus.
Sie lockt die Kinder ins Pfefferkuchenhaus.
Sie stellte sich gar freundlich.
O Hänsel, welche Not!
Sie will dich braten
im Ofen braun wie Brot.

3. Doch als die Hexe zum Ofen schaut hinein,
da war sie gestoßen von Hans und Gretelein.
Die Hexe muss verbrennen,
die Kinder gehen nach Haus.
Nun ist das Märchen von Hans und Gretel aus.

Rotkäppchen

Melodie und Text: Richard Rudolf Klein[1]

Spielhinweis: Vor dem Spiel wählen die Kinder die Rollen: *Rotkäppchen, Großmutter, Wolf, Jäger*. Die im Text vorgegebenen Handlungen stellen die Mitspieler pantomimisch dar. Alle singen das Lied gemeinsam, die Textpassage zwischen der vierten und fünften Strophe wird von Rotkäppchen und dem Wolf gesprochen.

2. Rotkäppchen, wo wohnt sie denn?
II: Nicht ferne von hier. :II
Drei Tannen steh'n vor ihrer Tür.

3. Rotkäppchen pflück einen Strauß,
II: die Blümelein dort! :II
So sagte der Wolf und ging fort.

4. Lief zu dem Großmütterlein,
II: verschlang es im Nu :II
Und legte sich nieder zur Ruh.

Textpassage: Da kam Rotkäppchen an und fragte erstaunt:
Rotkäppchen: Ei, Großmutter, was hast du für große Ohren?
Wolf: Dass ich dich besser hören kann.
Rotkäppchen: Ei, Großmutter, was hast du für große Augen?
Wolf: Dass ich dich besser sehen kann.
Rotkäppchen: Ei, Großmutter, was hast du für ein entsetzlich großes Maul?
Wolf: Dass ich dich besser fressen kann.

5. Auf sprang der Wolf und verschlang
II: das Rotkäppchen klein. :II
Und müde und satt schlief er ein.

6. Aber ein Jäger vernahm
II: des Wolfes Geschnauf. :II
Er kam und schnitt ihm den Bauch auf.

7. Rotkäppchen sprang heil hervor
II: und Großmutter auch. :II
Ach, war es so dunkel im Bauch!

8. Lieber Herr Jäger, hab Dank!
II: Bei Kuchen und Wein :II
woll'n fröhlich zusammen wir sein!

[1] *Klein, Richard Rudolf: Willkommen lieber Tag, Diesterweg, Frankfurt a.Main, 6./1969*

Es waren sieben Zwerglein

Melodie: überliefert / Text: Autorinnen

Spielhinweis: Die Kinder bilden einen Kreis und singen. Zum Refrain drehen sie sich paarweise textgemäß links und rechts herum, gehen in die Hocke, strecken sich und drehen sich einmal um sich selbst.
Das Spiel kann die Märchen: *Schneewittchen / Hans im Glück / Der Wolf und die sieben Geißlein* ergänzen und zur Verdeutlichung der Märchenzahl Sieben beitragen.

2. Nach sieben langen Jahren,
da kam der Hans zurück
und alle glücklich waren,
so tanzten sie ein Stück.

Refr.: Mal links herum …

3. Es waren sieben Geißlein,
die sprangen hollahe,
mit ihrem lieben Mütterlein
im grünen Klee.

Refr.: Mal links herum …

Frau Holle

Melodie: Richard Rudolf Klein / Text: Werner Bautsch[1]

Spielhinweis: Vor dem Spiel werden die Rollen verteilt: *Frau Holle, Goldmarie, Pechmarie, Brot* (Backofen), *Baum* und evtl. mit entsprechenden Requisiten ergänzt. Alle Kinder sitzen im Kreis und singen. Goldmarie bzw. Pechmarie treten aus dem Kreis heraus und gehen zu einem Tisch o. Ä., der den Backofen darstellen soll. Unter dem Tisch sitzt ein Kind, das die Stimme des Brotes übernimmt. Die Rolle des Baumes stellt ein Kind mit ausgebreiteten Armen dar. Goldmarie und Pechmarie agieren den Textpassagen entsprechend. Frau Holle sitzt rittlings auf einem Stuhl und verschränkt die Arme auf der Rückenlehne.

2. (Alle) *Kikeriki, … Goldmarie…*
(Baum) *„Schüttle mich!“, so rief der Baum,*
„denn ich trag die Äpfel kaum.“
(Alle) *Eins, zwei, drei …*

3. (Alle) *Kikeriki, … Goldmarie…*
(Frau Holle) *Wenn die weißen Federn fliegen, bleibt der Schnee auf Erden liegen.* (Alle) *Eins, zwei, drei …*

4. (Alle) *Kikeriki , … Pechmarie …*
(Brot) *„Zieh mich raus!“, so rief das Brot,*
„sonst komm’ ich in große Not.“
(Alle) *Aber es ist nichts gescheh’n,*
und Frau Holle hat’s geseh’n.

5. (Alle) *Kikeriki, … Pechmarie …*
(Baum) *„Schüttle mich!“, so rief der Baum,*
„denn ich trag die Äpfel kaum.“
(Alle) *Aber es ist …*

6. (Alle) *Kikeriki, … Pechmarie …*
(Frau Holle) *Schlief bis Mittag, ach herrje!*
Und wir haben keinen Schnee.
(Alle) *Doch Frau Holle hat’s geseh’n:*
Pechmarie ist recht gescheh’n.

[1] *aus: Richard Rudolf Klein; „Willkommen, lieber Tag“*

Der Hase und der Igel

Melodie: Ein Heller und ein Batzen (überliefert) / Text: Autorinnen

Spielhinweis: Die Rollen von *Hase, Igel* und *Igels Frau* werden vor dem Spiel verteilt. Die Kinder singen und bringen den Liedtext durch passende Bewegungen zum Ausdruck.
Requisiten: markierte Laufstrecke mit Start und Ziel, Goldtaler, leere Flasche.

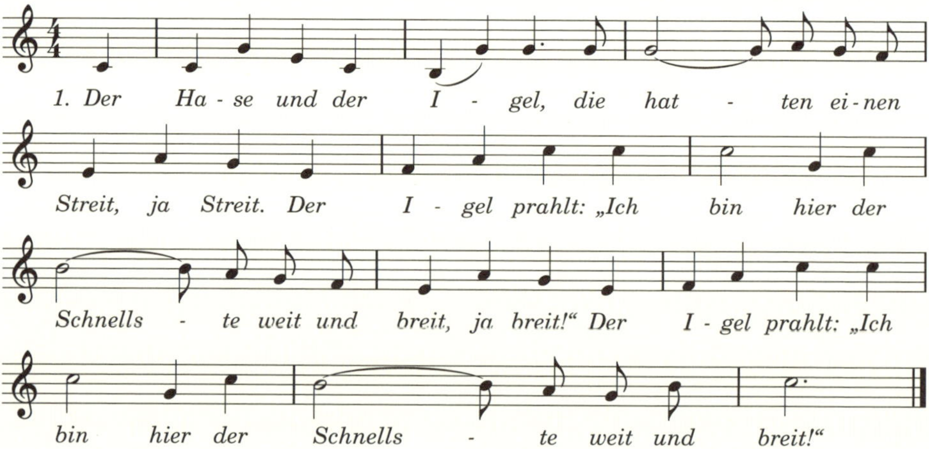

2. „Nein, ich bin hier der Schnellste!
Das kann doch wohl nicht sein,
nicht sein!
Mit deinen kurzen Beinen,
hast Angst und rollst dich ein, dich ein.
Mit deinen kurzen Beinen,
hast Angst und rollst dich ein.“

3. „Schlag ein, wir wollen wetten,
wer hier der Schnellste sei, ja sei.
Der Sieger kriegt 'nen Taler
Und eine Flasche Wein, ja Wein.
Der Sieger kriegt 'nen Taler
Und eine Flasche Wein.“

4. Der Igel unterdessen,
der holte seine Frau, ja Frau.
Versteckte sie am Ende.
Das war ja ganz schön schlau,
ja schlau.
Versteckte sie am Ende.
Das war ja ganz schön schlau.

5. Und schon begann das Rennen,
der Hase raste wunderbar, ja bar.
Doch immer kurz vorm Ziele
der Igel rief: „Ich bin schon da,
schon da!“
Doch immer kurz vorm Ziele
der Igel rief: „Ich bin schon da!“

6. Und dann nach siebzig Runden
der Hase stöhnt:
„Ich kann nicht mehr, nicht mehr!"
Der Igel nahm den Taler und rief:
„Das freut uns sehr, ja sehr!"
Der Igel nahm den Taler und rief:
„Das freut uns sehr!"

7. Frau Igel und Herr Igel,
die gingen froh nach Haus,
nach Haus.
Der Hase liegt noch immer
im Feld und ruht sich aus, ja aus,
der Hase liegt noch immer
im Feld und ruht sich aus.

Das Land der Fantasie

Melodie: Dat du min Leevsten büst (überliefert) / Text: Autorinnen

Spielhinweis: Dieses Lied kann als Eingangsritual einer Märchenstunde eingesetzt werden. Die Kinder sitzen entspannt im Halbkreis auf *Märchenkissen*, singen gemeinsam und schließen dabei die Augen.

2. Feen begegnen dir,
Wunder gescheh'n.
Trägt dich der Zauberwind,
Märchen zu seh'n.

Schneewittchen

Melodie und Text: überliefert

Spielhinweis: Vor dem Spiel werden die Rollen verteilt: *Schneewittchen, sieben Zwerge, Spiegel, Königin, Reh, Hase, Prinz.* Die Kinder singen und führen passende Bewegungen zum Text aus, ggf. mit entsprechenden Requisiten. Nach der zweiten Strophe wird das *Lied der Zwerge* nach vorliegender Melodie eingeschoben.

2. *Spieglein sagt: „Das kann nicht sein! Hinter hohen Bergen*
wohnt Schneewittchen wunderfein bei den sieben Zwergen
Wunderfein, wunderfein, bei den sieben Zwergen."

Hier *Lied der Zwerge* einschieben

3. *„Sie ist doch die schönste Maid, tief im Wald verborgen,*
kennt nicht Not und hat kein Leid, weiß auch nichts von Sorgen.
Hat kein Leid, hat kein Leid, weiß auch nichts von Sorgen."

4. *Da erschrak die Königin, lief viel hundert Meilen,*
wollt wie eine Bäuerin zu Schneewittchen eilen.
Bäuerin, Bäuerin, zu Schneewittchen eilen.

5. *Reichte ihr ein Äpfelchen, wollt die Maid verderben.*
Weil der Apfel giftig war, musst Schneewittchen sterben.
Giftig war, giftig war, musst Schneewittchen sterben.

6. *Und die Zwerge hielten Wacht an dem Sarg von Glase,*
und mit ihnen Tag und Nacht weinten Reh und Hase.
Tag und Nacht, Tag und Nacht, weinten Reh und Hase.

7. *Doch in wundersamer Stund kam ein Prinz zum Walde,*
küsst Schneewittchen auf den Mund, da erwacht's gar balde.
Auf den Mund, auf den Mund, da erwacht's gar balde.

8. *Ward des Prinzen hold Gemahl und beim Hochzeitsfeste*
war'n die sieben Zwerge all liebe, hohe Gäste.
Zwerge all, Zwerge all liebe, hohe Gäste.

Lied der Zwerge

Melodie und Text: Hans Poser[1]

2. *Im Wald bei Has' und Mäuslein*
steht unser kleines Häuslein.
Wir haben sieben Tellerlein,
dazu auch sieben Bettchen fein,
alles ist ganz klitzeklein.

3. *Schneewittchen kocht das Süppchen*
und fegt und putzt das Stübchen.
Wir nehmen es in unsre Hut,
dass keines ihm ein Leid antut,
sind ihm von Herzen gut.

Sieben kleine Geißlein

Melodie und Text: Hans Poser[2]

Spielhinweis: Vor dem Spiel werden die entsprechenden Rollen verteilt: *Sieben Geißlein, Mutter Geiß, Wolf,* evtl. noch *Bäcker* und *Krämer*. Alle Kinder bilden einen Kreis. Die Akteure singen und führen passende Bewegungen (evtl. mit Requisiten) zum Text aus. Das Spiellied kann auch vor Publikum aufgeführt werden.

2. Kam der Wolf geschlichen,
meck, meck, meck, meck, meck.
„Macht mir auf ihr Kinderlein,
ich bin euer Mütterlein!“
„Das ist Mutters Stimme nicht!
Wolf, du bist ein schlimmer Wicht!
Geh weg, geh weg, geh weg!“

3. Lief der Wolf zum Krämer,
meck, meck, meck, meck, meck.
Kaufte ein Stück Kreide ein,
macht die Stimme hübsch und fein
und läuft in den Wald zurück.
„Geißlein fress ich sieben Stück!“
Oh Schreck, oh Schreck, oh Schreck.

4. Klopft der Wolf ans Fenster,
meck, meck, meck, meck, meck.
„Kinderlein, rasch aufgemacht!
Hab was Feines mitgebracht!“
„Das ist Mutters Pfote nicht!
Wolf, du bist ein schlimmer Wicht!
Geh weg, geh weg, geh weg!“

5. Lief der Wolf zum Bäcker,
meck, meck, meck, meck, meck.
Streicht sich weißen Kuchenteig
auf den braunen Fuß sogleich
und läuft in den Wald zurück.
„Geißlein fress ich sieben Stück!“
Oh Schreck, oh Schreck, oh Schreck!

[1+2] aus: Fidula-CD 4408 „Märchenlieder und Songs für Kinder“; Fidula Verlag Boppard/Rhein

6. Sieben kleine Geißlein,
meck, meck, meck, meck, meck,
machten arglos auf das Tor.
Huh! Da stand der Wolf davor!
Alle fraß der Bösewicht,
nur das Kleinste fand er nicht,
war weg, war weg, war weg.

7. Kam die Geißenmutter,
meck, meck, meck, meck, meck,
ach, wie war der Schreck so groß!
„Wo sind meine Kinder bloß?“
Eines ist nun übrig nur,
denn es hat sich in der Uhr
versteckt, versteckt, versteckt.

8. Wolf, der schlief am Brunnen,
meck, meck, meck, meck, meck,
kam die Mutter Geiß herbei,
mit der Schere eins, zwei, drei,
schnitt ihm auf den dicken Wanst,
Geißlein kamen rausgetanzt,
mit meck, meck, meck, meck, meck.

9. Große Wackersteine,
meck, meck, meck, meck, meck,
kriegt der Wolf in seinen Bauch,
darum ward er durstig auch,
bückte sich zum Wasser hin,
rumsdibums, da fiel er rin,
war weg, war weg, war weg.

Die Hexen sausen durch den Wald

Melodie: Die Affen rasen durch den Wald / Text: Autorinnen

Spielhinweis: Alle Kinder sitzen zunächst im Stuhlkreis und singen. Zur ersten Strophe und jeweils während des Refrains bewegen sich alle in der Kreismitte. Die im Lied enthaltenen Hexenrollen werden vorher verteilt (evtl. mit Requisiten, z. B. Kopftuch, Besen) und stellen sich von Strophe zu Strophe einzeln in der Mitte vor.

1. Die Hexen sausen durch den Wald,
ihr Kichern durch die Bäume schallt,
und alle Hexen rufen laut:
Refr.: „Wer hat das Hexenbuch,
wer hat das Hexenbuch,
wer hat das Hexenbuch geraubt?“(2x)

2. Die Donnerhexe hat kein Licht
und ohne Licht, da hext sie nicht.
Refr.: „Wer hat das Hexenbuch ...“

3. Was macht die Kräuterhexe nur,
von Hexenkräutern keine Spur.
Refr.: „Wer hat das Hexenbuch ...“

4. Die Knusperhexe ist in Not,
sie hat kein Knusperknäckebrot.
Refr.: „Wer hat das Hexenbuch ...“

5. Die Oberhexe hext zum Schluss
nur „Hokus pokus fidibus“!
Refr.: „Wer hat das Hexenbuch ...“

6. Die Kicherhexe ruft „Hurra,
das Hexenbuch ist wieder da!“
Refr: „Da ist das Hexenbuch,
da ist das Hexenbuch!
Die Kicherhexe hat's geklaut!“

Die Bremer Stadtmusikanten

Melodie u. Text: Hans Poser[1]

Spielhinweis: Vor dem Spiel werden die Tierrollen verteilt. Die Kinder bilden einen Kreis und singen das Lied mit passender pantomimischer Begleitung.

2. Wir sind die wohlbekannten,
lustigen Bremer Stadtmusikanten.
Esel: Muss mich plagen,
Säcke tragen
und darf niemals müßig sein,
doch in Bremen
soll das Leben lustig sein.
I-a, wauwau, i-a, wauwau,
i-a, kikrikie!

3. Wir sind ...
Hund: Muss stets bellen,
Räuber stellen
und darf niemals schläfrig sein,
doch in Bremen ...

4. Wir sind ...
Katze: Muss mich plagen,
s' Mäuslein jagen
und wär es auch noch so klein,
doch in Bremen ...

5. Wir sind ...
Hahn: Muss mich schinden
und verkünden
schon den ersten Sonnenschein,
doch in Bremen ...

AKTIONEN

[1] aus: Fidula-CD 4408 „Märchenlieder und Songs für Kinder"; Fidula Verlag Boppard/Rhein

Es war einmal

Melodie: Es war einmal ein Eskimo (überliefert) / Text: Autorinnen

Spielhinweis: Die Kinder begleiten das Lied mit passenden pantomimischen Bewegungen.

2. Dornröschen schlief in ihrem Schloss
wohl mehr als hundert Jahre.
Da kam ein Prinz auf seinem Ross
Und zupft ihr an den Haaren.
Da rief Dornröschen ganz entsetzt:
„Du hast noch was vergessen.
Ich bin so hungrig wie noch nie,
bring mir schnell was zu essen!"
Refr.: Hello, ...

3. Im tiefen Wald ein Häuschen stand
aus Zucker und aus Kuchen.
Der Hänsel und die Gretel fand:
„Das sollten wir versuchen!"
Doch plötzlich kam die Hexe raus:
„Ich will euch mal was sagen,
vom Zucker fall'n die Zähne raus,
verderbt euch nur den Magen!"
Refr.: Hello, ...

Bewegungsspiele sind Tobe- und Geschicklichkeitsspiele, bei denen Kinder ihren natürlichen Bewegungsdrang ausleben können. Sie finden draußen oder drinnen statt, mit oder ohne Spielgerät. Alle Kinder haben entsprechend ihres Entwicklungsalters ein natürliches Bewegungsbedürfnis. Besonders wenn sie längere Zeit still sitzen mussten oder wenn sie aufgeregt sind, äußern sie ihr Befinden durch grobmotorische Bewegungsformen wie: Laufen, Hüpfen, Springen, Klettern u. a. m. Bewegungsspiele lenken Bewegungsabläufe auf spielerische Weise. Mit gleichaltrigen Spielpartnern und bei kooperativen Bewegungsspielen festigen Kinder ihre Sozialbeziehungen. Kinder erfahren ihre körperliche Beweglichkeit wie auch ihre Leistungsgrenze, sie erreichen Körperbeherrschung und Reaktionsvermögen, erwerben Kraft und Ausdauer sowie Raum- und Zeitgefühl. Meistens erfinden sie eigene bewegungsreiche Spielformen, manchmal allerdings verlangen sie auch Anregungen für ihre Bewegungsspiele. Gerne lernen und übernehmen sie neue Spielregeln, nach denen sie laufen, fangen, sich verstecken können, besonders wenn sie dabei die Rolle eines (Märchen-)Helden übernehmen können. Ganz attraktiv wird es, wenn Kinder vor dem Spielstart die Reihenfolge der Akteure mit einem Abzählvers bestimmen.

Abzählverse

(Autorinnen)

Spielhinweis: Die meisten Fang- und Versteckspiele beginnen mit einem Abzählvers, der den ersten Fänger bzw. Sucher bestimmt. Bei vielen Abzählversen werden die magischen Zahlen *Drei* bzw. *Sieben* und beschwörende Lautkombinationen benutzt, die in einem leiernden Rhythmus gesprochen werden.

Eins, zwei, drei, vier, fünf, sechs, sieben,
wo ist denn der Prinz geblieben,
ist nicht hier, ist weggerannt,
ist wohl fort ins Märchenland.

Auf dem bi-ba-bunten Berge
wohnen bi-ba-bunte Zwerge.
Und die bi-ba-bunten Zwerge
haben bi-ba-bunte Kinder.
Und die bi-ba-bunten Kinder
Spielen jeden Tag bis drei:
Eins, zwei, drei,
du bist frei.

Eins, zwei, drei, vier, fünf, sechs, sieben,
eine alte Hex' kocht Rüben,
eine alte Hex' kocht Speck,
du bist weg.

Geht ein Zwerg über'n Berg.
Trägt 'nen Sack huckepack.
Reißt der Sack, rickerack,
Schabernack, du bist ab.

Rapunzel, lass dein Haar herab,
die Zauberin schneid't Zöpfe ab.
'ne Turmfrisur will keiner seh'n,
du kannst geh'n.

AKTIONEN

Heißt du Hinz? Heißt du Hans?
Heißt du etwa Firlefanz?
Ach wie gut, dass jemand weiß,
dass du .... heißt.
Woll'n mal seh'n,
ob das auch stimmt (nachfragen).
Wer's nicht glaubt, beginnt.

Knusper, knusper, knäuschen
wer knuspert an dem Häuschen?
Und schon kommt die Hexe raus,
du bist aus.

Spieglein, Spieglein, an der Wand,
Schneewittchen, die ist weggerannt,
zu den sieben Zwergen,
hinter sieben Bergen.
Kam der Prinz, gab ihr 'nen Kuss,
du bist der, der suchen (fangen) muss.

Ritze, ratze, Katzentatze,
Zaubrer Zapp hat eine Glatze.
Rattengift und Mäusespeck,
du bist weg.

Eins, zwei, drei, vier, fünf und sechs,
einmal fing ich eine Hex,
sieben, acht und neun und zehn,
doch ich ließ sie wieder geh'n.

Eins, zwei drei, ene, mene, mei,
ene, mene, subtrahene,
König Frosch hat krumme Bene,
ene meine mei, du bist frei.

Eins, zwei, drei, vier, fünf, sechs, sieben.
Wo ist denn die Fee geblieben?
Ist nicht hier und ist nicht da,
ist wohl in Fantasia.

Drachenschwanzfangen

Spielhinweis: Jeweils drei bis fünf Mitspieler stellen sich hintereinander auf, legen ihre Arme um die Mitte des vorderen Spielers und bilden so einen Drachen. Der Letzte in der Reihe steckt sich hinten in den Hosenbund einen bunten Stoffstreifen oder ein Tuch als Schwanz. Nun müssen die vordersten Spieler versuchen, die Schwänze der anderen Drachen zu fangen. Das Spiel ist beendet, wenn alle Drachen ihre Schwänze verloren haben.
Das Spiel kann auch so gespielt werden, dass es am Ende einen Sieger gibt. Dann wird so lange gespielt, bis nur noch ein Drache vollständig ist.

Kaiser – König – Edelmann

Spielhinweis: Alle Mitspieler sind Kaiser oder Kaiserinnen und stehen jeder in einem Reifen (Reich), die kreisförmig ausgelegt sind. Ein Ball wird reihum zugeworfen. Sobald ein Spieler seinen Reifen verlassen muss, um den Ball zu fangen oder den Ball fallen lässt, ist er in der Rangfolge eine Stufe niedriger:
Kaiser – König – Edelmann – Bürger – Bauer – Bettelmann.
Das Spiel kann so lange gespielt werden, bis auf eine Ausnahme alle zu Bettelmännern oder Bettelfrauen geworden sind.

Im Garten der Zauberin

Spielhinweis: Die Kinder laufen im Kreis umher. Ein Kind sitzt als Zauberin mit einem Zauberhut in der Kreismitte. Alle singen zu einer Leiermelodie:

Wir wollen in den Garten geh'n,
um Feldsalat zu holen,
doch darf die Zauberin nichts seh'n,
sonst wird sie einen holen.
Um eins kommt sie nicht,
um zwei/drei/vier/fünf/sechs/sieben/acht/neun/zehn kommt sie nicht
um elf, da pocht sie,
um zwölf, da kommt sie.

Bei „um zwölf, da kommt sie", springt die Zauberin auf und versucht, ein Kind zu fangen. Das gefangene Kind ist in der nächsten Spielrunde die Zauberin.

König, wie weht deine Fahne?

Spielhinweis: Vor Spielbeginn werden den Mitspielern die vier Himmelsrichtungen mit den entsprechenden Laufsignalen erklärt:
- Norden (vorwärts laufen)
- Süden (rückwärts laufen)
- Westen (seitwärts links herum laufen)
- Osten (seitwärts rechts herum laufen)

Die Spielgruppe wählt einen König, der auf einer Seite des Raumes vor seinem Königsschloss steht. Die Spielgruppe steht ihm in einiger Entfernung gegenüber und ruft: „König, wie weht deine Fahne?" Der König entgegnet z. B.: „Nach Westen!", worauf die Gruppe im Links-Seitgalopp auf den König zuläuft. Wer das Schloss berührt, kann nicht mehr gefangen werden. Bei dieser Aktion versucht der König, so viele Mitspieler wie möglich zu fangen, die in der nächsten Spielrunde zu des Königs Fängern gehören. Der Mitspieler, der als Letzter übrig bleibt, ist der neue König.

Märchenadressen

Spielhinweis: Die Kinder sitzen im Kreis und überlegen sich jeder einen Märchennamen, den sie nacheinander allen mitteilen. Ein Stuhl ist nicht besetzt. Der Spieler, der rechts vom leeren Stuhl sitzt, setzt sich auf diesen leeren Stuhl und nennt dabei seinen Namen, z. B.: „Ich bin Dornröschen!" Der nächste Spieler rückt auf und nennt dabei einen Märchenort, z. B.: „Ich wohne im Brunnen!" Der dritte Spieler rückt ebenfalls nach und nennt dabei den Märchennamen eines anderen Mitspielers, z. B.: „und warte auf das tapfere Schneiderlein". Der genannte Mitspieler wechselt seinen Platz und das Spiel wird mit dem Spieler fortgesetzt, der links neben dem freien Stuhl sitzt.

Märchenpaare

Spielhinweis: Die Kinder sitzen im Kreis, wobei ein Stuhl zu wenig vorhanden ist. Jeweils zwei Kinder erhalten die Namen von zusammengehörenden Märchenfiguren, z. B. Rotkäppchen – Jäger, Hänsel – Gretel, Froschkönig – Königstochter etc. Ein Kind steht in der Mitte und ruft zwei Märchenfiguren auf, die nun ihre Plätze wechseln müssen. Dabei versucht das Kind in der Mitte, einen Platz zu ergattern. In der nächsten Runde muss das Kind, das keinen Platz gefunden hat, die Märchenpaare ausrufen. Bei dem Ruf: „Eins, zwei, drei – Märchenallerlei!" müssen alle Kinder die Plätze tauschen.

Papier – Schere – Stein

Spielhinweis: Viele Fang-, Lauf- oder Versteckspiele beginnen mit dem Ausknobeln des ersten Spielers. Zwei Spieler stehen sich gegenüber, bilden zunächst mit einer Hand eine Faust, bewegen diese hin und her und zeigen dann eines der drei geformten Symbole. Dabei gibt es drei Durchgänge, die nach folgender Regel gewertet werden:

Papier	➪ ausgestreckte flache Hand mit geschlossenen Fingern
	= wickelt Stein ein (gewinnt gegen Stein)
	= wird von Schere zerschnitten (verliert gegen Schere)
Schere	➪ Zeige- und Mittelfinger gespreizt
	= schneidet Papier (gewinnt gegen Papier)
	= wird vom Stein geschliffen (verliert gegen Stein)
Stein	➪ Faust
	= schleift die Schere (gewinnt gegen Schere)
	= wird von Papier eingewickelt (verliert gegen Papier)

Bei kreativ-manuellen Tätigkeiten malt oder gestaltet das Kind Märchenfiguren oder Szenen oder einzelne Elemente, von denen es beeindruckt ist, die ihm wichtig erscheinen (z. B. das Knusperhäuschen, den Frosch am Brunnen, eine Krone o. Ä.). Dazu benötigt es Kenntnisse wie Fertigkeiten über entsprechende Techniken und geeignetes Material. Anfangs braucht das Kind einfache Techniken und bekanntes Material (z. B. Wachsfarbstifte oder Wasserfarben), um nicht vom Märcheninhalt abgelenkt zu werden. Später bilden neue oder ungewöhnliche Materialien und/oder Gestaltungstechniken den Ausgangspunkt für eindrucksvolle Sinneseindrücke und fantasievolle Märchenerlebnisse, z. B. bei der Anfertigung von Zaubermärchenbildern, Aktionsspielzeug oder Requisiten für ein Rollenspielmärchen.

Guckkastenmärchen

Material: Schuhkarton, Transparentpapier, Papiermesser, Klebstoff, verschiedene Naturmaterialien und andere Dinge zum Gestalten
Herstellung: Ein Schuhkarton wird zum Guckkasten, wenn in ein Seitenteil ein kleines (Guck-)Loch geschnitten, aus dem Deckel die Pappe herausgeschnitten (bis auf ca. 2 cm Rand) und transparentes Papier eingeklebt wird. Den Innenraum des Kartons gestalten, z. B.:
Märchenlandschaft aus Naturmaterial
Nächtliche Reise des kleinen Häwelmann
Königlicher Ballsaal, o. Ä.

Laufradmärchen

Material: Pappe, Malstifte, Schere, Musterklammer, evtl. Stoffreste und Klebstoff

Herstellung: Eine Tier- oder andere Märchenfigur (z. B. *Aschenputtel* mit langem Rock) als Umriss auf Pappe malen und zweimal ausschneiden. Einen Kreis (halb so hoch wie die Figur) und einen Streifen (doppelt so lang wie die Figur breit ist) schneiden. Auf den Kreis Beine malen und in der Kreismitte ein Loch anbringen. Den Pappstreifen auf die Innenseite (Taillenhöhe) einer Figur kleben, er dient später als Führungsstab. Die oberen Hälften der beiden Figuren zusammenkleben. Den Kreis so zwischen die unteren Figurhälften schieben, dass die Beine unten hervorschauen. Den Kreis mit der Musterklammer zwischen den beiden Figurteilen befestigen. Beide Seiten der Märchenfigur gestalten, z. B. bemalen oder mit Stoffresten „anziehen“.

Märchenbilderbuch

Material: Von den Kindern angefertigte und gesammelte Märchenbilder und Bildrezepte (s. S. 120) eines Lieblingsmärchens, z. B. *Der süße Brei*, Laminiergerät, Spiralbindung oder zwei Schlüsselringe
Herstellung: Die Bilder und Rezepte auf eine Größe normen und in eine Reihenfolge bringen. Die Seiten laminieren und mit einer Spiralbindung zusammenfügen oder mit den Schlüsselringen verbinden (die Seiten vorher lochen).

Märchen-Bilderlexikon

Material: weißer Fotokarton (DIN A5), Filzstifte, Locher (Schlüsselringe) oder Spiralbindung
Herstellung: Die Kinder nennen Märchensymbole, Figuren oder Zaubergaben, die sie jeweils auf einem DIN-A5-Fotokarton darstellen. Mit eigenen Worten beschreiben sie den dargestellten Begriff. Die Erzieherin schreibt den Kommentar der Kinder unter das jeweilige Bild. In alphabetischer Reihenfolge werden die einzelnen Seiten zu einem Märchen-Bilderlexikon zusammengestellt.

Märchendruckerei

Material: Moosgummi, Kugelschreiber, Schere, alte Holzbausteine, Klebstoff, Fingerfarben, Pinsel, Zeichenpapier oder andere Papierarten
Herstellung: Kreise, Dreiecke, Vierecke, Ovale, Sterne und andere Formen in verschiedenen Größen auf das Moosgummi (Reste) aufmalen und die Formen ausschneiden. Auf jede Seite des Holzbausteins eine Moosgummiform kleben. Wasserfarbe auf die Moosgummistempelform auftragen (wenig Wasser, viel Far-

be) und auf das Papier drucken. Mit Hilfe mehrerer verschiedener Formen können Märchenbilder, Märchengirlanden oder Eintrittskarten (für die Vorführung eines Märchenspiels) gedruckt werden.

Märchenschachtel

Material: Zigarrenkiste, Schuhkarton, Pralinenschachtel oder selbst gebastelte Faltschachtel, Malstifte oder anderes Material zum Verzieren der Schachtel
Herstellung: Die Schachtel märchenhaft verzieren, sie eignet sich vorzüglich für individuelle, gesammelte Märchenerinnerungen.

Märchenkleister

Material: Tapetenkleister, Fingerfarbe, Bänder, Glitzer, Sand oder andere Materialien, Tapetenrolle
Herstellung: Tapetenkleister in mehrere Schalen/Dosen füllen und mit verschiedenen Fingerfarben mischen. Auf die Rückseite der Tapetenrolle malen die Kinder mit ihren Händen ihr Märchenbild und verzieren es mit (leichten) Bändern, Glitzer, Sand oder auch kleinen Reliefs aus Pappmaschee. Durch den Trocknungsvorgang bleiben die aufgetragenen Materialien haften.

Märchenthron

Material: Stuhl mit Armlehnen (alte Gartenstühle oder Stühle vom Trödel, evtl. die Stuhlbeine kürzen), Pappmaschee, Blumendraht, Maschendraht, Binderfarbe (Baumarkt), Pinsel
Herstellung: Den Stuhl mit Maschendraht ausformen und mit Blumendraht verbinden, z. B. Krone auf der Rückenlehne. Den so vorbereiteten Stuhl mit Pappmaschee in die gewünschte Form des Märchenthrons modulieren. Ist das Pappmaschee getrocknet, kann der Märchenthron mit Pinsel und Binderfarbe farblich passend angemalt werden.
Natürlich kann ein alter Stuhl auch auf andere Weise gestaltet zum Märchenthron werden.
Pappmaschee: Tapetenkleister nach Angaben des Herstellers zubereiten. Zeitungspapier in Streifen schneiden und so viel Papierstreifen in den Kleister geben, dass eine formbare Masse entsteht. Diese sollte rasch verbraucht werden.

Märchensteintheater

Material: kleine und große selbst gesammelte Steine, Pinsel, Binderfarbe (wasserfest), Klebstoff
Herstellung: Den Eigenarten folgend (Farbe, Form, Maserung) den einzelnen Stein bemalen, abstrakt oder figürlich. Es können auch mehrere Steine zu einer märchenhaften Figur zusammengeklebt und dann bemalt werden. Die märchenhaften Steinfiguren erzählen ihre Geschichte (Biografie).

Märchenwelt im Schnee

Material: Schachteln aus transparentem Kunststoff (z. B. leere Pralinenschachtel aus Kunststoff), Styroporkügelchen (im Bastelgeschäft), Klebstoff, Figuren, Fotokarton, Schere, Locher, Strohhalm
Herstellung: In die leere Kunststoffschachtel wird mit Hilfe des Lochers am oberen, seitlichen Rand ein Loch angebracht, durch das später ein Strohhalm geführt werden kann. Auf den Boden der Schachtel werden kleine Figuren (fertige oder aus Fotokarton ausgeschnittene) geklebt und eine Handvoll Styroporkügelchen eingefüllt. Der Deckel wird fest auf die Schachtel geklebt und der Strohhalm durch das Loch gesteckt. Bläst man nun in den Strohhalm, kommen die Styroporkügelchen in Bewegung und in der kleinen Märchenwelt beginnt es zu schneien.

Feuer speiender Vulkan

Material: kleine runde Plastikschüssel, Ton, Wunderkerze
Herstellung: Um die umgedrehte Plastikschüssel aus Tonstücken einen Vulkanberg formen und in der Mitte eine Öffnung (Krater) anbringen. Die Form langsam trocknen lassen, die Schüssel herausnehmen. Evtl. die Tonform im Brennofen brennen. Unter die Krateröffnung eine Wunderkerze in Knetmasse stecken (sie kann oben herausschauen) und abbrennen.

Wollemärchen I

Material: Wollevlies in mehreren Farben (Hobbymarkt), Filzplatten
Herstellung: Aus dem Wollvlies kleine Stücke zupfen und vorsichtig auseinander ziehen und Märchenfiguren oder Szenen mit gezupfter Wolle auf der Filzplatte frei anfertigen (die gezupfte Wolle bleibt haften).

Wollemärchen II

Material: Wollfäden, Klebstoff und Tonpapier, evtl. Kopie einer Märchenbilderbuchseite
Herstellung: Ein Märchenmotiv wählen, dieses mit Wollfäden auslegen und später aufkleben, z. B. *Die Bremer Stadtmusikanten*.

Zauberhaftes Märchenzubehör

Herstellung:
- **Goldkrone:** In einen Pappstreifen Kronenzacken schneiden und anschließend mit Goldfolienresten bekleben, beide Enden mit einem Kordelgummiband verbinden.
- **Goldener Ball:** Einen Luftballon locker aufblasen, dann Goldfolienreste mit Kleister aufkleben.
- **Hexenumhang:** Stoffreste mit groben Stichen in Patchwork-Technik zu einem Umhang zusammennähen.
- **Märchenschloss:** Aus unterschiedlichen Schuhkartons, Papprollen und Klebstoff ein Schloss anfertigen, abschließend bemalen oder mit Materialien verzieren, z. B. mit Tortenspitze, Kronkorken, Schmuckpapierreste, Naturmaterial etc.
- **Sprechender Spiegel:** In einen Karton Öffnungen für Kopf und Arme schneiden. Auf der Vorderseite Alufolie anbringen. Ein Kind schlüpft in den Karton und stellt den Spiegel dar.
- **Sterne:** Sternformen auf Goldfolie zeichnen, ausschneiden und auf ein weißes T-Shirt heften.
- **Zauberstab:** An einer langen, dünnen Pappröhre oder einem Ast bunte Stoff- oder Papierstreifen heften.
- **Zopfflechte:** Aus drei gleich langen Baststrängen einen Zopf flechten. Die Enden eines Pappstreifens mit Kordelgummiband verbinden, die zwei Zöpfe so an dem Streifen befestigen, dass sie beim Aufsetzen der Zopfflechte rechts und links am Kopf herunterhängen.

Zaubermärchenbilder

Material: farbige Wachsmalstifte, schwarze Wachsmalstifte, festes Malpapier, Metallschaber oder Metallschraube
Herstellung: Das Malpapier mit der farbigen Wachskreide ausmalen. Die farbigen Flächen anschließend mit dem schwarzen Wachsmalstift übermalen. Mit dem Schaber oder der Schraube eine Märchenfigur oder Märchenszene, z. B. *Dornröschen*, in die schwarze Fläche einritzen.

Zaubertüte

Material: 1 DIN-A4-Bogen Falt- oder Schreibmaschinenpapier (evtl. farbig), Buntpapier, Klebstoff

Herstellung: Das Papier wird entsprechend des Musters gefaltet. Nach Fertigstellung die Zaubertüte verzieren, z. B. mit Sternen aus Buntpapier.
Zaubertrick: Eine Centmünze in die eine Öffnung der Tüte legen. Einen Zauberspruch sprechen, dabei großförmige Bewegungen durchführen und gleichzeitig (unbemerkt für die Zuschauer) die zweite, leere Öffnung der Tüte zeigen. Den Zauberspruch wiederholen, der Cent befindet sich (immer noch) in der ersten Öffnung.
Zauberspruch:
Titus tatus rex fix fleck,
plötzlich ist das Centstück weg.
Titus Ritus hopplala,
nun ist das Centstück wieder da.

Fingerspiele gehören zu den sensomotorischen Spielen, bei denen die Finger in Verbindung mit einem Reim oder einfachen Melodie kleine Geschichten erzählen. Die Bewegungen der Hände stützen die rhythmisch gesprochenen Worte und betonen den Klang der Reime. Sprache wird, so vorgebracht, von Kindern spielerisch handelnd erlebt, verinnerlicht und in sozialen Zusammenhängen erfahren. Aufmerksamkeit, Konzentration und insbesondere die Vorstellungskraft werden gefördert. Außerdem regen die formelartigen Wiederholungen die Sprechfreude und kreativen Sprachgebrauch an. Es gibt zahlreiche überlieferte wie neue Fingerspiele und Handgeschichten mit ausschließlich märchenhaftem Inhalt.

Aus dem kleinen Zwergenhaus

Melodie: überliefert / Text: Autorinnen

Aus dem kleinen Zwergenhaus .... ➪ beide Hände bilden ein spitzes Dach
schaut ein Zwerg zum Fenster raus. ... ➪ Hand über die Augen legen
Kommt Schneewittchen angerannt, ... ➪ Arme anwinkeln, auf der Stelle laufen
klopfet an die Wand: .... ➪ mit einer Hand Klopfbewegung ausführen
„Hilf mir, hilf mir, hilf mir doch, ... ➪ Arme über dem Kopf mehrmals ausstrecken
sonst schießt mich der Jäger tot!“ ..... ➪ rechte und linke Hand abwechselnd Schießbewegungen
„Komm Schneewittchen, komm herein, . ➪ beide Hände führen Lockbewegungen aus
reich mir deine Hand.“ .... ➪ dem rechten oder linken Nebenmann die Hand reichen

Dri-Dra-Drosselbart

Text: Autorinnen

Spielhinweis: Das Handklatsch-Spiel kann als Einstimmung oder Vertiefung des Märchens *König Drosselbart* (Brüder Grimm) benutzt werden. Die Kinder sitzen im Kreis und rhythmisieren den Text durch Klatschen oder abwechselndes Schlagen auf die Oberschenkel. Wiederholungen können mit unterschiedlicher Lautstärke und Dynamik variiert werden.
Nach diesem Beispiel kann das Handklatsch-Spiel zu weiteren Märchen entwickelt werden, z. B. *Das tapfere Schneiderlein* (Brüder Grimm) und *Der Däumling* (Janosch).

Dri-Dra-Drossel-bart,
Wa-rum trägst du nen spit-zen Bart?
Ich tra-ge ei-nen spit-zen Bart,
drum heiß ich Kö-nig Drossel-bart.

Schni-Schna-Schneider-lein,
wa-rum willst du so tap-fer sein?
Ich will so stark und tap-fer sein,
ich bin das tap-f're Schneider-lein

Di-Da-Däume-ling,
was bist du für ein win-zig Ding?
Ich bin ein winzig kleines Ding,
drum heiß ich klei-ner Däume-ling.

Es steht im Wald ein Räuberhaus

Text: Autorinnen

Spielhinweis: Dieses Fingerspiel passt zum Märchen *Die Bremer Stadtmusikanten*

Es steht im Wald ein Räuberhaus, ... ➪ beide Hände bilden ein Hausdach
da schauen fünf Räuber zum Fenster raus. ➪ eine Hand über die Augen halten
Hier ist der Räuber Kugelblitz, ... ➪ Daumen zeigen
im zweiten Räuber Weißvonnix, ... ➪ Zeigefinger
im dritten Räuber Klemmeklau, ... ➪ Mittelfinger
im vierten Räuber Machtradau. .... ➪ Ringfinger
Und aus dem kleinsten Schlüsselloch, ... ➪ Daumen und Zeigefinger zum Kreis schließen,
da ruft der fünfte: „Fangt uns doch!" .... ➪ mit einem Auge durchgucken, kleinen Finger zeigen, rufen: „Fangt uns doch!", und danach greift die eine Hand die andere.

Hier im Huckelhügelland

Text: Autorinnen

Hier im Huckelhügelland	➪ Handrückenknöchel beider Hände zeigen die *Huckelhügel*,
seht ihr Türme Fünfe.	➪ Finger einer Hand hochstrecken,
Wohnen Märchenwesen drin,	
Wichtel, Zwerge, Schlümpfe.	
In dem dicken Zwiebelturm	➪ Daumen zeigen,
wohnt der Wichtel Furz.	➪ verbal Furzgeräusch nachahmen,
Von dem graden Zeigeturm	➪ Zeigefinger,
schaut der Kobold Schnurz.	➪ Hand über die Augen, Ausschau halten,
In dem Leuchtturm	➪ Mittelfinger,
haust Schlumpf Schlick.	➪ Schluckauf nachahmen,
In dem schönen Märchenturm	➪ Ringfinger,
lebt die Zwergin Schick.	➪ sich drehen, in den Hüften wiegen,
Und im allerkleinsten Türmchen	➪ kleiner Finger,
schläft das Wichtelwürmchen.	➪ Kopf in die Hand legen, Schlafgestik.

Himpelchen und Pimpelchen

Text: Überliefert

Himpelchen und Pimpelchen	➪ Daumen der rechten und linken Hand aufstellen,
stiegen auf einen Berg.	➪ aufsteigende Bewegungen in die Luft,
Himpelchen war ein Heinzelmann	➪ Daumen der rechten Hand zeigen,
und Pimpelchen war ein Zwerg.	➪ Daumen der linken Hand zeigen,
Sie blieben lange oben sitzen	➪ Fäuste still halten,
und wackelten mit ihren Zipfelmützen.	➪ beide Daumen hin- und herwackeln,
Doch nach sieben langen Wochen	
sind sie in den Berg gekrochen.	➪ Daumen verschwinden in den Fäusten,
Dort schlafen sie in süßer Ruh.	
Seid ganz still und hört mal zu! (schnarch ...)	➪ Ohr an die Fäuste legen, Schnarchgeräusche machen,
Und nach sieben langen Wochen	
sind sie wieder rausgekrochen.	➪ Daumen beider Hände wieder aufstellen,
Heißa, heißa, heißassa,	➪ beide Daumen hin- und herwackeln.
Himpelchen und Pimpelchen sind wieder da.	

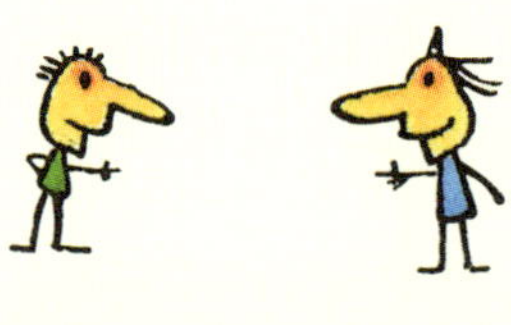

Hinter einer Dornenhecke

Text: Autorinnen

Hinter einer Dornenhecke . . . . ⇨ Hände vor dem Gesicht verschränken, Finger spreizen,
steht ein Hexenhaus. . . . . ⇨ Hände zum Dach aufstellen,
Drinnen wohnt die Hexe Zecke, ... ⇨ Rücken zum Hexenbuckel beugen,
manchmal schaut sie auch heraus. . . ⇨ Hand über die Augen legen,
Und ihr Mann, der Zaub'rer Zecke, . ⇨ beide Hände bilden einen spitzen Hut auf dem Kopf,
der wohnt auch in diesem Haus. . . . ⇨ Hände zum Dach aufstellen,
Will sich seinen Wald ansehen, ... ⇨ Hand über die Augen legen,
wo die hohen Tannen stehen. . . . . . . ⇨ Kopf nach oben drehen,
Elfen sitzen in den Zweigen, ... ⇨ mit einer Hand in die Luft zeigen,
tanzen einen Elfenreigen. . . . . ⇨ den Nebenmann einhaken, einmal drehen,
Hinter dem Garagentor . . . . ⇨ Hand öffnet pantomimisch eine Tür,
Hexe holt den Besen vor. . . . . ⇨ einen imaginären Besen zwischen die Beine nehmen,
Spannt davor die Krähe Krap, ... ⇨ beide Arme ahmen Flugbewegungen nach,
die kräht laut: „Wir hauen ab!" . . . . ⇨ „Wir hauen ab!" rufen,
Zaub'rer Zecke ruft: „Moment, ... ⇨ Hände bilden einen spitzen Hut auf dem Kopf, „Moment,
deine Vorderbremse klemmt!" . . . . . . ⇨ deine Vorderbremse klemmt!" rufen,
Doch die Hexe hört nicht drauf, ... ⇨ losreiten,
reitet los im wilden Lauf. . . . .
Und schon bläst ein starker Sturm, . ⇨ mit dem Mund stark pusten,
Krähe kräht: „Pass auf der Turm!" . ⇨ „Pass auf der Turm!" rufen
Doch der Besen kracht entzwei . . . . . ⇨ hinfallen,
und sie landen eins, zwei, drei, ... ⇨ in der Hocke sitzen.
auf des Turmes höchster Spitze.
Ob sie da noch heute sitzen?

In der Nacht

Text: Autorinnen

Spielhinweis: Die Kinder sitzen im Kreis. In den ersten Spielrunden klatschen sie zu dem gesprochenen Vers, zunächst mit beiden Händen gleichzeitig, dann im rhythmischen Wechsel mit der rechten und linken Hand auf die Oberschenkel. Sind die Kinder geübter, kann der Schwierigkeitsgrad erhöht werden. Dabei legen alle Kinder ihre Hände auf ihre Oberschenkel. Beim Sprechen des Verses klatscht aber jetzt nur der Mitspieler, der im Uhrzeigersinn an der Reihe ist, d. h. der erste Spieler klatscht mit beiden Händen auf seine Oberschenkel, es folgt der linke Spielnachbar usw. Bei der Textstelle: *... sie rührt ihn noch mal anders rum* findet ein Richtungswechsel statt.

In der Nacht um drei
kocht die Hexe Brei.
Gummibär mit Fliegendreck,
Katzenmilch und Mäusespeck,
Ohrenschmalz und Nasenblut,
mit 'ner Prise Übermut.

Schweineohr und Spinnenbein,
alles muss verklatschet sein.
Kliddertisch und klidderatsch,
fertig ist der Hexenmatsch.
Doch die Hexe ist nicht dumm,
sie rührt ihn noch mal anders rum.
Gummibär ...

Prinz und Prinzessin

Text: Autorinnen

Der Prinz, das ist ein stolzer Mann. .... ➪ Rechte Hand eines Spielers,
Schaut die Prinzessin freudig an. ...... ➪ linke Hand des Spielpartners,
Sie tanzen hin, sie tanzen her, ... ➪ beide Hände fassen sich, bewegen sich hin und her,
nach vorn, nach hinten fällt nicht schwer. ➪ von sich weg, zu sich heran,
Sie drehen sich im Kreise. .... ➪ einen Kreis in die Luft malen,
Nun schaut mal zu und seid ganz leise. . ➪ jeder legt seinen Zeigefinger auf seinen Mund,
Zum Schluss umarmen sie sich sacht. ... ➪ die Spielpartner umarmen sich,
Und wünschen: „Eine gute Nacht!“ ..... ➪ geben sich die Hand und wünschen sich eine gute Nacht.

Verzauberte Finger

Spielhinweis: Die Kinder legen ihre Hände auf den Tisch. Ein Kind ist der Zauberer, der am Tisch steht und mit einer Hand in der Luft den beschwörenden Zauberspruch ausübt:

Heile, heile Segen,
sieben Tage Regen.
Ringel, rangel Rose,
Butter in die Dose.

Hering in die Tonne,
morgen scheint die Sonne.
Hokus, pokus Tintenfleck
Zaubert dir den Finger weg.

Dabei tippt er den Finger eines Kindes an, das diesen in der Hand verschwinden lässt. Sind alle Finger weggezaubert, kann ein neuer Zauberer gewählt werden.

Zwerg Links und Zwerg Rechts

Spielhinweis: Alle Kinder sitzen im Kreis und führen die angegebenen Bewegungen rhythmisch, in verschiedener Lautstärke und Dynamik zum Text aus.

Als Links der Zwerg .... ➪ Finger der linken Hand
morgens stieg aus seinem Berg, wandern über den eigenen Körper nach oben,
hat er Zwerg Rechts geweckt .... ➪ mit der linken Hand den rechten Nachbarn antippen,
und beide haben sich gestreckt. .... ➪ sich strecken,
Sie haben beide laut gelacht .... ➪ laut lachen,
und ordentlich Radau gemacht. .... ➪ hampeln.

1. *Auf ihre Schenkel haben sie gepatscht* . ➪ Auf die Oberschenkel patschen,
Und laut ein neues Lied geklatscht ... ➪ in die Hände klatschen,
Refr.: Klatsch, klatsch, patsch .... ➪ 2x in die Hände klatschen, 1x auf die Oberschenkel,
Stampf .... ➪ mit dem rechten Bein aufstampfen,
Klatsch, klatsch, patsch .... ➪ 2x in die Hände klatschen, 1x auf die Oberschenkel,
Stampf .... ➪ mit dem linken Bein aufstampfen,
Klatsch, klatsch, patsch .... ➪ 2x in die Hände klatschen, 1x auf die Oberschenkel,
Stampf. .... ➪ mit beiden Füßen aufstampfen.

2. *Auf ihre Schenkel haben sie gepatscht*
und leis ein neues Lied geklatscht.
Refr.: Klatsch, klatsch ...

3. *Auf ihre Schenkel haben sie gepatscht*
und sacht ein neues Lied geklatscht.
Refr.: Klatsch, klatsch ...

4. *Auf ihre Schenkel haben sie gepatscht*
und schnell ein neues Lied geklatscht.
Refr.: Klatsch, klatsch ...

Für die Sprachförderung sind Märchen besonders gut geeignet, weil die Handlungsweisen der Märchenhelden meist nach einfachen, wiederholenden Mustern ablaufen, die dem Kind das Verstehen und Nacherzählen erleichtern.
Vielseitige Erzählspiele und andere Sprachspiele tragen dazu bei, dass Kinder lautrein und artikuliert sprechen, grammatikalische Formen richtig anwenden und zusammenhängend sprechen. Sie werden zunehmend in der Lage sein, Wortbedeutungen und Sinnzusammenhänge zu erfassen.
Märchenverse, mit ihren wiederkehrenden Lauten und Wörtern, bereiten den meisten Kindern Vergnügen, werden gerne nachgesprochen und geraten und regen zu eigenen Erzählungen an.
Erzählspiele im Rahmen von Märchen bieten Möglichkeiten, den kindlichen Wortschatz mit literarischer Sprache zu bereichern. So sind z. B. die vielfältigen Adjektive und Verben in der Märchensprache wertvoll, weil diese Wortarten nur im geringen Maße im heutigen Sprachgebrauch verwendet werden.
Darüber hinaus erweitern Erzählspiele die kommunikative Kompetenz. Das Kind lernt seine eigenen Gefühle und Wünsche verbal zum Ausdruck zu bringen und dem anderen zuzuhören.

Das Märchen Allerlei

Spielhinweis: Die Spielleiterin erzählt das Märchen „Allerlei“, wobei die Kinder die Fehler herausfinden müssen. Als Hilfestellung liegen Symbole aus den 11 Märchen in der Kreismitte.

Es war einmal ein König. Der hatte lange kein Kind gekriegt. Da schnitt er sich in den Finger und sprach: „Blau wie Blut, schwarz wie die Nacht.“ Nun kriegte er gleich zwei: ein Mädchen und ein Bübchen. Das Mädchen wurde Gretel genannt, denn es trug immer ein Käppchen von rotem Samt. Das Bübchen nannten sie Hans-Christian. Er wollte sich sogleich auf den Weg zur Großmutter machen, um ihr eine Flasche Milch, Schinken und Brot zu bringen. Unterwegs traf er auf den Wolf, der ihn freundlich fragte: „Wo hinaus so früh, Hans-Christian?“ „Zur Großmutter“ „Was trägst du unter deiner Schürze?“ Da zeigte er seinen gefüllten Korb. Da der Wolf großen Hunger hatte, freute er sich schon darauf, den Schinken zu essen, und sagte: „Da läuft mir ja das Wasser im Munde zusammen“ und zog mit. Nicht lange danach saß am Weg ein Geißlein mit einem Gesicht wie drei Tage Regenwetter. „Nun, was ist dir in die Quere gekommen?“, fragte Hans-Christian. „Geh mit uns nach Bremen, da kannst du Stadtmusikant werden.” Nach einiger Zeit kamen die drei auf einen hohen Berg, wo ein lächerliches Männlein um ein Feuer hüpfte und sang: „Heute back’ ich, morgen brau’ ich, ach, wie gut, dass niemand weiß, dass ich Aschenputtel heiß!“ Da erschrak das Bübchen und lief weg. Wenig später hörte es rufen „Knusper, knusper, knäuschen, wer knuspert an meinem Häuschen?“ Und wie jemand antwortete: „Der Wind, der Wind, das himmlische Kind“, da erkannte das Bübchen die Stimme seines Schwesterchens. Nun machten sich Brüderchen und Schwesterchen gemeinsam auf. Doch als Schwesterchen aus einem Brunnen trank, fiel es hinein. Dabei verlor es die Besinnung und als es wieder zu sich selber kam, war es auf einer Wiese mit tausend Blumen, wo es aus einem Backofen schrie: „Ach, zieh mich raus, sonst verbrenn ich.“ „Da hätt’ ich Lust, mich schmutzig zu machen“, sagte das Mädchen, ging an wunderschönen Äpfeln vorbei zu einem Spiegel, darin es sich beschaute, und sprach: „Spieglein, Spieglein an der Wand, wer ist die Schönste im ganzen Land?“ Der antwortete: „„Kikeriki, unsere schmutzige Jungfrau ist wieder hie.“ Da fing das Mädchen an zu weinen. „Sei still und weine nicht“, rief ihm jemand zu. Es sah um sich und erblickte einen garstigen Frosch. Wie der zu ihr gekrochen kam, ward es bitterböse, fasste ihn und warf ihn gegen den Spiegel. Als er herabfiel, war er kein Frosch mehr, sondern Hans im Glück. Der bückte sich und gab dem Mädchen einen Kuss, dass es aus seinem hundertjährigen Schlaf erwachte. Als das die sechs Geißlein sahen, kamen sie herbeigelaufen und tanzten mit ihrer Mutter vor Freude um die beiden herum. Und wenn sie nicht gestorben sind, tanzen sie heute noch.

Märchenbilder sammeln

Spielhinweis: Die Kinder bringen „Wunder-, Zauber-, Fantasiebilder“ von zu Hause mit, z. B. aus Zeitschriften, Werbebroschüren, Katalogen etc. Sie erzählen, warum das Bild für sie wundervoll, zauberhaft oder fantastisch ist. Anschließend wird in der Gruppe ein Bild ausgewählt, dazu ein Märchen erfunden und von der Erzieherin schriftlich festgehalten. Mit der Zeit kann auf diese Weise ein individuelles „Märchenbilderbuch“ zusammengestellt werden.

Oma- und Opamärchen oder Hörmalmärchen

Spielhinweis: Die Kinder lassen sich von ihren Großeltern Märchen erzählen, die mit einem Kassettenrekorder zu Hause oder im Kindergarten aufgenommen werden. Vielleicht kann auch eine Oma oder ein Opa im Kindergarten den Kindern hin und wieder ein Märchen erzählen oder vorlesen.

Märchenfiguren raten

Spielhinweis: Die Kinder sitzen im Kreis und singen nach einer selbst erdachten Leiermelodie:

Im Traum kam ich ans Märchentor,
da stand ein alter Zwerg davor.
Der sah mich an und fragte dann:
„Wen möchtest du besuchen?“

Darauf geht ein Kind, das sich eine Märchenfigur ausgedacht hat, in die Kreismitte und gibt den ersten Hinweis, z. B.: „Eine Königstochter.“ Die Kinder stellen reihum Fragen, um die Märchenfigur zu erraten. (Vor dem Spiel sollten mit den Kindern entsprechende Fragen erarbeitet werden.)

Märchenkarussell

Spielhinweis: Zunächst wird aus Pappe ein Kreis (Ø 13 cm) ausgeschnitten und in acht Tortenstücke unterteilt. Die acht Segmente werden mit typischen Märchenfiguren oder Szenen bebildert. In der Mitte des Kreises wird mit Hilfe einer Stecknadel und einer weichen Pappe auf der Rückseite ein 10 cm langer Zeiger angebracht. Dadurch lässt sich der Zeiger von den Spielteilnehmern mühelos drehen. Reihum wird der Zeiger gedreht. Bleibt er auf einem Bild liegen, erzählt der Spieler etwas über das dargestellte Märchen.

Sammler-Ausstellung

Spielhinweis: Die Erzieherin erzählt von den Brüdern Grimm, die Märchen gesammelt und aufgeschrieben haben. Danach befragt sie die Kinder nach ihren Sammlungen und fordert sie auf, ihre individuelle Sammlung, ob Sticker, Muscheln, Stofftiere oder Pokémonbilder, mit in den Kindergarten zu bringen, um sie den anderen vorzustellen. Im anschließenden gemeinsamen Gespräch können verschiedene Gesichtspunkte thematisiert werden, z. B.:

- *Kennt ihr jemanden, der etwas sammelt?*
- *Warum sammelst du?*
- *Wie sammelst du?*
- *Kostet dein Sammeln Geld?*
- *Könnten wir im Kindergarten etwas gemeinsam sammeln?*

Nach Wunsch können die Sammlungen der Kinder oder eine gemeinsame Sammlung der Gruppe im Rahmen einer Kindergartenveranstaltung ausgestellt werden.

Stille Märchenpost

Spielhinweis: Die Kinder sitzen im Kreis. Einer beginnt, seinem Nachbarn etwas Märchenhaftes ins Ohr zu flüstern. Jener gibt das Gehörte dann an den Nächsten weiter. Wenn das Wort oder der Satz einmal die Runde gemacht hat, wird die Endfassung mit der Originalfassung verglichen.

Truhe öffne dich!

Spielhinweis: Die Kinder sitzen im Kreis. Ein Kind wählt einen symbolhaften Märchengegenstand aus, z. B. Spiegel, Lebkuchen, Schuh, goldene Kugel, zeigt ihn allen Kindern und legt ihn in die Märchenschatztruhe. Dann dreht sich dieses Kind einmal um sich selbst, zeigt dabei auf ein Kind im Kreis mit folgendem Spruch:

Wer kennt den rechten Vers, der sprich!
Märchentruhe öffne dich.

Das gewählte Kind muss nun den passenden Vers aus dem entsprechenden Märchen vortragen, um die Märchentruhe öffnen zu können.

Verdrehte Märchensprüche

Spielhinweis: Die Kinder sitzen im Kreis. Die Spielleiterin trägt verdrehte oder veränderte Märchenverse vor z. B.:

Ührlein, Ührlein an der Wand,
sag, wie spät ist es im Land?

Oder
Bäumchen, rüttel dich und schüttel dich,
wirf Laub und Kirschen über mich.

Die Kinder finden die Fehler heraus, stellen den Vers richtig und nennen das passende Märchen.

Einige Zaubersprüche und Märchenverse erinnern an heidnische Beschwörungsformeln, die durch ihre eintönige Sprachmelodie schon fast meditativen Charakter aufweisen. Häufig beinhalten sie ungewöhnliche Lautverbindungen und seltsam klingende Worte, an denen besonders jüngere Kinder Freude haben, da sie gerne mit ihrer Stimme und Lauten experimentieren. Rhythmisiert gesprochen und ständig wiederholt, werden Zaubersprüche zu einem unterhaltsamen Sprachspiel.
Rätselreime in poetischen Umschreibungen gehören zur ältesten Volksdichtung. Im Märchen wurde derjenige von einem Zauberbann befreit, der das Rätsel lösen konnte. Ein Rätselreim kann eine „Märchenstunde" einleiten, Neugierde wecken, aber auch bereits erworbene Kenntnisse vertiefen.

Hinter sieben blauen Bergen und Geht sieben Schritte geradeaus

Spielhinweis: Die beiden folgenden Zaubersprüche können als Eingangsrituale zu einer „Märchenstunde" mit den Kindern gemeinsam gesprochen und mit selbst erfundenen Gesten bzw. Bewegungen unterstützt werden. Nach dem Wort „Zaubermelodie" erklingt leise Musik oder ein Glockenspiel, Triangel oder ein anderes Instrument wird angeschlagen.
Gleichzeitig wird den Kindern die magische Märchenzahl „Sieben" vermittelt.

Hinter sieben blauen Bergen

Hinter sieben blauen Bergen
liegt ein fernes weites Land.
Hexen, Riesen, Feen, Zwerge
wohnen hier im Märchenland.

Wunder können wir erleben,
in dem Land der Fantasie
und auf Märchenwolken schweben,
klingt die Zaubermelodie.

Geht sieben Schritte geradeaus

Geht sieben Schritte geradeaus:
1, 2, 3, 4, 5, 6, 7.
Im Walde steht das Märchenhaus.
Dort hört ihr seltsame Geschichten,
die euch von Wunderwerk berichten.

O mise mause maas

Spielhinweis: Der Zauberspruch wird nach der Regel von „Taler, Taler, du musst wandern" gespielt. Alle sitzen im Kreis und halten ihre ausgestreckten Hände gegeneinander. Ein Kind hat zwischen seinen Händen einen kleinen Gegenstand,

z. B. Glasmurmel, Ring, Goldtaler, Edelstein o.Ä. Es geht nun in der Kreismitte reihum und lässt möglichst unauffällig den Gegenstand in die Hände eines Mitspielers fallen, während die beiden ersten Verse in einem Leierrhythmus gesprochen werden. Bei dem letzten Vers wird auf einzelne Kinder gezeigt und der Letzte in der Reihenfolge muss raten, bei wem sich der Gegenstand befindet.

O mise mause maas,
das Gold, das er besaß.
O malle miera mohren,
das hat er nun verloren.

O maxi murxi muhchen,
da fing er an zu suchen.
O mille melle mall,
er suchte überall.
O muckte mickte meck,
ein Kobold hat's versteckt.

O mure maure mer,
wer's hat, gibt's wieder her.
O monne minne menn,
wer hat es denn?

Das Hexen-Einmaleins
(Johann Wolfgang von Goethe)

Spielhinweis: Die Zauberer oder Hexen stehen im Kreis (evtl. mit Verkleidung). Sie sprechen den Zauberspruch und führen mit den Fingern die entsprechenden Bewegungen aus.

Eins – du musst versteh'n! .... ⇨ Daumen zeigen,
Aus eins mach zehn, ... ⇨ alle zehn Finger zeigen,
und zwei lass gehen .... ⇨ Daumen und Zeigefinger einziehen,
und drei mach gleich, ... ⇨ Daumen, Zeigefinger, Mittelfinger zeigen,
so bist du reich. .... ⇨ Bewegung des Geldzählens,
Verlier die Vier! .... ⇨ vier Finger zeigen, dann Hand nach unten ausschütteln,
Aus fünf und sechs, ... ⇨ fünf Finger, dann sechs Finger zeigen,
so sagt die Hex,
mach sieben und acht, ... ⇨ sieben, dann acht Finger zeigen,
so ist's vollbracht: .... ⇨ Hände umeinander drehen,
und neun ist eins, ... ⇨ neun Finger, dann einen Finger zeigen,
und zehn ist keins. .... ⇨ zehn Finger zeigen, Hände auf den Rücken,
Das ist das Hexen-Einmaleins. .... ⇨ beide Zeigefinger kreuzen.

Rätselreime

Spielhinweis: Es ist wichtig, darauf zu achten, dass das jeweilige Märchen den Kindern bekannt ist, da sie sonst das Rätsel nicht lösen können. Zusätzliche Märchenrequisiten erleichtern die Lösung.

In welchem Märchen in der Früh
ruft einer laut „Kikeriki,
die goldne Jungfrau ist wieder hie!"
(Frau Holle)

Ich bin die gute Fee,
mein Kleid ist weiß wie Schnee,
der Zwerge größter Stolz,
die Haare schwarz wie Ebenholz.
(Schneewittchen)

Ein kleiner unscheinbarer Wicht,
der sagte seinen Namen nicht.
Er spann wohl Stroh
zu reinem Golde,
als Lohn ein Kind er haben wollte.
Er hüpft vor seinem Haus umher
und freute sich aufs Kindlein sehr.
(Rumpelstilzchen)

Kennst du einen König,
einen grünen kleinen?
Bestimmt wiegt er nur wenig
und hüpfet auf vier Beinen.
(Der Froschkönig)

Im tiefen Wald ein Häuschen stand.
Zwei Kinder fanden's, Hand in Hand.
Sie hatten grad' genascht,
als sie die Hexe überrascht'.
(Hänsel und Gretel)

Es kocht ein Topf viel Hirsebrei,
aus welchem Märchen er wohl sei?
(Der süße Brei)

Die Ziege, die ein Schneider hatt',
die wurde oftmals gar nicht satt.
(Tischlein deck dich)

Ein Königskind war zart und fein,
die Mutter wollte schöner sein.
Das Kind zu töten war ihr Sinn,
deshalb ging sie als Händlerin
und bot ihm Kamm und Apfel an.
Wie heißt das Märchen?
Sag es an!
(Schneewittchen)

Wer kaufte Pflaumenmus vier Lot
und schlug dann sieben Fliegen tot?
Wer quetschte Wasser aus dem Stein,
schoss in die Luft ein Vögelein?
Wer hat zwei Riesen umgebracht
und wurd zum König dann gemacht?
(Das tapfere Schneiderlein)

Der Klumpen Gold war viel zu schwer,
vom Pferd zu fallen schmerzte sehr.
Ich tauschte Kuh und Schwein,
kam ohne Schleifstein heim.
(Hans im Glück)

In welchem Märchen, sehr bekannt,
hat alle Spindeln man verbrannt? –
Nur eine nicht, die keiner fand –
die stach dem Mädchen in die Hand;
es schlief dann lange hinter Hecken,
bis es ein Königssohn kam wecken.
(Dornröschen)

Es ließ einmal ein Mütterlein
zu Haus all ihre Kinderlein.
Als sie zurückkam, fand sie nur
ein Kind versteckt noch in der Uhr.
Der Wolf ertrank im Wasserloch!
Du kennst das Märchen,
weißt es doch!
(Der Wolf und die 7 Geißlein)

Spiegel, Apfel, Sarg und Zwerge:
Wer ist das schönste Kind hinter dem
Berge?
(Schneewittchen)

Mutter, Jäger, Wolf und Kuchen:
Welches Mädchen will die Großmutter
besuchen?
(Rotkäppchen)

Wer jagte wohl mit viel Radau,
die wilden Räuber aus dem Bau?
(Die Bremer Stadtmusikanten)

Wer wollte mal mit einem Hasen
im Felde um die Wette rasen?
(Der Wettlauf zwischen Hase und Igel)

In einem Märchen bekam ein Wicht
der Königin ihr Kindlein nicht.
(Rumpelstilzchen)

Wald, Brot, Kiesel und Hexenschmaus:
Welche Kinder finden zurück nach Haus?
(Hänsel & Gretel)

Spindel, Hafer, Gold und Stroh:
Welches Männchen springt ums Feuer, oh?
(Rumpelstilzchen)

Zungenbrecher oder Schnellsprechverse

Spielhinweis: An Zungenbrechern haben meist erst ältere Kindergartenkinder Freude, da eine fortgeschrittene Sprachwahrnehmung und Sprechfertigkeit entwickelt sein muss. Das bewusste Aufnehmen mehrerer gleich klingender Wörter verlangt ein gutes Gedächtnis und eine anspruchsvolle Artikulation. Meist sind es witzige Wortzusammenstellungen oder Wiederholungen, die den Zungenbrecher zum vergnügten Spiel bei Kindern werden lässt, um unliebsame Wartezeiten zu überbrücken oder einfach nur Spaß zu haben.

Drei trappelnde Rappen mit klappernden Hufen polterten
über die dröhnende Brücke mit donnerndem Krach.
Dann hörte man wieder den rieselnden, raunenden,
glicksenden, glucksenden, silberhell plaudernden Bach.
(Josef Guggenmos)

Sieben Männer sieben mit sieben Sieben Sand.
Die sieben mit sieben Sieben siebenden Männer geben gut Acht.
Einer, der Gold in dem Sand, den er siebte, fand, lacht.
(Josef Guggenmos)

Darstellendes oder szenisches Spiel bezeichnet alle Rollenspielformen, bei denen es um das Darstellen, Ausdrücken und Vorführen von Handlungen vor Publikum geht. Zu den darstellenden Rollenspielformen für das Kindergartenalter gehören pantomimische Ratespiele, Stegreifspiele, Figuren- und Schattenspiele. Ausgehend von Märcheninhalten (Erzählung, Gedicht, Lied) kann das ältere Kindergartenkind in eine Rolle schlüpfen und seine Gefühle zum Ausdruck bringen. Beim pantomimischen Ratespiel und Menschenschattenspiel stehen körperliche Ausdrucksformen im Mittelpunkt, während beim Figurenspiel die kreative Gestaltung der Spielfigur für die Rollenfindung von Bedeutung ist. Beim Stegreifspiel ist es wichtig, dass die Kinder sich mit ihrer gewählten Rolle auseinander setzen, sich in die Szene hineinversetzen können und sich einer Spielgemeinschaft anpassen. Mit zunehmenden Alter haben die passenden Requisiten dabei einen höheren Stellenwert.
In der pädagogischen Arbeit mit Kindergartenkindern sollen darstellende Rollenspiele vor allem Spielfreude vermitteln, ohne auf die erhoffte Wirkung bei einer Aufführung vor Publikum zu schauen. Denn darstellende Rollenspiele sollen die Kinder in ihrer gesamten Persönlichkeit fördern.

Timpe, Tampe Zaubermann

Material: Zauberstab, Zauberhut, evtl. Zauberumhang

Spielhinweis: Die Spielteilnehmer stehen im Kreis. Der Zauberer steht in der Mitte. Alle singen, der Zauberer spricht dann einen Zauberspruch und verwandelt alle in Märchenwesen, Tiere, Fahrzeuge o. Ä., die sich daraufhin entsprechend bewegen. Dann wiederholt der Zauberer den Zauberspruch, berührt einen Spieler mit seinem Zauberstab und alle werden wieder zu Kindern. Der berührte Mitspieler wird in der folgenden Spielrunde zum Zauberer.

Märchenerzählgedichte für Schattenspiele

Erzählgedichte reihen Geschehnisse aneinander und fügen sie wie einzelne Bilder zu einer Handlung zusammen. Durch den regelmäßig gegliederten Reim entsteht ein eingängiger Sprachrhythmus mit liedhaftem Charakter, an dem sich bereits jüngere Kinder erfreuen. Oft regen Erzählgedichte zu kreativen Ausdrucksformen an, z. B. bildnerische Gestaltung, Vertonung oder szenisches Rollenspiel. Märchenhafte, fantastische Erzählgedichte eignen sich insbesondere in der szenischen Darstellung als Menschenschattenspiel, da durch Licht und Schatten besondere magische Effekte erzielt werden können. Zusätzliche Medien wie der Overhead-Projektor, auf den farbige Transparentpapiere/Folien oder ausgeschnittene Silhouetten aufgelegt werden, sowie der Einsatz von Musik verstärken darüber hinaus die märchenhafte Szenerie.

Die vergesslichen Räuber

(Josef Guggenmos)[1]

Sieben riesige Räuber
zogen sieben riesige Jacken an.
Sieben riesige Räuber
schlüpften in sieben riesige Socken
und in sieben riesige Stiefel
und setzten sieben riesige Hüte auf.

Sieben riesige Räuber
schnallten sieben riesige Gürtel
mit sieben riesigen Säbeln um.
Sieben riesige Räuber
humpelten durch den Wald,
aber nicht weit,
dann machten sie Halt.
Sie riefen: „Zu dumm!“,
und kehrten wieder um.

Sieben riesige Räuber
humpelten wieder nach Haus.
Sieben riesige Socken
und sieben riesige Stiefel
reichen für sieben riesige Räuber nicht aus.

[1] *aus: Josef Guggenmoos, Oh Verzeihung sagte die Ameise*
1990 Beltz Verlag, Weinheim und Basel
Programm Beltz & Gelberg, Weinheim

Die Heinzelmännchen

(August Kopisch, gekürzte Fassung)[1]

*Wie war zu Köln es doch vordem
mit Heinzelmännchen so bequem!
Denn war man faul, man legte sich
hin auf die Bank und pflegte sich:
Da kamen bei Nacht
ehe man's gedacht,
die Männlein und schwärmten
und klappten und lärmten
und rupften und zupften
und hüpften und trabten
und putzten und schabten,
und eh' ein Faulpelz noch erwacht,
war all sein Tagewerk – bereits gemacht.*
....

*Beim Bäckermeister war nicht Not,
die Heinzelmännchen backten Brot.
Die faulen Burschen legten sich,
die Heinzelmännchen regten sich
und ächzten daher
mit den Säcken schwer
und kneteten tüchtig
und hoben und schoben
und fegten und backten
und klopften und hackten.
Die Burschen schnarchten noch im Chor:
Da rückte schon das Brot, das neue, vor!*
...

*Einst hatt' ein Schneider große Pein:
Der Anzug sollte fertig sein;
warf hin das Zeug und legte sich
hin auf das Ohr und pflegte sich.
Da schlüpften sie frisch
in den Schneidertisch
und schnitten und rückten
und nähten und stickten
und fassten und passten
und strichen und guckten
und zupften und ruckten.
Und eh' mein Schneiderlein erwacht,
war Bürgermeisters Anzug –
bereits gemacht!*

*Neugierig war des Schneiders Weib
und macht sich diesen Zeitvertreib:
streut Erbsen hin die andre Nacht.
Die Heinzelmännchen kommen sacht:
Eins fährt nun aus,
schlägt hin im Haus,
die gleiten von Stufen,
die plumpen in Kufen,
die fallen mit Schallen,
die lärmen und schreien
und vermaledeien.
Sie springt hinunter auf den Schall
mit Licht – husch, husch, husch, ver-
schwinden all.*

*O weh, nun sind sie alle fort,
und keines ist mehr hier am Ort:
man kann nicht mehr wie sonsten ruh'n,
man muss nun alles selber tun.*
...

Märchenfigurentheater

Fingerpuppe

Material: Wattekugeln (Ø 3 cm) für die Köpfe, kleine Wattekügelchen für die Nasen, Plakafarben oder andere Deckfarben zum Anmalen des Kopfes, Wollreste oder Watte für Haare, bunter Filz oder Stoffreste für Kleider und Hände, Goldpapier für Kronen
Herstellung: In die große Wattekugel mit der Schere ein fingerdickes Loch bohren und etwas Füllmaterial herausziehen. Eine kleine Wattekugel als Nase aufkleben, den Kopf auf den Zeigefinger stecken und ein Gesicht aufmalen. Mit Wolle oder Watte Haare oder Bärte ankleben. Das Kleid aus Filz oder Stoffresten doppelt ausschneiden, seitlich zusammenkleben oder -nähen.

Tütenfigur

Material: Tonpapier, Geschenkbänder, Goldpapier, Papierreste Filzstifte, Schere, Kleber
Herstellung: Ein Pappkreis wird in drei gleich große Tortenstücke zerteilt. In jedes Pappstück werden nun zwei Löcher für Zeige- und Mittelfinger gebohrt oder geschnitten, um diese als Puppenarme hindurchzustecken. Anschließend, wird daraus ein kegelförmiger Puppenkörper geformt, indem man die geraden Seiten eincs Segments zusammenklebt. Zusätzlich können die Tütenfiguren verziert und aus Papier Gesichter, Haare, Hüte u. Ä. angefertigt werden.

Marotte

Material: Holzkochlöffel oder stattdessen Styroporkugel mit Rundholz, Stoffreste, Wolle, Watte, Bordüren, Knöpfe, Goldfolie, Plakatfarbe
Herstellung: Den Kopf (Styroporkugel oder Wölbung des Kochlöffels) mit den o. g. Materialien gestalten und das Rundholz in die Styroporkugel kleben. Einen Stoffrest als Kleid unterhalb der Kugel bzw. der Kelle festbinden und ankleben.

Spielhinweise zum Figurenspiel: Nachdem die Kinder eine gewählte Märchenfigur als Fingerpuppe, Tütenfigur oder Marotte hergestellt haben, können sie im freien Rollespiel mit oder ohne Puppenbühne agieren oder dazu einen Fingerspielreim sprechen (s. S. 90).

Märchenkulissen

Bei der Bühnen- und Kulissengestaltung sollten einfache reduzierte Formen und Materialien verwendet werden, die flexibel einsetzbar sind, um sie durch leichte Veränderungen bei verschiedenen Märchenstücken einzusetzen. Da die Kinder aktiv an der Bühnen- und Kulissengestaltung mitwirken sollen, müssen die Methoden und Techniken adäquat gewählt werden.

Beispiele:

- Mehrere große Waschmittelkartons nebeneinander eignen sich für fortlaufende Szenen im Figurentheater.
- Großer Papprahmen als Fenster/Spiegel/Webstuhl.
- An einer Wäscheleine/Schnur hängen nebeneinander, mit Wäscheklammern befestigt, große Bögen Packpapier oder Bettlaken, die ein Schloss o. Ä. darstellen.
- Wirtshaus, Tor, Schloss und Kutsche lassen sich aus Dachlatten, Rundholzstäben, Bambusstäben oder Besenstielen mit Tüchern und Pappe herstellen.

Märchenpantomime

Material: ein Korb mit Märchensymbolen, z. B. Schuh, goldene Kugel, Spiegel, Apfel etc.

Spielhinweis: Die Spielteilnehmer sitzen im Kreis. Der erste Spieler nimmt ein Requisit aus dem Korb. In einer kleinen pantomimischen Märchenszene präsentiert er den gewählten Gegenstand, während die übrigen Mitspieler raten, um welches Märchen es sich handelt.

Bei erfahrenen Mitspielern kann auf die Beigabe von Requisiten verzichtet werden, sodass nur durch die pantomimische Darstellung das Märchen erraten wird.

Märchenwelt legen

Material: Teppich, Tücher, Legematerialien, Märchenwolle, Figuren, Holzbausteine

Spielhinweis: Während oder nach der Märchenerzählung gestalten die Kinder ihre Märchenwelt im Rollenspiel, z. B. zu dem Märchen Dornröschen:

- Die Kinder bauen aus Holzbausteinen einen Schlossturm.
- Der Schlossturm wird mit Legemateralien geschmückt (Perlen, Muggelsteine, goldene Knöpfe etc.).
- Um den Turm werden Tücher, Wolle, Naturmaterialien gelegt.
- Die Kinder spielen mit Holzfiguren oder Playmobilfiguren das Märchen nach.

Karten-, Brett-, Würfel- und Zuordnungsspiele wie Memory, Domino oder Puzzlespiele, die Märchenmotive präsentieren, sind an bestimmte Spielregeln gebunden. Diese und andere so genannten *Tischsspiele* (z. B. *Sagaland* von Ravensburger) führen nur zum Spielerfolg, wenn die Regeln vor Spielbeginn festgelegt und im Spielverlauf genau eingehalten werden. Das Ziel der Regelspiele ist es fast immer, einen Sieger und Verlierer zu ermitteln. Den Spielreiz der Regelspiele erfassen Kinder erst ab etwa sieben Jahren, indem sie beginnen, persönlichen Spielerfolg zu genießen und den Misserfolg als Verlierer zu akzeptieren. Das Regelverständnis der Kindergartenkinder ist indes noch nicht ausgeprägt, dadurch führen Regelspiele mit Wettbewerbscharakter häufig nicht zum erwünschten positiven Spielerlebnis. Manchmal verändern Kinder oder Spielleiter die Spielregeln, sodass die vereinfachte Form doch zum Spielerfolg führt. Einfache Kartenspiele wie Quartett oder Schwarzer Peter sind für Kinder ab etwa 5 Jahren geeignet, da sie erst über das notwendige Handgeschick verfügen. Einen besonderen Spielreiz entfalten Zuordnungs-, Würfel- und Kartenspiele, wenn sie gemeinsam mit den Kindern selbst angefertigt werden, beispielsweise nach Märchenmotiven.
Die nachfolgende Spielauswahl ist so abgestimmt, dass die angebotenen Regeln variiert und dem jeweiligen Spielentwicklungsstand der Kinder angepasst werden können. Ebenso sind Herstellung und Spieldurchführung einfach gehalten, sodass sie auch für vierjährige Kinder interessant und attraktiv sind. Bei der Herstellung der Spielkarten und Spielpläne vertiefen und erweitern Kinder ihre Spielerfahrungen, gleichzeitig erwerben sie Kenntnisse über Märchen auf spielerische Weise. Darüber hinaus lernen die Kinder Farben, Formen, Zahlen kennen und trainieren einerseits kooperative Verhaltensweisen, aber auch den Umgang mit Frustration.

Hexe Trullala

Alter: ab 5 Jahre
Mitspieler/-innen: 2–5
Spielziel: Zunächst ist es ist gar nicht so einfach, den Spielkartenfächer in einer Hand zu halten, weitere Karten einzuordnen, es wird erst leichter, wenn die ersten Paare abgelegt worden sind. Ähnlich wie bei *Schwarzer Peter* entscheidet der Zufall, wer zum Schluss die *Hexe Trullala* ist. Die Verliererrolle wird durch das Tragen des Hutes aufgewertet.
Material: Tonpapier, Malstifte, selbstklebende Klarsichtfolie, Schere, bunte Krepppapierbänder, Heftklammern

Herstellung: 20 Karten (Tonpapier 7 x 9 cm) paarweise mit übereinstimmenden Märchenmotiven bemalen. Die Hexe Trullala (mit Hut) nur auf einer Karte abbilden. Die Spielkarten mit Klarsichtfolie beziehen (erhöhte Stabilität). Aus Tonpapier (Halbkreis 20 cm Ø) einen Hut formen und mit Heftklammern befestigen, mit bunten Krepppapierbänder dekorieren.
Spielregel: Zu Beginn des Spiel werden die vorhandenen Spielkarten gemischt und gleichmäßig zwischen den Mitspielern/innen verteilt. Der Jüngste beginnt. Nacheinander (im Uhrzeigersinn) ziehen sie nun eine beliebige Spielkarte bei dem Nachbarn und ordnen diese in den eigenen Kartenfächer. Wenn 2 Karten übereinstimmen, werden die sie aus dem Fächer genommen und offen abgelegt. Wer als Letzter die Karte *Hexe Trullala* besitzt, setzt den Hut auf und trägt ihn während der nächsten Spielrunde.

Linsen zählen

Alter: ab 4 Jahre
Mitspieler/-innen: 2–5
Spielziel: Die bewusste Atemtechnik bestimmt das Spielgeschehen. Erhöhter Spielreiz entsteht durch den Transport der kleine Linsen oder Papierschnipsel mit einem Trinkhalm.
Material: Eine Schale mit ca. 50 Linsen oder Seidenpapierschnipseln, pro Spieler ein Trinkhalm und eine leere Schale, Eieruhr
Spielregel: Die Linsen befinden sich in einer Schale in der Mitte, jeder Mitspieler hat eine leere Schale vor sich auf dem Tisch stehen. Der Älteste beginnt. Mit dem Trinkhalm eine Linse ansaugen und in die eigene Schale legen. Erst wenn eine Linse daneben fällt, ist der Nächste dran.
Variation: Zunächst die Eieruhr in Gang setzen, dann das Spiel starten. Jeder versucht, innerhalb der Zeit so viele Linsen wie möglich in seine Schale zu transportieren
Hinweis: Die verwendeten Linsen können später zu einem Linsengericht verarbeitet werden (Rezept s. S. 120).

Märchenverse würfeln

Alter: ab 6 Jahre
Mitspieler/-innen: 3–6
Spielziel: Märchenverse mit Hilfe des Märchenwürfels dichten.
Material: Symbolwürfel, mindestens 6 Bildkarten
Herstellung: Aus Zeichenkarton wird ein Bildwürfel hergestellt (Seitenlänge 5 cm). An Stelle der Würfelpunkte sind märchenhafte Symbole abgebildet, z. B. Krone, Zwerg, Schloss, Schuh, Ring, Apfel. Zu den abgebildeten Symbolen werden Bildkarten mit passenden Reimwörtern angefertigt.
Spielregel: Die Kinder würfeln, sprechen den Begriff laut, suchen die passende Bildkarte und bilden auf diese Weise selbstständig einen Reim, z. B.: *Zwerg – Berg.*

Es war einmal ein Zwerg,
der stieg auf einen Berg.

Variation: Mit drei verschiedenen Märchenbilderwürfel und zu den oben liegenden Bildern eine eigene Märchengeschichte erzählen.

Wer trägt eine goldene Krone

Alter: ab 5 Jahre
Mitspieler/-innen: max. 4
Spielziel: Detailliertes Märchenwissen und kooperatives Spielverhalten beeinflussen den Spielfluss und Spielreiz.
Material: Fotokarton, Farbstifte, Klarsichtfolie, Scheren
Herstellung: 4 Grundkarten (14 x 21 cm) aus Fotokarton herstellen, in 6 Felder aufteilen. In jedes Feld eine andere Märchenfigur malen (4 Grundkarten à 6 Felder = 24 Figuren). Anschließend auf 24 Einzelkarten (7 x 7 cm) ein typisches Detail aus dem Märchen der Figur aufmalen. Alle Karten mit Klarsichtfolie beziehen.
Spielverlauf: Jeder Spieler erhält eine Grundkarte, die Einzelkarten liegen gemischt in der Mitte auf einem Stapel. Der erste Spieler deckt die oberste Karte auf und fragt z. B.: *„Wer trägt die goldene Krone?“* Der Spieler, der die Figur auf seiner Grundkarte entdeckt, zu der die Krone gehört, bekommt die Einzelkarte und darf anschließend eine neue Karte vom Stapel aufdecken. Das Spiel endet, wenn alle Grundplatten mit den passenden Karten belegt sind.

Schnib-Schnab-Schabernack

Alter: ab 5 Jahre
Mitspieler/-innen: 2–6
Spielziel: Originelle Märchenfiguren zu kreieren.
Material: 15 Märchenfigurenkarten, jeweils zerschnitten in vier Teile, 1 Würfel
Herstellung: Die Märchenfigurenkarten werden aus Fotokarton ausgeschnitten: (45 Karten 3,5 x 13 cm, 15 Karten 7 x 13 cm). Jeweils 15 Karten erhalten Abbildungen von Kopfbedeckungen, Köpfen, Körpern und Füßen. Auf den Rückseiten der Karten werden die Würfelpunkte von 1–4 gemalt, wobei alle Kopfbedeckungen eine 1 bekommen, alle Köpfe eine 2 usw.
Spielregel: Die Karten werden nach Punktegruppen sortiert. Jeder der vier Stapel wird gut gemischt und mit dem Würfelbild nach oben in die Mitte des Tisches gelegt. Jetzt wird reihum gewürfelt. Zeigt der Würfel eine 1, so darf eine Karte vom ersten Stapel genommen werden, bei 2 vom zweiten und so fort. Wer eine 5 würfelt, muss eine Karte abgeben, bei einer 6 darf man sich von jedem Stapel eine Karte nehmen. Wenn alle Karten aufgebraucht sind, versucht jeder möglichst viele originelle Märchenfiguren zusammenzustellen.

Schneeflockentreiben

Alter: ab 4 Jahre
Mitspieler/-innen: 2–4
Spielziel: Schneeflocken sind leicht und tanzen mit der Luft. Mit der richtigen Atem- bzw. Pustetechnik werden die Schneeflocken in eine vorbestimmte Richtung geblasen.
Material: mehrere Wattebäuschchen, pro Spieler ein Trinkhalm, Tafelkreide
Spielregel: Auf die Tischfläche mit Kreide einen Kreis zeichnen und in gleich große Tortenstücke aufteilen (= Anzahl der Mitspieler). In der Tischmitte liegen Wattebäuschchen. Sie werden mit Hilfe des Trinkhalms von einem Tortenstück ins nächste gepustet und dürfen nicht über den Tischrand fallen. Gemeinsam überlegen die Spieler weitere Regeln, z. B. alle Bäuschchen in ein vorbestimmtes Tortenstück treiben.
Variation: Farbige Wattebäuschchen verwenden. Jedem Spieler wird eine Farbe zugeordnet, die er in ein markiertes Feld treibt. Wer zuerst seine Farbe im entsprechenden Feld hat, darf einem anderen Spieler helfen.

Verschwunden im Märchenland

Alter: ab 4 Jahre
Mitspieler/-innen:1–4
Spielziel: Im Märchenland sind die Hauptfiguren eines Märchens allein. Das Haus oder das Schloss, andere Menschen oder Tiere und weitere wichtige Dinge sind in einer Märchenschachtel verschwunden. Nach und nach tauchen alle Dinge wieder auf.
Material: Ein Spielplan in der Größe DIN A2 (Fotokarton), 20 Karten (je 5 x 5 cm) in einer Märchenschachtel mit Abbildungen aus 4 Märchen
Herstellung:
Märchenschachtel: s. S. 86
Spielplan: Vier Märchentitel auswählen und die 4 Spielfelder mit der passenden Hauptfigur gestalten.
Spielkarten: Zu jedem Märchentitel 5 Bilder anfertigen mit typischen Motiven (Figuren, Haus/Schloss, Gegenstände, Tiere)
Spielregel: Jedes Viertel des Spielplans zeigt eine andere Märchenhauptfigur. Ziel ist es, die fünf Dinge zu finden, die zu der Märchenfigur passen und sie dazuzulegen. Die Spielkarten liegen auf einem Stapel in der Märchenschachtel. Der jüngste Spieler beginnt, er nimmt die oberste Karte, beschreibt die Abbildung und ordnet sie dem entsprechenden Spielfeld zu. Das Spiel endet, wenn alle Bilder aus der Märchenschachtel am rechten Fleck liegen.

Zwerge ärgern sich nicht

Alter: ab 6 Jahre
Mitspieler/-innen: 2–4
Spielziel: Die Zwerge wandern auf dem Weg zwischen dem Bergwerk und ihrem Haus hin und her. Sie kommen erst zur Ruhe, wenn alle beisammen sind.
Material: Spielplan eines ausgedienten *Mensch ärgere dich nicht*, je 7 Tonpapierhalbkreise (Ø 5 cm) in den Farben: Rot, Blau, Grün, Gelb, Scheren, Klebstoff, Filzstifte, Wollreste, Gold-/Silberfolienreste, Tonpapier (in Rot/Blau/Grün/Gelb je 21 x 15 cm), Punktwürfel
Herstellung: Die Halbkreise zu Kegeln formen, zusammenkleben, Gesichter aufmalen, mit Wollresten verschönern. Den Spielplan mit den Gold-/Silberfolienreste ausschmücken und aus dem Tonpapier 4 Häuser falten und evtl. schmücken. Die Häuser auf die Zielfelder stellen.
Spielregel: Die Häuser und die Zwerge auf ihren Platz stellen. Jeder Spieler wählt eine Farbe, der Älteste würfelt zuerst. Der weitere Ablauf erfolgt wie bei dem bekannten Spiel *Mensch ärgere dich nicht*.

Vier gehören zusammen

Alter: ab 5 Jahre
Mitspieler/-innen: 2 und mehr
Spielziel: Die Spieler erkennen ausgewählte Märchentitel und können vier typische Symbole oder Figuren dem passenden Märchen richtig jeweils zuordnen.
Material: Tonpapier, Malstifte, selbstklebende Klarsichtfolie, Schere
Herstellung: Tonpapier in ca. 7 x 9 cm große Karten schneiden, insgesamt 20 Stück. Anschließend je 4 Karten (= Quartett) mit je unterschiedlichen Symbolen eines Märchens bemalen (z. B. Esel, Hund, Katze, Hahn = Die Bremer Stadtmusikanten) und das Quartett zusätzlich mit einem Farbpunkt markieren. Eine erhöhte Stabilität erhalten die Spielkarten, indem sie abschließend mit Klarsichtfolie bezogen werden.
Spielregel: Alle Karten werden an die Mitspieler verteilt. Jeder sortiert seine Karten und stellt fest, welche und wie viele Karten zu einem Quartett fehlen. Der jüngste Spieler beginnt und befragt nacheinander die Mitspieler, z. B.: *„Hast du eine Katze?“* Ist die Antwort *„Ja“,* bekommt er die entsprechende Karte und der nächste Spieler ist an der Reihe. Sobald jemand sein Quartett vervollständigt hat, legt er es ab und nennt den Titel des Märchens. Das Spiel endet, wenn alle Quartette abgelegt sind.

Schneewittchen[1]

Alter: ab 6 Jahre
Mitspieler/-innen: 2–7
Spielziel: Schneewittchen ist im Schloss der Stiefmutter eingesperrt. Die 7 Zwerge machen sich auf den Weg, Schneewittchen zu befreien. Sie nehmen allen Mut zusammen und machen sich auf den Weg, um über 7 Berge zu wandern, einen finsteren Wald zu durchqueren. Auf ihrem Weg müssen sie weitere Hindernisse überwinden.
Material: Spielplan (stabile Pappe 50 x 70 cm), 8 Papprollen, Naturmaterialien, Tonpapierreste, Kartons, Klebstoff, Scheren, Farben, Malstifte und weitere Materialien, die sich zur Gestaltung eignen, Punktwürfel
Herstellung: Auf den Spielplan eine Märchenwaldlandschaft bauen, wobei sich auf einer Seite der Ausgangspunkt der Zwerge befindet und auf der gegenüberliegenden Seite das Schloss. Zwischen beiden Standorten einen Weg durch Farbpunkte angelegen und die Richtung durch Pfeile anzeigen, die Hindernisse besonders markieren. (z. B. Bild eines durchgestrichenen Würfels = eine Runde aussetzen, um neue Kräfte zu sammeln). Den genauen Spielablauf (welche Hindernisse müssen die Zwerge überwinden, wie befreien sie Schneewittchen)

[1] *Spielidee: Sarah Goebel / Janine Tuga, Fachschule für Sozialpädagogik in Iserlohn*

während der Herstellung des Spielplans mit den Kindern gemeinsam entwickeln. 7 Zwerge und Schneewittchen aus den Papprollen herstellen.
Spielregel: Der jüngste Spieler würfelt zuerst und setzt seinen Zwerg entsprechend der gewürfelten Punkte. Im Uhrzeigersinn würfeln die Spieler nun nacheinander und achten gemeinsam auf das Einhalten der Spielregeln. Erst wenn alle Zwerge am Schloss angekommen sind, kann Schneewittchen befreit werden.

Wie heißt die Prinzessin?

Alter: ab 4 Jahre
Mitspieler/-innen: 1–6
Spielziel: Die Kinder erstellen von sich zwei Bilder mit zwei Identitäten: So sehe ich in der Realität aus, so sehe ich als Märchenheld aus. Auf die Frage: *Ob mich die Mitspieler erkennen?* gibt das Memoryspiel eine Antwort.
Material: Kamera, Fotokarton, selbstklebende Klarsichtfolie oder ein Laminiergerät
Herstellung: Kinder der Kindergruppe verkleiden sich als beliebige Märchenfigur. Die Kinder fotografieren sich gegenseitig mit und ohne Verkleidung (am einfachsten mit Polaroid- oder Digitalkamera). Anschließend die Fotos laminieren oder auf Tonpapier kleben, ausschneiden oder mit Folie beziehen.
Spielregel: Zu Beginn des Spiels liegen alle Karten gemischt wie beim Memory mit der Bildseite nach unten geordnet nebeneinander in der Mitte. Der älteste Spieler dreht nacheinander zwei Karten um (sodass sie von allen Beteiligten gesehen werden können), nennt die Namen der Kinder. Bilden beide Karten ein Paar, nimmt der Spieler die Karten an sich und dreht die nächsten 2 Karten herum. Stimmen die Fotokarten nicht überein, werden sie wieder umgedreht. Dann ist der nächste Spieler (im Uhrzeigersinn) dran. Wer am Schluss die meisten Kartenpaare besitzt, ist Gewinner. Das Spiel kann beliebig oft wiederholt werden.

Einige Karten- und Zuordnungsspiele, die im Handel erhältlich sind:

Sagaland, Ravensburger
Würfelspiel für 2–6 Spieler, ab 5 Jahren, Spieldauer ca. 30–60 Minuten.
Die Teilnehmer begeben sich auf die Suche nach wunderbaren und seltsamen Dingen, die im Wald von „Sagaland“ verborgen sind. Dabei gilt es, die Fragen des Königs zu beantworten.

Husch, husch, kleine Hexe, Schmid, Prien 1994
Farbwürfelspiel für 2–6 Spieler, ab 4 Jahren, Spieldauer ca. 15 Minuten.
Fünf Hexen haben sich unter großen Hüten versteckt. Welche Hexe steckt wo? Nur wer gut aufpasst und sich die Farben der Hexen merkt, kann eine davon ins Ziel bringen.
Ausgezeichnet mit dem Deutschen Kinderspielepreis 1994.

Hexentanz, Schmid
Brettspiel für 2–6 Spieler, ab 8 Jahren.
Dies ist eine Abwandlung von Mensch-ärgere-dich-nicht. Jeder Mitspieler hat vier Hexen, die er ins Ziel bringen muss. Zu dumm, dass man nicht sehen kann, welches die eigenen Hexen sind – die Farben sind nämlich nur zu erkennen, wenn man sich die Hexen von unten ansieht.

Hans im Glück (Meister, Heinz), Eching: Schmidt Spiele
Würfelspiel mit Memory-Effekt für 2–4 Spieler ab 6 Jahren, Spieldauer ca. 20 Minuten.
Auf einem Wegplan, bestehend aus 30 Bildkarten, wird die Spielfigur Hans bewegt. Hans im Glück ist, wer als Erster den Goldklumpen bis zum Mühlstein getauscht hat.

Sterntaler (Rüttinger, Johann), Otto Maier Verlag, Ravensburg, 1988
Würfelspiel für 2–4 Spieler von 3–6 Jahren.
Sterne fallen vom Himmel in die Schürze des Mädchens. Der Spieler, der die meisten Sterne in die Schürze des Mädchens fallen lassen kann, gewinnt.

Im Märchenwald (Nikisch, Markus), Adlung Spiele 2000
Kooperatives Kartenspiel für 1–8 Spieler, ab 5 Jahre, Spieldauer: 20–30 Minuten.
Die Spieler wollen gemeinsam die Prinzessin retten und helfen einander bei der Suche nach den 7 Märchengegenständen. Diese müssen zum Schloss gebracht werden, noch bevor die 7 Zwerge auftauchen.

Von Hunger, Speisen und Nahrungsmitteln wird in unterschiedlichen Märchen berichtet, z. B.: *Hänsel und Gretel, Rotkäppchen, Der dicke fette Pfannkuchen, Der süße Brei* u. a. m. Eine sehr sinnliche und auch kindgerechte Methode der aktiven Einstimmung auf ein bestimmtes Märchen oder zur späteren vertiefenden Auseinandersetzung bilden hauswirtschaftliche Tätigkeiten, hier insbesondere die Nahrungszubereitung. Kindergartenkinder können dabei einerseits spielerisch an planerischen und organisatorischen Überlegungen (z. B. Einkauf) beteiligt sein wie auch bei Vor- und Zubereitung einer typischen Märchen-Speise. Während der Speisenzubereitung können geeignete Märchenverse gesprochen werden und bei der gemeinsamen Mahlzeit erzählen die Kinder oder die Erzieherin das Märchen.

Hinweis: Um das selbstständige Erfassen von Rezepten zu ermöglichen, ist eine bildhafte Darstellung der Zutaten, Mengen und Arbeitsabläufe für „Nicht-Leser“ zu empfehlen.

Die nachstehenden Rezepte ergeben etwa 4–6 Portionen.
Maßeinheiten: EL = Esslöffel; TL = Teelöffel;
MSP = Messerspitze; 1 Tasse – ca. 200 ml

Apfelauflauf (Frau Holle) *leicht*

Zutaten:
4 Brötchen
3 Tassen (600 ml) Milch
1 Ei
1 MSP Salz
1 EL Butter
3–4 EL Zucker
2 EL ungeschwefelte Rosinen (waschen, trocknen)
3 Äpfel
Puderzucker

Zubereitung: Geschälte, entkernte Äpfel und Semmeln feinblättrig schneiden. Milch und Ei verquirlen und über die Semmeln geben. Eingeweichte Semmelscheiben in die gefettete Auflaufform geben, Apfelscheiben darauf legen, Zucker und Rosinen darüber streuen, abwechselnd einschichten, als letzte Schicht Semmelscheiben legen.

Butterflöckchen aufsetzen, mit dem restlichen Zucker bestreuen. Auf der unteren Schiene bei 200–225 °C etwa 45–60 Minuten backen. Vor dem Verzehr etwa auskühlen lassen und mit Puderzucker bestäuben.

Haferflockentaler (Die Sterntaler) *leicht*

Zutaten:
250 g kernige Haferflocken
125 g Butter
2 Eier
180 g Vollrohrzucker
1–2 Tassen Rosinen (gewaschen, getrocknet)
1 TL Backpulver
40–60 Backoblaten

Zubereitung: Butter zerlassen, Haferflocken einrühren, erkalten lassen. Eier und Vollrohrzucker schaumig rühren, Butter-Haferflockenmasse, Rosinen und Backpulver unterrühren. Den bröseligen Teig teelöffelweise auf die Backoblaten setzen, etwas zusammendrücken. Das erste Backblech auf die mittlere Schiene geben, bei 175 °C etwa 15–20 Minuten backen, die nächsten Bleche etwa 10–15 Minuten. Die noch weichen Haferflockentaler auskühlen lassen.

Hirsebrei (Der süße Brei) *leicht*

Zutaten:
200 g Hirse
1 l Milch
1 MSP Salz
2 MSP Zimtpulver
5 EL Ahornsirup oder Honig
1/8 l Sahne
Apfelmus oder anderen Fruchtmus
1 EL gehobelte Mandeln

Zubereitung: Milch zum Kochen bringen, die Hirse hineinstreuen. Salz und Zimt dazugeben und auf kleiner Flamme etwa 20 Minuten ausquellen lassen. Dann Sahne unterrühren und mit dem Ahornsirup oder Honig süßen und mit Mandeln und Fruchtmus servieren.

Linsensuppe (Aschenputtel) *leicht*

Zutaten:
250 g kleine Linsen (über Nacht in 1–2 l Wasser einweichen)
5 mittelgroße Kartoffeln
2 mittelgroße Möhren
1 Selleriestange
1 Porreestange
1 TL Salz
1 MSP Pfeffer
Obstessig nach Geschmack

Zubereitung: Kartoffeln, Möhren, Sellerie schälen und würfeln, Porree waschen, die äußere Schicht entfernen, die Stange in der Länge halbieren und in Streifen schneiden. Linsen mit dem Einweichwasser zum Kochen bringen, Kartoffeln, Suppengemüse, Salz und Pfeffer dazugeben, ca. 45 Minuten kochen, abschließend mit Obstessig abschmecken.
Variation: 2 Tassen Erbsen über Nacht einweichen, Kochzeit ca. 60 Minuten, ohne Essig.

Rapunzelsalat (Rapunzel) *mittel*

Zutaten:
500 g Feldsalat (auch Rapunzel genannt)
2 EL gehackte Walnüsse
1 Apfel
1 hart gekochtes Ei
4 EL Walnussöl
4 EL Apfelessig
etwas Zitronensaft, Sojasoße

Zubereitung: Möglichst großblättrigen Salat kaufen. Welke und braune Blätter entfernen. Stiele von den kleinen Stauden abschneiden. In ein Sieb geben, mit kaltem Wasser überbrausen und abtropfen lassen. In ein frisches Küchentuch geben, trocken schwenken (alternativ: Salatschleuder). Den Apfel schälen und in kleine Stifte schneiden, das Ei mit dem Eierschneider würfeln. Aus Walnussöl, Apfelessig, Zitronensaft und Sojasoße eine Marinade herstellen, über den Feldsalat mit den gehackten Walnüssen und Apfelwürfeln geben, alles gründlich, aber vorsichtig vermengen. Das gehackte Ei über den Salat streuen.

Schneller Märchenfrüchtetee *leicht*

Zutaten:
1 l Wasser
1 Aufgussbeutel Pfefferminztee
1 Aufgussbeutel Hagebuttentee
1 Aufgussbeutel Apfeltee
1 Aufgussbeutel Holundertee
2 EL Ahornsirup

Zubereitung: Das Wasser zum Kochen bringen und die Aufgussbeutel 5–10 Minuten ziehen lassen, den Ahornsirup einrühren.

Marmorkuchen (Rotkäppchen) *schwer*

Zutaten:
5 Eier
250 g Mehl
250 g Zucker
125 g Butter
2 EL Kakao
1 MSP Salz
(Fett zum Einfetten, Semmelbrösel zum Panieren der Backform)
Puderzucker

Zubereitung: Butter schaumig rühren. Zucker, Salz und Eier hinzufügen. Weiterrühren und das Mehl dazugeben. Napfform ausfetten und mit Semmelbrösel panieren. Die halbe Teigmenge einfüllen und verteilen. Die restliche Teigmenge mit dem Kakao verrühren, anschließend auf der hellen Teigmasse verteilen und einen Löffel vorsichtig durch beide Lagen ziehen. Die gefüllte Backform in den vorgeheizten Backofen (180 °C) auf die untere Schiene stellen, ca. 60 Minuten backen. Danach mit einem Holzstäbchen die Garprobe machen. Die Form stürzen und nach dem Abkühlen den Kuchen mit Puderzucker bestäuben.

Pfefferkuchenhäuschen (Hänsel und Gretel) *schwer*

Zutaten:
2 EL Butter
180 g Vollrohrzucker
2 Eier
375 g Weizenmehl
1/2 Päckchen Backpulver
2 EL Honig
Zitronenschale (gerieben, ungespritzt)
1 TL Zimt
1/4 TL Nelkenpulver
1 Paket Puderzucker
Zitronensaft
1/2 Tasse geschälte Mandeln
Rosinen, Haselnüsse

Zubereitung: Butter, Eier und Vollrohrzucker mit dem Handrührgerät schaumig rühren. Weizenmehl, Backpulver und die Gewürze unterrühren. Den Teig ausrollen und auf ein gefettetes, bemehltes Backblech legen. Bei 180 °C etwa 15–20 Minuten backen. Noch heiß auf dem Blech in Rechtecke schneiden (ca. 7 x 10 cm). Nach dem Auskühlen aus Puderzucker, Zitronensaft und etwas Wasser eine feste Zuckergussmasse herstellen. 2 Rechtecke mit Guss wie ein Dach zusammenkleben. Einen Bierdeckel (oder anderes Pappstück) in Alufolie wickeln und das Pfefferkuchendach darauf setzen (mit Zuckerguss), mit Mandeln, Rosinen, Haselnüssen verzieren.

Schneiderleins Pflaumenmus (Das tapfere Schneiderlein) *leicht*

Zutaten:
1 kg Pflaumen entsteint gewogen
350 g Gelierzucker
1 Stück Zimtstange oder Vanillestange

Zubereitung: Die gewaschenen, entsteinten Pflaumen gründlich zerkleinern. Mit dem Gelierzucker und dem Gewürz verrühren und zum Kochen bringen. Unter ständigem Rühren 15–20 Minuten kochen lassen. Das Gewürz entfernen und die heiße Musmasse in Gläser füllen.
Als Brotaufstrich oder als Beilage zum „Pfannkuchen".

Weißbrot (Frau Holle, Hänsel und Gretel) *schwer*

Zutaten:
500 g Weizenmehl
30 g frische Hefe
1 TL Zucker
2 EL Sonnenblumenöl
2 Tassen (400 ml) lauwarme Milch
für süßes Weißbrot zusätzlich:
1 Tasse ungeschwefelte Rosinen (waschen, trocknen)
1 EL Zucker
(Fett zum Einfetten, Semmelbrösel zum Panieren der Backform)

Zubereitung: Mehl in eine Schüssel geben, in die Mitte eine Vertiefung machen, fest drücken, Hefe in die Mitte bröseln, Zucker und 4 EL lauwarme Milch auf die Hefe geben. Mit Mehl bestäuben und zugedeckt etwa 30 Minuten treiben lassen. Wenn die Mehldecke reißt, die übrigen Zutaten an den Rand legen und mit einem Löffel oder der Hand von der Mitte aus vermengen, lauwarme Milch stetig nachgießen. Den fertigen Teig mit beiden Händen gründlich durchkneten (Tischplatte), wieder gehen lassen, anschließend mit Rosinen und Zucker wieder kräftig durchkneten. Eine Kastenform einfetten, mit Semmelbrösel panieren, den fertigen Teig einfüllen, in die Mitte des Teiges einen 1 cm tiefen Einschnitt schneiden. Auf der unteren Schiene bei 210–225 °C etwa 55–60 Minuten backen Das Brot ist fertig, wenn es beim Klopfen hohl klingt. Noch heiß mit etwas Wasser bestreichen.

Wunschpunsch *leicht*

Zutaten:
4 Tassen (800 ml) Wasser
2 EL Früchtetee (getrocknete Mischung)
1 TL Süßholz
1 Apfel
1 Orange

Zubereitung: Früchtetee, Süßholz mit sehr heißem Wasser übergießen, 5–10 Minuten ziehen lassen, durch ein Sieb in eine Kanne gießen. Apfel und Orange schälen, in kleine Stücke schneiden und in den warmen Punsch geben.

Zaubertrank *leicht*

Zutaten:
1 Bund frische Minze (kalt abspülen)
1 TL Anissamen
4 TL Traubenzucker
4 TL brauner Zucker
1 MSP Salz
1 Flasche Mineralwasser mit Kohlensäure

Zubereitung: 1/2 Flasche Mineralwasser zum Kochen bringen, die Minze mit dem Wasser übergießen und 10–15 Minuten zugedeckt ziehen lassen, Minze herausnehmen, Anis, Zucker, Salz einrühren, erkalten lassen, durch ein Sieb in eine Kanne gießen, kurz vor dem Verzehr mit dem restlichen Mineralwasser auffüllen, mit Minzeblättern garnieren.

Spielketten sind eine zielgerichtete Abfolge verschiedener, angeleiteter Spielformen, die durch eine Geschichte miteinander verbunden sind. Durch ihren hohen Aufforderungscharakter lassen sie den Teilnehmern Raum für Fantasie und Eigeninitiative. Spielketten werden dem Alter und der Gruppenstruktur angepasst, sie fördern Gemeinschaft, Kooperation, Vorstellungsvermögen, Körpergeschicklichkeit, Integration und ganzheitliche Spielerfahrung. Eingesetzt als Bewegungsgeschichte benötigen Spielketten ausreichend Platz, reichlich Zeit, geringe Materialvorbereitung sowie eine hohe Flexibilität der Teilnehmer und der Spielleiter.
Zu Beginn startet die Spielleiterin mit der Rahmengeschichte. Es folgen Begrüßungs-/Kontaktspiele zur Einstimmung. Abwechselnd werden ruhige/lebhafte Partner-/Gruppenspiele in die Geschichte eingebunden. Den Wendepunkt in der Geschichte und den Spannungshöhepunkt kennzeichnen Gestaltungs-, Großgruppen- oder Darstellungsspiele und zum Abschluss führen entspannende Simultanspiele. Märchen, die verschiedenartige Stationen und Handlungsstränge aufweisen, eignen sich vorzüglich für Spielketten.

Der Besuch bei Frau Holle

Bewegungsgeschichte

Alter:	ab 4 Jahre
Mitspieler/-innen:	12 Kinder
Spielzeit:	insgesamt ca. 45 Min.
Spielort:	Bewegungsraum
Material:	mindestens 12 Luftballons leicht aufblasen und mit Band an einer Leine mit einer Schleife befestigen, Kissenbezug, Betttuch, Goldfolie, Klebeband, Schere

1. Station

Ich möchte heute mit euch verreisen. Wohin? Wir reisen ins Märchenland zu Frau Holle. Das Märchenland liegt dort drüben, hinter dem großen See. Wie kommen wir über den großen See?

➪ Antworten der Kinder berücksichtigen.

Natürlich mit einem Ruderboot. Steigt ein! Und schon geht es los. Ich kenne ein Märchenlandlied, hört erst zu und singt dann mit:
(Melodie überliefert: Ich bin ein Musikante und komm aus Schwabenland oder nach einer selbstgewählten Melodie)

Spielleiterin: *Ich reise jetzt ins Märchenland und freue mich darauf.*
Alle: *Wir reisen jetzt ins Märchenland und freuen uns darauf.*
Spielleiterin: *Ich rudere ganz kräftig und das Boot wackelt heftig.*
Alle: *Wir rudern ganz kräftig und das Boot wackelt heftig.*

➪ Alle Teilnehmer sitzen mit gegrätschten Beinen hintereinander auf dem Boden, ruderartige Bewegungen ausführen, dabei den Oberkörper nach rechts und links wiegen.

2. Station

Wir sind angekommen. Ich glaube, wir müssen noch ein Stück gehen, bis zu der schönen Blumenwiese, singen wir:
Spielleiterin: *Ich gehe jetzt ins Märchenland und freue mich darauf.*
Alle: *Wir gehen jetzt ins Märchenland und freuen uns darauf.*
Spielleiterin: *Ich treffe ein Mädchen, das ist so freundlich.*
Alle: *Wir treffen ein Mädchen, das ist so freundlich.*
Begrüßen wir das freundliche Mädchen, im Märchenland macht man das so:

➪ Spielleiterin gibt eine Begrüßungsform vor, z. B. die Nase des anderen fassen, weitere Vorschläge der Kinder aufgreifen.

3. Station

Schleichen wir weiter über die grüne Wiese und singen:
Spielleiterin: *Ich schleiche jetzt ins Märchenland und freue mich darauf.*
Alle: *Wir schleichen jetzt ins Märchenland und freuen uns darauf.*
Spielleiterin: *Ich höre den Ofen, da liegt heißes Brot.*
Alle: *Wir hören den Ofen, da liegt heißes Brot.*
Wir helfen dem Backofen und ziehen das Brot vorsichtig heraus.

➪ Kinder stehen paarweise hintereinander, das hintere Kind umfasst die Hüfte des vordern und geht rückwärts, Rollenwechsel.

4. Station

So, das wäre geschafft, springen wir weiter und singen:
Spielleiterin: *Ich springe jetzt ins Märchenland und freue mich darauf.*
Alle: *Wir springen jetzt ins Märchenland und freuen uns darauf.*

➪ 12 leicht aufgeblasene Luftballons sind mit Band an einer gespannten Leine befestigt. Die Schleifen lösen und die Ballone in einem Kissenbezug sammeln, Bezug schließen.

Spielleiterin: *Ich höre den Baum, der hat reife Äpfel.*
Alle: *Wir hören den Baum, der hat reife Äpfel.*
Wir helfen dem Baum, pflücken die Äpfel und legen sie in den Sack.

5. Station

So, das wäre geschafft, laufen wir weiter und singen:
Spielleiterin: *Ich laufe jetzt ins Märchenland und freue mich darauf.*
Alle: *Wir laufen jetzt ins Märchenland und freuen uns darauf.*
Spielleiterin: *Da ist Frau Holle, sie schüttelt die Betten.*
Alle: *Da ist Frau Holle, sie schüttelt die Betten.*

➪ Das Ballonkissen wird von Kind zu Kind geworfen und dabei geschüttelt.

6. Station

So, das wäre geschafft, tanzen wir weiter und singen:
Spielleiterin: *Ich tanze jetzt ins Märchenland und freue mich darauf.*
Alle: *Wir tanzen jetzt ins Märchenland und freuen uns darauf.*
Vorsängerin: *Ich helfe fleißig, es fliegen Federn.*
Alle: *Wir helfen fleißig, es fliegen Federn.*

➪ Das Kissen über einem Betttuch öffnen, das Tuch an allen Seiten anfassen und die Ballone auf dem Tuch vorsichtig hüpfen lassen, danach gegenseitig 1 Ballon ans Handgelenk knoten.

7. Station

So, das wäre geschafft, hüpfen wir weiter und singen:
Spielleiterin: *Ich hüpfe jetzt ins Märchenland und freue mich darauf.*
Alle: *Wir hüpfen jetzt ins Märchenland und freuen uns darauf.*
Spielleiterin: *Goldregen fällt und bleibt kleben.*
Alle: *Goldregen fällt und bleibt kleben.*

➪ Aus Goldfolie einen Kreis schneiden und mit doppelseitigem Klebeband an die Kleidung heften

8. Station

Das war unser Besuch bei Frau Holle im Märchenland. Es ist spät geworden, wir fliegen nun mit dem Flugzeug zurück und singen:
Spielleiterin: *Jetzt fliege ich nach Hause und freue mich darauf.*
Alle: *Jetzt fliegen wir nach Hause und freuen uns darauf.*

➪ Die Spielgruppe geht mit ausgebreiteten Armen und singt.

Spielleiterin spricht:	*Der Hahn auf dem Tor kräht: Kikeriki, sind alle Kinder wieder hier?*	➪ Stehen bleiben und laut krähen.
Alle rufen:	*Ja!*	
Sprechen:	*1, 2 leg ein Ei* *3, 4 schenk es mir* *5, 6 kleine Hex'* *7, 8 gute Nacht* *9, 10 wir müssen gehen* *11, 12 kommen die Wölf.*	➪ Kinder stellen sich paarweise auf und sprechen den Abzählvers. *(Ballon und Goldtaler dürfen die Kinder ggf. als Erinnerung behalten.)*

An der Hand in das Märchenland[1]

Fantasiereise

Mitspieler/-innen: 12–15
Alter: ab 5 Jahre
Material: Kassettenrecorder, Meditationsmusik
Spielhinweise: Folgende Märchen sollten den Teilnehmern bekannt sein: *Frau Holle, Froschkönig, Aschenputtel, Hänsel und Gretel, Rotkäppchen.* Die Fantasiereise sollte in einem ausreichend großen Raum stattfinden. Die Teilnehmer liegen, normal gekleidet, auf Matten oder weichen Unterlagen. Die Meditationsmusik wird leiser, wenn die Erzählerin mit der Geschichte startet. Sie spricht langsam, in beruhigender Tonlage und beobachtet die Teilnehmer. An den markierten Stellen erfüllt sie die Hinweise.

(Leise Meditationsmusik)
Leg dich hin und entspann dich auf deiner Decke. Spüre, wie du mit deinem ganzen Körper Kontakt mit der Decke hast. Schließe deine Augen und atme tief ein und aus. Bei jedem Atemzug fühlst du dich wohler.
(kleine Pause)
Schau mal, siehst du vor deinen Augen auch einen Sternenhimmel? Die funkelnden Sterne gehören zum Märchenland.
(kleine Pause)
Komm, lass uns gemeinsam einen kleinen Ausflug dorthin machen, wir gehen gemeinsam. Sieh nur, in der Ferne ist etwas, bleib ruhig liegen, atme ein und aus und warte ab.
(kleine Pause)
Hörst du auch diesen Gesang? Eine wunderschöne Melodie liegt in der Luft. Es klingt, als ob tausend Feen singen, je näher wir kommen, desto klarer hörst du den Gesang.
(kleine Pause)
Vor dir siehst du ein großes goldenes Tor, sollen wir hindurchgehen?

[1] *von: Jenny Behrendt / Yvonne Fiedler / Svenja Franck, Fachschule für Sozialpädagogik, Iserlohn 2002*

Das Tor führt dich in das Märchenland, schau dich erst einmal ein wenig um. Es ist wunderschön hier, du kannst viele Dinge sehen, hören und auch riechen. Die Luft ist mit Blütenduft durchtränkt. Lass dir Zeit, betrachte alles genau.
(kleine Pause)
Siehst du den Brunnen dort? Der Froschkönig ist auch da. Er spielt mit der goldenen Kugel.
Du gehst näher heran, um ihm dabei zuzusehen. Als du in den Brunnen schaust, siehst du einen Baum. Da du neugierig bist, stellst du dich auf den Brunnenrand und springst hinein.
(kleine Pause)
Du landest auf einer schönen Wiese und der Baum fängt an zu sprechen, er sagt dir, dass er geschüttelt werden möchte. Du siehst viele rote Äpfel, die alle schon überreif sind, und befreist ihn schließlich von seiner Last.
Einen Apfel steckst du ein und gehst weiter auf der schönen Blumenwiese.
Die Blumen duften wundervoll, nimm eine Nase davon, atme tief ein.
(kleine Pause)
Etwas weiter siehst du sieben Berge. Schnell rennst du dorthin, um zu sehen, was dort los ist. Du siehst, wie sieben Zwerge aus den Bergen singend von ihrer Arbeit kommen. Du hörst ihren Liedern zu und folgst ihnen, bis du an ihr Haus kommst. Dort siehst du Schneewittchen, die dir winkt.
Gerne würdest du noch bleiben, aber es gibt noch so viel, das du noch nicht gesehen hast.
(kleine Pause)
Du kommst schließlich an einen Wald. Die Luft ist voll mit leckerem Lebkuchenduft. Du atmest tief ein. Vom Duft beflügelt gehst du tiefer in den Wald, bis du zu einem Haus völlig aus Lebkuchen kommst.
(kleine Pause)
Du bist jedoch nicht allein. Du siehst, wie zwei Kinder an dem Haus knabbern, als plötzlich eine Hexe aus dem Haus kommt. Lauf schnell weg, damit sie dich nicht erwischt.
(kleine Pause)
Nach einiger Zeit fühlst du dich sicher und machst eine kleine Pause. Erhol dich erst einmal von dem Schreck, atme tief durch.
(kleine Pause)
Nachdem du einige Male tief durchgeatmet hast, siehst du ein Mädchen. Sie hat ein rotes Kopftuch um und einen Korb voller leckerer Sachen. Das Mädchen sieht aus, als ob es in Eile ist, also gehst du weiter.
Nach einer Weile kommst du aus dem Wald heraus und du siehst eine wunderschöne goldene Kutsche mit vier weißen Pferden davor.
(kleine Pause)
Du bist müde und willst fragen, ob du ein Stück mitfahren darfst. In der Kutsche sitzt ein wunderschönes Mädchen. Sie gestattet es. Auf der Fahrt betrachtest du das Mädchen genau, es hat ein wunderschönes Kleid an und goldene Schuhe. Du fragst, wohin sie reist, und sie

berichtet dir von einem großen Ball im Schloss des Königs. Ihr fahrt auf einen riesigen Schlosshof und steigt aus. Durch die offenen Türen kannst du schon die Festmusik hören.
(kleine Pause)
Du gehst einige Stufen hinauf und dort auf dem Fest siehst du plötzlich viele bekannte Gesichter wieder, sogar der Froschkönig ist da.
Du bist jetzt schon sehr müde und möchtest wieder nach Hause. Der Froschkönig begleitet dich zurück zum goldenen Tor, wo ich bereits auf dich warte. Gemeinsam gehen wir hindurch und machen uns auf den Heimweg. Atme noch einmal die schöne Luft tief ein und schon sind wir zu Hause.
(kleine Pause)
Öffne nun deine Augen, strecke deine Arme in die Luft und bewege deine Beine. Recke und strecke dich.

Waldfee Waldtraut und die sieben Aufgaben

Eine Fotorallye im Wald

Alter: ab 5 Jahre
Mitspieler/-innen: 12 Kinder
Spielleitung: 2
Spielzeit: ca. 2 Stunden
Spielort: Waldgelände
Material: Wichtelbrief; Wichtelwaldkarte mit 7 Fotos
Vor der Waldrallye werden folgende Gegenstände an den entsprechenden Stellen deponiert oder vorbereitet: Karton als Schatzkästchen mit 12 „Zaubergaben", ein Beutel Ton, Hochsitzverkleidung (vorher Genehmigung beim zuständigen Förster einholen), Getränke, Gebäck, Obst, „magisches Feld" (s. 2. und 6. Aufgabe) herstellen. Die begleitende Spielleiterin nimmt Wolle oder Bast für die Zauberstäbe mit. Die zweite Spielleiterin übernimmt die Rollen des Zauberers und der Waldfee (ggf. mit Verkleidung).

Eine Spielleiterin liest den teilnehmenden Kindern einen Brief vor, den sie draußen vor dem Kindergarten gefunden hat:
Liebe Menschlein,
In unserem Wichtelwald hinter den sieben Wichtelbergen ist etwas ganz Fürchterliches passiert. Der böse Zauberer Fliegenpilz hat unsere gute Waldfee Waldtraut gefangen genommen. Wir können Waldtraut nur befreien, wenn wir sieben schwere Aufgaben lösen. Ohne eure

➪ Einige Tage vor der Rallye werden sieben markante Stellen in einem abgegrenzten Waldstück fotografiert, die Fotos in die Wichtelwaldkarte eingeklebt und die sieben Aufgaben (auf Steinen, Rinde oder Papier schriftlich fixiert) an den entsprechenden Stellen versteckt. Die Kinder können anhand der Fotos in Begleitung der Spielleiterin die Verstecke selbstständig

Hilfe schaffen wir das aber nicht, denn auch die 12 Baumgeister sind verschwunden. Bitte helft uns! Euer verzweifelter Wichtel Willi.
Fast hätte ich es vergessen. Die sieben Aufgaben sind im Wichtelwald versteckt. Ihr findet sie schneller, wenn ihr euch die Wichtelwaldkarte genau anseht. Aber hütet euch vor Fliegenpilz.

auffinden. Haben die Kinder die Aufgaben gefunden, werden sie von der Spielleiterin vorgelesen. Außerdem unterstützt sie die Kinder bei der Durchführung.

1. Aufgabe

Eine Waldfee aus dem Zauberbann eines Zauberers zu befreien, gelingt nur dem, der selbst Zauberkraft besitzt. Um Zauberkraft zu erlangen, muss jeder von euch einen Waldzauberhut tragen.

➪ Die Kinder suchen glattrandige Laubblätter und Kiefernnadeln, legen die Blätter kreisförmig übereinander, sodass eine Kiefernadel jeweils zwei Blätter durchsticht und verbindet.

2. Aufgabe

Ihr habt Waldtrauts Schatzkästchen mit den 12 Zaubergaben gefunden. Wenn ihr wisst, wie die Zaubergaben heißen, ohne in das Schatzkästchen hineinzuschauen, dann seid ihr im Besitz weiterer Zauberkräfte.

➪ In einem „goldenen" Karton befinden sich 12 Gegenstände (ggfs. vergoldet), z. B. Kiefernzapfen, Kastanie, Eichel, Tannenzapfen, Haselnuss, Walnuss, Schneckenhaus, (Edel-) Stein, Feder, Bucheckernhülse, Schlüssel. Durch Tasten werden die Gegenstände erraten. Jedes Kind darf die von ihm erratene Zaubergabe behalten.

3. Aufgabe

Ihr besitzt schon viele Zauberkräfte, aber etwas ganz Wichtiges fehlt euch noch: ein Zauberstab. Es darf aber kein gewöhnlicher Zauberstab sein, sondern nur ein Waldzauberstab. Nur mit Hilfe eines Waldzauberstabs findet ihr die Waldfee Waldtraut.

➪ Jedes Kind sucht sich einen Ast und umwickelt ihn individuell mit farbiger Wolle oder Bast.

4. Aufgabe

Eure Zauberkräfte haben noch nicht gereicht. Ihr seid im Zauberbann von Zauberer Fliegenpilz. Ihr könnt euch nur befreien, wenn ihr mindestens drei Märchenrätsel löst.

➪ Die 4. Aufgabe sollte in der Nähe eines Buschwerkes angebracht sein, da sich hier die zweite Spielleiterin als Zauberer versteckt hält und den Kindern Märchenrätsel stellt (Märchenrätsel s. S. 102).

5. Aufgabe

Zauberer Fliegenpilz hält Waldtraut noch immer in seinem Turm gefangen. Sie zu finden, ist sehr schwer. Denn vor lauter Angst haben sich alle Wichtel versteckt und die 12 guten Baumgeister sind verschwunden. Auch sie können euch nicht den Weg zum Zauberturm zeigen. Vielleicht schafft ihr es ja mit euren Zauberhänden, die 12 Baumgeister wieder herbeizuzaubern?

➪ Jedes Kind fertigt aus Ton und umliegenden Materialien einen Baumgeist, indem es Tonstückchen in die Rinde eines Baumes heftet und Augen, Nase, Mund und Haare aus Waldmaterialien hineindrückt. Anschließend schwingt jedes Kind seinen Zauberstab und spricht folgenden Zauberspruch, wobei jeder seinem Baumgeist einen Fantasienamen gibt, z. B.: „Hokus pokus eins, zwei, drei, Baumgeist Waldehopf ist wieder frei."

6. Aufgabe

Mit eurer Hilfe konnten die Baumgeister zurückkehren und euch den Weg zum Zauberturm zeigen. Um aber nun in den Zauberturm zu gelangen, müsst ihr die Zaubergaben der Waldfee auf die passenden magischen Felder legen.

➪ In der Nähe des Turmes ist auf dem Waldboden ein „magisches" Feld aufgezeichnet mit 12 Kästchen. In jedem Kästchen befinden sich Gegenstände bzw. Abbildungen, die zu den o. g. Zaubergaben passen, z. B. Tannenzapfen – Tannenzweig, Edelstein – Ring u. s. w. Die Kinder legen ihre Zaubergabe auf das entsprechende Kästchen.

7. Aufgabe

Nun ist nur noch die letzte, die siebte Aufgabe zu lösen. Sprecht jeder einen Zauberspruch. Erst dann lässt Zauberer Fliegenpilz die Waldfee Waldtraut wieder frei.

➪ Der Zauberturm ist ein Hochsitz im Wald, der im unteren Bereich mit Zweigen, Laub oder Tarnnetzen zugehangen wird, damit er nicht einsehbar ist. Drinnen sitzt die Waldfee (2. Spielleiterin). Die Kinder stellen sich vor den Turm und sprechen nacheinander ihre selbst erdachten Zaubersprüche.

Zum Abschluss spielen die Kinder das Liedspiel „Es war einmal ein Turm" (Text passend ändern), wobei der untere verdeckte Teil des Hochsitzes von den Kindern freigeräumt wird. Danach lädt die Waldfee alle zu einem kleinen Imbiss ein.

In der Wahrnehmung und Einschätzung von Märchen sind auffällige Unterschiede zwischen Eltern und Kindern festzustellen. Erwachsene gehen oft davon aus, dass Kinder durch Märchenkonsum Schaden nehmen können, besonders wenn Grausamkeiten geschildert werden. Sie betrachten in erster Linie die moralisch-erzieherischen Perspektiven und erwarten manchmal Hilfestellungen von den Erzieherinnen der Kindertageseinrichtungen. Kinder dagegen, wenn sie die Märchen für sich als Unterhaltungsliteratur entdeckt haben, genießen die Atmosphäre des Vorlesens und Erzählens und lassen sich bei der Auswahl und Bestimmung von Lieblingsmärchen von ihren individuellen Interessen, Bedürfnissen und Gefühlen leiten. In zahlreichen Tageseinrichtungen werden im Jahresablauf Märchenprojekte oder Märchenwochen durchgeführt, bei denen die Hilfe von Eltern oder Großeltern erwünscht ist. Und in Erinnerung an die eigene Kinder- und Märchenzeit gelingt es interessierten Eltern dann, sich erneut auf die zauberhafte Märchenwelt einzulassen, jetzt allerdings in Begleitung ihrer Kinder.

Märchenspielaktionen sind abwechslungsreich, vermitteln ganzheitliche Spielerlebnisse und kommen den Spielinteressen von Kindergartenkindern entgegen, insbesondere als Spielkette (eine Folge mehrerer Spiele sind in eine Rahmenhandlung eingebunden) oder Stationenspiel (verschiedene themengebundene Spiele werden an unterschiedlichen Spielorten, in beliebiger Reihenfolge durchgeführt) oder auch als Fantasiereise. Märchenspielaktionen werden immer auf die jeweilige Kindergruppe abgestimmt und können ein einzelnes Märchen oder mehrere Märchen umfassen. Sie eignen sich gut für Spielfeste, bei denen z.B. auch das Wohnumfeld einbezogen ist. Märchenspielaktionen sind zeitaufwändig und benötigen zur intensiven Planung, Organisation sowie zur reibungslosen Durchführung mehrere Spielhelfer. Sie vermitteln allen Beteiligten fantasieanregende, umfassende, vielseitige Märchenerlebnisse.

Nachfolgend zwei erfolgreich ausgeführte Beispiele (weiteres nachahmenswertes Beispiel: Kudsi, Barbara: An der Hand ins Märchenland, in kindergarten heute: 2/2001).

Welches Märchen kann ich meinem Kind vorlesen

Themen-Elternabend ohne Kinder

<table>
<tr><th>Ablauf</th><th colspan="2">Organisation und Inhalte</th></tr>
<tr><td>Zielsetzung</td><td colspan="2">■ Märchenerinnerungen
■ Was Märchen Kindern bieten
■ Kriterien für die Auswahl von Märchen</td></tr>
<tr><td rowspan="5">Vorbereitung</td><td>Termin
Zeit/Dauer
Ort</td><td>– Dienstag: 22. Oktober 2002
– 19.30–21.00 Uhr
– Eingangshalle</td></tr>
<tr><td>Teilnehmer</td><td>– Eltern, Leitung der Einrichtung, Mitarbeiterinnen</td></tr>
<tr><td>Einladung
Text/Gestaltung</td><td>– Doppelkarte DIN A5 aus Tonpapier,
– Thema, Termin, Zeit/Dauer, Ort, Teilnahme-Kupon
– Kindern dekorieren die Einladung mit Sternen, Kronen und anderen Märchensymbolen aus verschiedenen Materialien</td></tr>
<tr><td>Raum-
gestaltung</td><td>Atmosphäre schaffen:
– Brennende Teelichter säumen den Weg bis zum Sitzkreis,
– Sitzgelegenheiten (Stühle, Kissen etc.) für alle Teilnehmer
– weitere Teelichter und Duftkerzen im abgedunkelten Raum
– in der Mitte des Sitzkreises auf einem Tuch liegt ein alter Märchenkoffer, gefüllt mit Gegenständen aus allerlei Märchen
– weitere Märchensymbole als Raumdekoration
– Märchenfrüchtetee (s. S. 122) & Teegläser stehen bereit</td></tr>
<tr><td>Thesenpapier</td><td>Erstellt von den Mitarbeiterinnen
Wichtige inhaltliche Aussagen zum Thema zusammenfassen. Neben dem Text Schablonen von Märchensymbolen anbringen, die Kinder können sie ausmalen und die Märchen raten (s. unten).</td></tr>
</table>

Ausführung	**Begrüßung**	*Begrüßung durch die teilnehmenden Erzieherinnen* – persönliche Begrüßung durch die Mitarbeiter der Kita – sind alle anwesend, kurze Vorstellungsrunde – Hinweis auf den von Kindern zubereiteten Märchenfrüchtetee (s. S. 112)
	Themen-übersicht	*Hinweise durch die Veranstaltungsleiterin* – An welche Märchen erinnere ich mich? Gründe? – Was bieten Märchen den Kindern? Wirkungen! – *Welches Märchen für welches Kind? Auswahlkriterien!*
	Motivation	*Vorlesen des Märchen Allerlei* (s. S. 96) – Wie viele Märchen haben Sie erkannt? (20) Welche? – Welche Märchenreime kennen Sie auswendig? – Sortieren Sie gemeinsam das Märchenreim-Memory! (s. unten) – Ordnen Sie Gegenstände aus dem Märchenkoffer den Sprüchen zu! *Welche Erinnerungen verbinden Sie mit diesen Märchen?*
	Vortrag und Diskussion	Schwerpunkt 1: Was bieten Märchen den Kindern von heute? Identifikationsfiguren, Modelle zur Konfliktlösung, kennen lernen von Normen und Werten, Möglichkeit der emotionalen Entwicklung (eigene Gefühle zu projizieren), Hinweise auf eigene Ängste und Probleme, Stärkung der Ich-Identität (auch in schwierigen Situationen), Förderung von Fantasie, Kreativität, Sprache/Wortschatz, kennen lernen vergangener Zeiten und anderer Kulturen. Schwerpunkt 2: Welches Märchen für welches Kind? Alter, Entwicklungsstand des Kindes, seine Interessen und Bedürfnisse berücksichtigen. Den Schwierigkeitsgrad, Aufbau und Länge des Märchens beachten: Ein-Motiv-Märchen ab etwa 4 Jahren, Ketten-Märchen ab etwa 5 Jahren, Schachtelmärchen ab etwa 6 Jahren, Helden-Märchen ab etwa 7 Jahren (s. S. 38).

Ausführung	**Abschluss und Verab-schiedung**	– verteilen des Thesenpapiers – Feed-back zum Ablauf und zum Inhalt – Märchen erzählen/vorlesen, z. B.: *Die Sterntaler* oder *Der süße Brei* (s. S. 161 und 173)
Auswertung	Reflexion im Teamgespräch (am nächsten Tag) Zielsetzung, Vorbereitung, Ablauf, Konsequenzen	

Märchenreim-Memory

Was gehört zusammen? Wie heißt das Märchen?

Was rumpelt und pumpelt in meinem Bauch herum?	*Ich mein, es wären 6 Geißlein, so sind's lauter Wackerstein*
Ei, Großmutter, was hast du für große Ohren?	*Damit ich dich besser hören kann!*
Knusper, knusper knäuschen, wer knuspert an meinem Häuschen?	*Der Wind, der Wind, das himmlische Kind!*
Spieglein, Spieglein an der Wand, wer ist die Schönste im ganzen Land?	*Frau Königin, ihr seid die Schönste im Land.*
Bäumchen rüttel dich, Bäumchen schüttel dich,	*wirf Gold und Silber über mich!*
Die Guten ins Töpfchen,	*die Schlechten ins Kröpfchen!*
Ich bin so satt,	*ich mag kein Blatt, meh, meh, meh!*
Kikerikiki,	*unsere goldene Jungfrau ist wieder hie!*
Kikerikiki,	*unsere schmutzige Jungfrau ist wieder hie!*
Heute back ich, morgen brau ich, über- morgen hole ich der Königin ihr Kind,	*ach, wie gut, dass niemand weiß, dass ich Rumpelstilzchen heiß!*
Rucke di gu, rucke di gu, Blut ist im Schuh,	*der Schuh ist zu klein, die rechte Braut sitzt noch daheim.*

Thesenpapier

1. Eigenart der Märchen

- *Märchen spiegeln symbolhaft das Zusammenleben der Menschen.*
- *In der Märchenwelt ist alles möglich.*
- *Märchen verfügen über besondere Stilmittel (z. B. Eingangs- / Schlussformel).*
- *Märchen befassen sich hauptsächlich mit den Themen: Liebe-Angst-Tod und beschreiben deren vielschichtige Erscheinungsformen.*

2. Was Märchen Kindern bieten

- *Märchen können Freude, Befriedigung, emotionale Sicherheit verschaffen.*
- *Märchen können bei der Bewältigung innerer Konflikte und Ängste helfen.*
- *Märchen können den Aufbau moralischer Haltungen unterstützen.*
- *Kinder identifizieren sich mit den guten Märchenfiguren.*
- *Kinder genießen die Erzähl- / Vorlesesituation.*
- *Mit Märchen kann man sich auf vielseitige Weise spielerisch beschäftigen.*

3. Kriterien für die Auswahl von Märchen

- *Nicht jedes Märchen ist für jedes Kind geeignet:*
- *ab 3 / 4 Jahren ⇨ Ein-Motiv-Märchen (z. B. Der süße Brei)*
- *ab 4 / 5 Jahren ⇨ Ketten-Märchen (z. B. Rotkäppchen)*
- *ab 5 / 6 Jahren ⇨ Schachtel-Märchen (z. B. Frau Holle)*
- *ab 6 / 7 Jahren ⇨ Helden-Märchen (z. B. Die Bremer Stadtmusikanten)*

4. Literaturliste

Im Märchenzauberland

Eine Spielaktion mit Kindern und Eltern

Alter: ab 5 Jahre
Mitspieler: ca. 15 Kinder und deren Eltern
Spielleitung/Helfer: pro Spielstation 1 Helfer
Spielzeit: insgesamt ca. 120 Min.
Spielort: Räume im Kindergarten

Spielstationen	Spiele	Hinweise/Material
Begrüßung Hinweise zum Ablauf durch die Spielleitung	1. Spielleitung und Helfer tragen Kronen aus Tonpapier. Alle Tcilnehmer stellen sich zu Beginn ebenfalls eine Krone her. 2. An jeder Spielstation befinden sich Symbole, als Spielnachweis auf die Krone kleben. 3. An jeder Station befindet sich mindestens ein Helfer	An den Enden gelochte **Tonpapierstreifen**, durch die Löcher **Kordelgummiband** knoten. **Spielsymbol:** Sterne in sieben verschiedenen Farben aus selbstklebender Folie.
1. Station (rot) Märchencafe	*Hafertaler* *Marmorkuchen* *Weißbrot* *Zaubertrank*	Rezepte Seite 119–125 Die **Speisen** und **Getränke** am Vortag mit den interessierten Kindern und Eltern zubereiten.
2. Station (gelb) Gestaltungsspiel	*Zauberstab* *Zaubertüte*	Seite 88 und 89
3. Station (grün) Brettspiele	*Schnib-Schnab-Schabernack* *Linsen zählen*	Seite 111 und 113
4. Station (blau) Märchenzelt	*Hörmalmärchen*	Ein **Zelt** (o. Ä.) mit märchenhafter Atmosphäre und bequemen **Sitzgelegenheiten.** Ein (wechselnder) Erzähler sitzt auf dem **Märchenthron** (Seite 86) und erzählt ein Märchen.

5. Station (rosa) Bewegungs-spiele	*Prinzessin, liebe Prinzessin, mein König, wie weht deine Fahne*	Seite 82
6. Station (lila) Fingerspiele	*Verzauberte Finger* *Zwerg Links und Zwerg Rechts*	Seite 94 und 95
7. Station (braun) Rätsel	*Märchen-Rätselreime*	Seite: 102 f., Rätselreime auf Kassetten sprechen (2 Recorder), Antworten liegen als Bildkarten offen, Spieler hören per Kopfhörer das Rätsel und drehen die richtige Bildkarte um, bis alle Bildkarten umgedreht und alle Rätsel gelöst sind.
Abschluss & Verabschiedung durch die Spielleitung		

Im Schlummerland

Ein mediales Stationenspiel

Alter: ab 5–6 Jahre
Mitspieler/-innen: 6 Kinder
Spielzeit: ca. 2 Stunden (durch den Verzicht einzelner Spielsequenzen ist das mediale Stationenspiel auch in kürzerer Zeit durchführbar)
Spielort: großer Raum
Material: Computer mit CD-ROM: *Das Traumfresserchen* (s. Computerspiel-Märchen S. 64); selbst hergestelltes Brettspiel: *Wo steckt Schlafittchen*? (s. 1. Spielstation) mit 6 Spielfiguren und 1 Würfel; 6 Trinkhalme; 6 Teesorten in Bechern, z. B. Fenchel, Kamille, Pfefferminz, Salbei, Hagebutte, Melisse mit den dazu gehörenden Kräutern bzw. Früchten; 12 Pappkreise, bunte Wolle, 6 dicke Stopfnadeln, Scheren

Spielverlauf: Das mediale Stationenspiel verbindet virtuelles Märchenerleben am PC mit aktiven Spielhandlungen. In der Auseinandersetzung mit magischen und realen Spielwelten sammeln die Kinder gleichzeitig die ersten Erfahrungen im Umgang mit einem Computer.

Die CD-ROM basiert auf der Buchvorlage von Michael Ende/Annegret Fuchshuber und erzählt das Märchen von Prinzessin Schlafittchen, die nachts nicht schlafen kann, weil sie von bösen Träumen geplagt wird. Verschiedene Anklicksymbole, die zu Anfang der Geschichte durch den König erklärt werden, ermöglichen Animationen, Pausen oder Vor- und Rücklauf des Märchens. Sechs Kinder verfolgen das Märchen an einem Bildschirm und wechseln sich bei jeder Szene an der Maus ab. Fordert die Spielleiterin die Kinder auf, das Symbol *„Stuhl“* anzuklicken, erfolgt eine Standbildpause, in der die Kinder sich an eine Spielstation begeben bzw. eine Spielaktion durchführen. Um einen harmonischen Spielfluss zu gewährleisten, verbindet die Spielleiterin das Spiel am PC und die aktive Spielstation mit einer Erzählung, die sich an der Märchenhandlung orientiert.

Mediale Szenerie	Spielstationen
1. Pausenstopp Szenenbild: Schlummerland	**Brettspiel: *Wo steckt Schlafittchen?*** Spielregel: Auf dem Spielfeld ist ein gewundener Weg zum Schloss mit ca. 70 Setzpunkten abgebildet. 7 Türme (Toilettenrollen mit Spitzdach), in deren unteren Rollenöffnungen jeweils Abbildungen von Gegenständen zu sehen sind, die Kinder zum Schlafen brauchen (Bett, Sterne, Schlafanzug, Teddy, Bild von Prinzessin Schlafittchen etc.) werden vor Spielbeginn auf den Setzpunkten beliebig verteilt. Auf sieben Setzpunkten befinden sich Symbole, die mit den Anklicksymbolen der CD-ROM übereinstimmen: *Stuhl* = 1x aussetzen, *Socken* = 1x durch den Raum vorwärts oder rückwärts laufen, *sprechender Mann mit Pfeil* = von vorn beginnen. Durch abwechselndes Würfeln setzen die Kinder ihre Spielfiguren auf dem Weg zum Schloss. Kommen sie auf einen der o. g. Setzpunkte, müssen sie den beschriebenen Anweisungen folgen. Gleichzeitig müssen sie den Turm finden, in dem Schlafittchen steckt. Wer als Erster am Schloss angekommen ist und sich das Versteck von Schlafittchen gemerkt hat, ist Sieger und darf das Spiel am PC fortsetzen.
2. Pausenstopp Szenenbild: Schlafittchen in ihrem Bett mit bösen Traumbildern	**Bewegungsspiel: *Böse Träume schleudern*** Spielhinweis: Die Spielleiterin ist „Schleuderfrau“. Sie nimmt einen der Mitspieler an die Hand, dreht sich um die eigene Achse und schleudert ihn dabei herum. Dann lässt sie ihn los, wobei der Spieler dann in der Körperhaltung

	erstarrt stehen bleibt. Nacheinander werden so alle Mitspieler geschleudert. Dann geht die „Schleuderfrau" zu jedem und berührt ihn mit den Worten: „Zeig deinen bösen Traum!", worauf die Spieler ihre bösen Träume pantomimisch darstellen. Anschließend kann ein kurzes Gespräch über die Darstellungen erfolgen.
3. Pausenstopp Szenenbild: Bote befragt Kräuterfrau	**Wahrnehmungsspiel:** ***Kräutertee schnuppern und schmecken*** Auf einem Tisch befinden sich Trinkhalme und 6 Becher mit 6 zubereiteten Teesorten: Kamille, Fenchel, Salbei, Pfefferminz, Hagebutte, Zitronenmelisse. Daneben liegen in kleinen Schalen die entsprechenden Kräuter. Durch Riechen und Schmecken ordnen die Spielteilnehmer die Kräuter den entsprechenden Tees zu und beschreiben ihre Geschmackserlebnisse.
4. Pausenstopp Szenenbild: König befragt ein schwarzes Kind in Afrika.	**Afrikanischer Sprechgesang:** ***A peri piki tomba*** (Überliefert) Die Spielteilnehmer bilden einen Kreis und singen: Vorsänger: *A peri piki tomba.* Alle: *A peri piki tomba.* Vorsänger: *A massa, massa, massa.* Alle: *A massa, massa, massa.* Vorsänger: *O elele.* Alle: *O elele.* Vorsänger: *O ele, alu ba aloe.* Alle: *O ele, alu ba aloe.* Der Sprechgesang kann beliebig wiederholt werden, wobei der Rhythmus durch Klatschen und gestampfte Schrittfolgen noch verstärkt werden kann.
5. Pausenstopp Szenenbild: Traumfresserchen fordert die Reisekleidung des Königs	**Gestaltung eines *Traumfresserchens*** Für die Herstellung eines Traumfresserchens liegen auf einem Tisch folgende Materialien: für jedes Kind zwei Pappkreise (Ø ca. 9 cm), die in der Mitte ein Loch haben (Ø ca. 3 cm), 6 Stopfnadeln ohne Spitze, Wolle, Pfeifenputzer, Schere. Beide Pappscheiben genau aufeinander legen. Wolle auf die Stopfnadel auffädeln und damit so lange die Pappscheiben umnähen (durch das Loch, um den äußeren Rand), bis das

	Loch in der Mitte ganz ausgefüllt ist und keine Nadel mehr hindurchgesteckt werden kann. Danach wird die Wolle am äußeren Rand der Scheiben durchgeschnitten. Die frei gewordenen Pappscheiben auseinander schieben, einen Wollfaden zwischen die Scheiben ziehen und fest zusammenknoten. Zum Schluss werden die Pappscheiben herausgelöst, was oft nur durch Zerreißen der Pappscheiben möglich ist. Durch Anbringung von Armen und Beinen aus Pfeifenputzern wird der fertige Wollpompon zum Traumfresserchen.
6. Pausenstopp Szenenbild: Traumfresserchen schreibt seinen Spruch auf eine Papierrolle	**Gedicht des *Traumfresserchens*** Die Spielleiterin zeigt den Mitspielern das Gedicht auf einer vorbereiteten Papierrolle. Alle gehen in Kreisrichtung und sprechen den Vers des Traumfresserchens nach: *Traumfresserchen, Traumfresserchen!* *Komm mit dem Hornmesserchen!* *Komm mit dem Glasgäbelchen!* *Sperr auf dein Schnapp-Schnäbelchen!* *Träume, die schrecken das Kind,* *die lass dir schmecken geschwind!* *Aber die schönen, die guten sind mein,* *drum lass sie sein!* *Traumfresserchen, Traumfresserchen,* *ich lad dich ein!*
7. Pausenstopp Szenenbild: Traumfresserchen fliegt mit dem König auf der Schulter zurück nach Schlummerland	**Bewegungsspiel: *Reise nach Schlummerland*** Die Spielteilnehmer setzen sich ihr selbst hergestelltes Traumfresserchen auf die Schulter, breiten ihre Arme zum Fliegen aus. In ihrer Fantasie überfliegen sie den Nordpol (in gebückter Haltung gehen), Amerika (auf Zehenspitzen gehen), Indien (Kurven gehen) und Afrika (laufen), bis nach Schlummerland (vor den PC setzen).
8. Pausenstopp Szenenbild: Prinzessin liegt im Bett	Die Mitspieler sprechen noch einmal den Vers des Traumfresserchens und wünschen der Prinzessin eine gute Nacht.

Aschenputtel

Einem reichen Manne, dem wurde seine Frau krank, und als sie fühlte, dass ihr Ende herankam, rief sie ihr einziges Töchterlein zu sich ans Bett und sprach: „Liebes Kind, bleib fromm und gut, so wird dir der liebe Gott immer beistehen, und ich will vom Himmel auf dich herabblicken und will um dich sein." Darauf tat sie die Augen zu und verschied. Das Mädchen ging jeden Tag hinaus zu dem Grabe der Mutter und weinte und blieb fromm und gut. Der Schnee aber deckte ein weißes Tüchlein auf das Grab, und als die Sonne es wieder herabgezogen hatte, nahm sich der Mann eine andere Frau.
Die Frau hatte zwei Töchter mit ins Haus gebracht, die schön und weiß von Angesicht waren, aber garstig und schwarz von Herzen. Da ging eine schlimme Zeit für das arme Stiefkind an. „Was soll das Geschöpf in den Stuben", sprachen sie, „wer Brot essen will, muss es verdienen: hinaus mit der Küchenmagd." Sie nahmen ihm seine schönen Kleider weg, zogen ihm einen grauen, alten Kittel an, lachten es dann aus und führten es in die Küche. Da musste es so schwere Arbeit tun, früh vor Tag aufstehn, Wasser tragen, Feuer anmachen, kochen und waschen. Obendrein taten ihm die Schwestern alles ersinnliche Herzeleid an, verspotteten es und schütteten ihm die Erbsen und Linsen in die Asche, sodass es sitzen und sie wieder auslesen musste. Abends, wenn es sich müde gearbeitet hatte, kam es in kein Bett, sondern musste sich neben den Herd in die Asche legen. Und weil es darum immer staubig und schmutzig aussah, nannten sie es Aschenputtel.

Es trug sich zu, dass der Vater einmal in die Messe ziehen wollte, da fragte er die beiden Stieftöchter, was er ihnen mitbringen sollte? „Schöne Kleider", sagte die eine, „Perlen und Edelsteine" die zweite. „Nun, Aschenputtel", sprach er, „was willst du haben?" „Vater, das erste Reis, das euch auf eurem Heimweg an den Hut stößt, das brecht für mich ab." Er kaufte nun für die beiden Stiefschwestern schöne Kleider, Perlen und Edelsteine und auf dem Rückweg, als er durch einen grünen Busch ritt, streifte ihn ein Haselreis und stieß ihm den Hut ab. Da brach er das Reis ab und nahm es mit. Als er nach Haus kam, gab er den Stieftöchtern, was sie sich gewünscht hatten, und dem Aschenputtel gab er das Reis von dem Haselbusch. Aschenputtel dankte ihm, ging zu seiner Mutter Grab und pflanzte das Reis darauf und weinte so sehr, dass es von seinen Tränen begossen ward. Es wuchs aber und ward ein schöner Baum. Aschenputtel ging alle Tage dreimal darunter, weinte und betete, und allemal kam ein Vöglein auf den Baum, und das Vöglein gab ihm, was es sich wünschte.
Es begab sich aber, dass der König ein Fest anstellte, das drei Tage dauern solte, damit sich sein Sohn eine Braut aussuchen möchte. Die zwei Stiefschwestern waren auch dazu eingeladen, riefen Aschenputtel und sprachen:

„Kämm uns die Haare, bürste uns die Schuhe und schnalle uns die Schnallen, wir tanzen auf des Königs Fest.“ Das tat Aschenputtel und weinte, weil es auch gern zum Tanz mitgegangen wär’ und bat die Stiefmutter gar sehr, sie möchte es ihm erlauben. „Du Aschenputtel“ sprach sie, „hast nichts am Leib und hast keine Kleider und kannst nicht tanzen und willst zur Hochzeit!“ Als es noch weiter bat, sprach sie endlich: „Da habe ich dir eine Schüssel Linsen in die Asche geschüttet, und wenn du die Linsen in zwei Stunden wieder ausgelesen hast, so sollst du mitgehen.“ Das Mädchen ging vor die Hintertüre nach dem Garten zu und rief: „Ihr zahmen Täubchen, ihr Turteltäubchen, all ihr Vöglein unter dem Himmel, kommt und helft mir lesen,
die Guten ins Töpfchen,
die Schlechten ins Kröpfchen.“
Da kamen zum Küchenfenster zwei weiße Täubchen herein und danach die Turteltäubchen, und endlich schwirrten und schwärmten alle Vöglein unter dem Himmel herein und ließen sich um die Asche nieder. Und die Täubchen nickten mit den Köpfchen und fingen an pik, pik, pik, pik, und da fingen die Übrigen auch an pik, pik, pik, pik und lasen alle guten Körnlein in die Schüssel. Wie eine Stunde herum war, waren sie schon fertig und flogen alle wieder hinaus. Da brachte das Mädchen die Schüssel der Stiefmutter und freute sich und glaubte, es dürfte nun mit auf die Hochzeit gehen. Aber sie sprach: „Nein, du Aschenputtel, du hast keine Kleider und kannst nicht tanzen, du sollst nicht mitgehen.“ Als es nun weinte, sprach sie: „Wenn du mir zwei Schüsseln voll Linsen in einer Stunde aus der Asche rein lesen kannst, so sollst du mitgehen“ und dachte dabei: „Das kann es nimmermehr.“ Nun schüttete sie zwei Schüsseln Linsen in die Asche; aber das Mädchen ging vor die Hintertüre nach dem Garten zu und rief: „Ihr zahmen Täubchen, ihr Turteltäubchen, all ihr Vöglein unter dem Himmel, kommt und helft mir lesen, die Guten ins Töpfchen,
die Schlechten ins Kröpfchen.“
Da kamen zum Küchenfenster zwei weiße Täubchen herein und danach die Turteltäubchen, und endlich schwirrten und schwärmten alle Vöglein unter dem Himmel herein und ließen sich um die Asche nieder. Und die Täubchen nickten mit ihren Köpfchen und fingen an pik, pik, pik, pik, und da fingen die Übrigen auch an pik, pik, pik, pik und lasen alle guten Körner in die Schüsseln. Und eh eine halbe Stunde herum war, waren sie schon fertig und flogen alle wieder hinaus. Da brachte das Mädchen der Stiefmutter die Schüsseln und freute sich, und glaubte, nun dürfte es mit auf die Hochzeit gehen. Aber sie sprach: „Es hilft dir alles nichts: Du kommst nicht mit, denn du hast keine Kleider und kannst nicht tanzen und wir müssten uns nur schämen.“ Darauf ging sie mit ihren zwei Töchtern fort.
Als nun niemand mehr daheim war, ging Aschenputtel zu seiner Mutter Grab unter den Haselbaum und rief:

„Bäumchen rüttel dich und schüttel dich,
wirf Gold und Silber über mich."
Da warf ihm der Vogel ein golden und silbern Kleid herunter und mit Seide und Silber ausgestickte Pantoffeln. Da zog es das Kleid an und ging zur Hochzeit. Seine Schwestern aber und die Stiefmutter kannten es nicht und meinten, es müsste eine fremde Königstochter sein, so schön sah es in den reichen Kleidern aus. An Aschenputtel dachten sie gar nicht und glaubten, es läge daheim im Schmutz. Der Königssohn kam ihm entgegen und nahm es bei der Hand und tanzte mit ihm. Er wollte auch mit sonst niemandem tanzen, also dass er ihm die Hand nicht los ließ und wenn ein anderer kam, es aufzufordern, sprach er: „Das ist meine Tänzerin."
Er tanzte, bis es Abend war, da wollte es nach Haus gehen. Der Königssohn aber sprach: „Ich gehe mit und begleite dich", denn er wollte sehen, wem das schöne Mädchen angehörte. Sie entwischte ihm aber und sprang in das Taubenhaus. Nun wartete der Königssohn, bis der Vater kam, und sagte ihm, das fremde Mädchen wär' in das Taubenhaus gesprungen. Da dachte er: „Sollte es Aschenputtel sein?", und sie mussten Axt und Hacken bringen, damit er das Taubenhaus entzweischlagen konnte: Aber es war niemand darin. Und als sie ins Haus kamen, lag Aschenputtel in seinen schmutzigen Kleidern in der Asche, und ein trübes Öllämpchen brannte im Schornstein; denn Aschenputtel war geschwind durch das Taubenhaus gesprungen und zu dem Haselbäumchen gegangen, da hatte es die schönen Kleider ausgetan und aufs Grab gelegt, und der Vogel hatte sie wieder weggenommen, und dann hatte es sich in seinem grauen Kittelchen in die Küche zur Asche gesetzt.
Am andern Tag, als das Fest von neuem anhub und die Eltern und Stiefschwestern wieder fort waren, ging Aschenputtel zu dem Haselbaum und sprach:
„Bäumchen rüttel dich und schüttel dich,
wirf Gold und Silber über mich."
Da warf der Vogel ein noch viel stolzeres Kleid herab als am vorigen Tag. Und als es mit diesem Kleide auf der Hochzeit erschien, erstaunte jedermann über seine Schönheit: Der Königssohn aber hatte gewartet, bis es kam, nahm es gleich bei der Hand und tanzte nur allein mit ihm. Wenn die andern kamen und es aufforderten, sprach er: „Das ist meine Tänzerin." Als es nun Abend war, wollte es fort, und der Königssohn ging mit und wollte sehen, in welches Haus es ginge: Aber es sprang ihm fort und in den Garten hinter dem Haus. Darin stand ein schöner großer Birnbaum voll herrlichem Obst, auf den stieg es gar behänd, und der Königssohn wusste nicht, wo es hingekommen war. Er wartete aber, bis der Vater kam, und sprach zu ihm: „Das fremde Mädchen ist mir entwischt, und ich glaube, es ist auf den Birnbaum gesprungen." Der Vater dachte: „Sollte es Aschenputtel sein?" und ließ sich die Axt holen und hieb den Baum um, aber es war niemand darauf. Und als sie in die Küche kamen, lag Aschenputtel

da in der Asche wie gewöhnlich, denn es war auf der andern Seite vom Baum herabgesprungen, hatte dem Vogel auf dem Haselbäumchen die schönen Kleider wieder gebracht und sein graues Kittelchen angezogen.

Am dritten Tag, als die Eltern und Schwestern fort waren, ging Aschenputtel wieder zu seiner Mutter Grab und sprach zu dem Bäumchen:

„Bäumchen rüttel dich und schüttel dich,
wirf Gold und Silber über mich."

Nun warf ihm der Vogel ein Kleid herab, das war so prächtig, wie es noch keins gehabt hatte, und die Pantoffeln waren ganz golden. Als es zu der Hochzeit kam, wussten sie alle nicht, was sie vor Verwunderung sagen sollten, der Königssohn tanzte ganz allein mit ihm und wenn es einer aufforderte, sprach er: „Das ist meine Tänzerin."

Als es nun Abend war, wollte Aschenputtel fort, und der Königssohn wollte es begleiten, aber es entsprang ihm. Doch verlor es seinen linken ganz goldenen Pantoffel, denn der Königssohn hatte Pech auf die Treppe streichen lassen und daran blieb er hängen. Nun nahm er den Schuh und ging am andern Tag damit zu dem Mann und sagte, die sollte seine Gemahlin werden, an deren Fuß dieser goldene Schuh passte. Da freuten sich die beiden Schwestern, weil sie schöne Füße hatten. Die Älteste ging mit dem Schuh in die Kammer und wollte ihn anprobieren, und die Mutter stand dabei. Aber sie konnte mit der großen Zehe nicht hineinkommen, und der Schuh war ihr zu klein, da reichte ihr die Mutter ein Messer und sprach: „Hau die Zehe ab, wann du Königin bist, so brauchst du nicht mehr zu Fuß zu gehen." Das Mädchen hieb die Zehe ab, zwängte den Fuß hinein und ging zum Königssohn. Der nahm sie als seine Braut aufs Pferd und ritt mit ihr fort. Sie mussten aber an dem Grabe vorbei, da saßen die zwei Täubchen auf dem Haselbäumchen und riefen:

„Rucke di guck, rucke di guck,
Blut ist im Schuck (Schuh),
der Schuck ist zu klein,
die rechte Braut sitzt noch daheim."

Da blickte er auf ihren Fuß und sah, wie das Blut herausquoll. Er wendete sein Pferd um, brachte die falsche Braut wieder nach Haus und sagte, das wäre nicht die Rechte, die andere Schwester sollte den Schuh anziehen. Da ging diese in die Kammer und kam mit den Zehen in den Schuh, aber hinten die Ferse war zu groß. Da reichte ihr die Mutter ein Messer und sprach: „Hau ein Stück von der Ferse ab, wenn du Königin bist, brauchst du nicht mehr zu Fuß zu gehen." Das Mädchen hieb ein Stück von der Ferse ab, zwängte den Fuß in den Schuh und ging hinaus zum Königssohn. Der nahm sie als seine Braut aufs Pferd und ritt mit ihr fort. Als sie an dem Haselbäumchen vorbeikamen, saßen die zwei Täubchen darauf und riefen:

„Rucke di guck, rucke di guck,
Blut ist im Schuck,
der Schuck ist zu klein,
die rechte Braut sitzt noch daheim."

Er blickte nieder auf ihren Fuß und sah, wie das Blut aus dem Schuh quoll und an den weißen Strümpfen ganz rot heraufgestiegen war. Da wendete er sein Pferd und brachte die falsche Braut wieder zurück.: „Das ist auch nicht die Rechte", sprach er, „habt ihr keine andere Tochter?" „Nein", sagte der Mann, „nur von meiner verstorbenen Frau ist noch ein kleines garstiges Aschenputtel da, das kann aber nicht die Braut sein." Der Königssohn sprach, er sollt es heraufschicken, die Mutter aber antwortete: „Ach nein, das ist viel zu schmutzig, das darf sich nicht sehen lassen." Er wollte es aber durchaus haben, und Aschenputtel musste gerufen werden. Da wusch es sich erst Hände und Angesicht rein, ging dann hin und neigte sich vor dem Königssohn, der ihm den goldenen Schuh reichte. Nun streifte es den schweren Schuh vom linken Fuß ab, setzte diesen auf den goldenen Pantoffel und drückte ein wenig, so stand es darin, als wär er ihm angegossen. Und als es sich aufbückte, erkannte er es im Angesicht und sprach: „Das ist die rechte Braut!" Die Stiefmutter und die beiden Schwestern erschraken und wurden bleich vor Ärger, er aber nahm Aschenputtel aufs Pferd und ritt mit ihm fort. Als sie an dem Haselbäumchen vorbeikamen, riefen die zwei weißen Täubchen:

„Rucke di guck, rucke di guck,
kein Blut im Schuck,
der Schuck ist nicht zu klein,
die rechte Braut, die führt er heim."

Und als sie das gerufen hatten, kamen sie beide herabgeflogen und setzten sich dem Aschenputtel auf die Schultern, eine rechts, die andere links, und blieben da sitzen.

Als die Hochzeit mit dem Königssohn sollte gehalten werden, kamen die falschen Schwestern, wollten sich einschmeicheln und Teil an seinem Glück nehmen. Als die Brautleute nun zur Kirche gingen, war die älteste zur rechten, die jüngste zur linken Seite, da pickten die Tauben einer jeden das eine Auge aus; hernach, als sie herausgingen, war die älteste zur Linken und die jüngste zur Rechten, da pickten die Tauben einer jeden das andere Auge aus: Und waren sie also für ihre Bosheit und Falschheit mit Blindheit auf ihr Lebtag gestraft.

Das Märchen vom Mann im Mond 

Vor uralten Zeiten ging einmal ein Mann am lieben Sonntagmorgen in den Wald, haute sich Holz ab, eine großmächtige Welle, band sie, steckte einen Staffelstock hinein, huckte die Welle auf und trug sie nach Hause zu. Da begegnete ihm unterwegs ein hübscher Mann in Sonntagskleidern, der wollte wohl in die Kirche gehen, blieb stehen, redete den Wellenträger an und sagte: „Weißt du nicht, dass auf Erden Sonntag ist, an welchem Tage der liebe Gott ruhte, als er die Welt und alle Tiere und Menschen geschaffen? Weißt du nicht, dass geschrieben steht im dritten Gebot, du sollst den Feiertag heiligen?“ Der Fragende aber war der liebe Gott selbst; jener Holzhauer jedoch war ganz verstockt und antwortete: „Sonntag auf Erden oder Mondtag im Himmel, was geht das mich an und was geht es dich an?“ „So sollst du deine Reisigwelle tragen ewiglich!“, sprach der liebe Gott, „und weil der Sonntag auf Erden dir so gar unwert ist, so sollst du fürder ewigen Mondtag haben und im Mond stehen, ein Warnungsbild für die, welche den Sonntag mit Arbeit schänden!“ Von der Zeit an steht im Mond immer noch der Mann mit dem Holzbündel, und er wird wohl auch so stehen bleiben bis in alle Ewigkeit.

Das tapfere Schneiderlein

An einem Sommermorgen saß ein Schneiderlein auf seinem Tisch am Fenster, war guter Dinge und nähte aus Leibeskräften. Da kam eine Bauersfrau die Straße herab und rief: „Gut Mus feil! Gut Mus feil!“ Das klang dem Schneiderlein lieblich in die Ohren, er steckte sein zartes Haupt zum Fenster hinaus und rief: „Hierherauf, liebe Frau, hier wird Sie Ihre Ware los.“ Die Frau stieg die drei Treppen mit ihrem schweren Korbe zu dem Schneider herauf und musste die Töpfe sämtlich vor ihm auspacken. Er besah sie alle, hob sie in die Höhe, hielt die Nase dran und sagte endlich: „Das Mus scheint mir gut, wieg Sie mir doch vier Lot ab, liebe Frau, wenn's auch ein Viertelpfund ist, kommt es mir nicht darauf an.“ Die Frau, welche gehofft hatte, einen guten Absatz zu finden, gab ihm, was er verlangte, ging aber ganz ärgerlich und brummig fort. „Nun, das Mus soll mir Gott gesegnen“, rief das Schneiderlein, „und soll mir Kraft und Stärke geben“, holte das Brot aus dem Schrank, schnitt sich ein Stück über den ganzen Laib und strich das Mus darüber. „Das wird nicht bitter schmecken“, sprach er, „aber erst will ich den Wams fertig machen, eh ich anbeiße.“

Er legte das Brot neben sich, nähte weiter und machte vor Freude immer größere Stiche. Indes stieg der Geruch von dem süßen Mus hinauf an die Wand, wo die Fliegen in großer Menge saßen, sodass sie herangelockt wurden und sich scharenweis darauf niederließen. „Ei, wer hat euch eingeladen?“, sprach das Schneiderlein und jagte die ungebetenen Gäste fort. Die Fliegen aber, die kein Deutsch verstanden, ließen sich nicht abweisen, sondern kamen in immer größerer Gesellschaft wieder. Da lief dem Schneiderlein endlich, wie man sagt, die Laus über die Leber, es langte aus seiner Hölle nach einem Tuchlappen, und „Wart, ich will es euch geben!“, schlug es unbarmherzig drauf. Als es abzog und zählte, so lagen nicht weniger als sieben vor ihm tot und streckten die Beine.

„Bist du so ein Kerl?“, sprach er und musste selbst seine Tapferkeit bewundern. „Das soll die ganze Stadt erfahren.“ Und in der Hast schnitt sich das Schneiderlein einen Gürtel, nähte ihn und stickte mit großen Buchstaben darauf „Siebene auf einen Streich!“.

„Ei was, Stadt!“, sprach er weiter, „die ganze Welt soll's erfahren!“ Und sein Herz wackelte ihm vor Freude wie ein Lämmerschwänzchen. Der Schneider band sich den Gürtel um den Leib und wollte in die Welt hinaus, weil er meinte, die Werkstätte sei zu klein für seine Tapferkeit. Eh er abzog, suchte er im Haus herum, ob nichts da wäre, was er mitnehmen könnte. Er fand aber nichts als einen alten Käs, den steckte er ein. Vor dem Tore bemerkte er einen Vogel, der sich im Gesträuch gefangen hatte, der musste zu dem Käse in die Tasche.

Nun nahm er den Weg tapfer zwischen die Beine und weil er leicht und behänd war, fühlte er keine Müdigkeit. Der Weg führte ihn auf einen Berg, und als er den höchsten Gipfel erreicht hatte, so saß da ein gewaltiger Riese und schaute sich ganz gemächlich um. Das Schneiderlein ging beherzt auf ihn zu, redete ihn an und sprach: „Guten Tag, Kamerad, gelt, du sitzest da und besiehst dir die weitläufige Welt? Ich bin eben auf dem Weg dahin und will mich versuchen. Hast du Lust mitzugehen?“ Der Riese sah den Schneider verächtlich an und sprach: „Du Lump! Du miserabler Kerl!“ „Das wäre!“, antwortete das Schneiderlein, knöpfte den Rock auf und zeigte dem Riesen den Gürtel. „Da kannst du lesen, was ich für ein Mann bin.“ Der Riese las „Siebene auf einen Streich“, meinte, das wären Menschen gewesen, die der Schneider erschlagen hätte, und kriegte ein wenig Respekt vor dem kleinen Kerl. Doch wollte er ihn erst prüfen, nahm einen Stein in die Hand und drückte ihn zusammen, dass das Wasser heraustropfte. „Das mach mir nach“, sprach der Riese, „wenn du Stärke hast.“ „Ist's weiter nichts?“, sagte das Schneiderlein. „Das ist bei unsereinem Spielwerk“, griff in die Tasche, holte den weichen Käs und drückte ihn, dass der Saft herauslief. „Gelt“, sprach er, „das war ein wenig besser?“ Der Riese wusste nicht, was er sagen sollte, und konnte es von dem Männlein nicht glauben. Da hob der Riese einen Stein auf und warf ihn so hoch, dass man ihn mit Augen kaum noch sehen konnte. „Nun, du Erpelmännchen, das tu mir nach.“ „Gut geworfen“, sagte der Schneider, „aber der Stein hat doch wieder zur Erde herabfallen müssen. Ich will dir einen werfen, der soll gar nicht wiederkommen“, griff in die Tasche, nahm den Vogel und warf ihn in die Luft. Der Vogel, froh über seine Freiheit, stieg auf, flog fort und kam nicht wieder. „Wie gefällt dir das Stückchen, Kamerad?“, fragte der Schneider.

„Werfen kannst du wohl“, sagte der Riese, „aber nun wollen wir sehen, ob du imstande bist, etwas Ordentliches zu tragen.“ Er führte das Schneiderlein zu einem mächtigen Eichbaum, der da gefällt auf dem Boden lag, und sagte. „Wenn du stark genug bist, so hilf mir, den Baum aus dem Wald heraustragen.“ „Gerne“, antwortete der kleine Mann, „nimm du nur den Stamm auf deine Schulter, ich will die Äste mit dem Gezweig aufheben und tragen, das ist doch das Schwerste.“

Der Riese nahm den Stamm auf die Schulter, der Schneider aber setzte sich auf einen Ast, und der Riese, der sich nicht umsehen konnte, musste den ganzen Baum und das Schneiderlein noch obendrein forttragen. Es war dahinten ganz lustig und guter Dinge, pfiff das Liedchen „Es ritten drei Schneider zum Tore hinaus“, als wäre das Baumtragen ein Kinderspiel. Der Riese, nachdem er ein Stück Wegs die schwere Last fortgeschleppt hatte, konnte nicht weiter und rief: „Hör, ich muss den Baum fallen lassen.“ Der Schneider sprang behändiglich herab, fasste den Baum mit beiden Armen, als wenn er ihn getragen hätte, und sprach zum Riesen: „Du bist ein so großer Kerl und kannst den Baum nicht einmal tragen.“ Sie gingen zusammen weiter, und als sie an einem Kirschbaum vorbeikamen, fasste der Riese die Krone des Baumes, wo die zeitigsten Früchte hingen, bog sie herab, gab sie dem Schneider in die Hand und hieß ihn essen. Das Schneiderlein aber war viel zu schwach, um den Baum zu halten, und als der Riese los ließ, fuhr der Baum in die Höhe, und der Schneider ward mit in die Luft geschnellt. Als er wieder ohne Schaden herabgefallen war, sprach der Riese: „Was ist das, hast du nicht die Kraft, die schwache Gerte zu halten?“ „An der Kraft fehlt es nicht“, antwortete das Schneiderlein, „meinst du, das wäre etwas für einen, der siebene mit einem Streich getroffen hat? Ich bin über den Baum gesprungen, weil die Jäger da unten in das Gebüsch schießen. Spring nach, wenn du's vermagst.“ Der Riese machte den Versuch, konnte aber nicht über den Baum kommen, sondern blieb in den Ästen hängen, also dass das Schneiderlein auch hier die Oberhand behielt. Der Riese sprach: „Wenn du ein so tapferer Kerl bist, so komm mit in unsere Höhle und übernachte bei uns.“ Das Schneiderlein war bereit und folgte ihm. Als sie in der Höhle anlangten, saßen da noch andere Riesen beim Feuer, und jeder hatte ein gebratenes Schaf in der Hand und aß davon. Das Schneiderlein sah sich um und dachte, es ist doch hier viel weitläufiger als in meiner Werkstatt.

Der Riese wies ihm ein Bett an und sagte, er solle sich hineinlegen und ausschlafen. Dem Schneiderlein war aber das Bett zu groß, es legte sich nicht hinein, sondern kroch in eine Ecke. Als es Mitternacht war und der Riese meinte, das Schneiderlein läge in tiefem Schlafe, so stand er auf, nahm eine große Eisenstange, schlug das Bett mit einem Schlag durch und meinte, er hätte dem Grashüpfer den Garaus gemacht. Mit dem frühsten Morgen gingen die Riesen in den Wald und hatten das Schneiderlein ganz vergessen, da kam es auf einmal ganz

lustig und verwegen dahergeschritten. Die Riesen erschraken, fürchteten, es schlüge sie alle tot, und liefen in einer Hast fort.

Das Schneiderlein zog weiter, immer seiner spitzen Nase nach. Nachdem es lange gewandert war, kam es in den Hof eines königlichen Palastes, und da es Müdigkeit empfand, so legte es sich ins Gras und schlief ein. Während es da lag, kamen die Leute, betrachteten es von allen Seiten und lasen auf dem Gürtel „Siebene auf einen Streich." „Ach", sprachen sie, „was will der große Kriegsheld hier mitten im Frieden? Das muss ein mächtiger Herr sein." Sie gingen und meldeten es dem König und meinten, wenn Krieg ausbrechen sollte, wäre das ein wichtiger und nützlicher Mann, den man um keinen Preis fortlassen dürfte. Dem König gefiel der Rat, und er schickte einen von seinen Hofleuten an das Schneiderlein ab, der sollte ihm, wenn es aufgewacht wäre, Kriegsdienste anbieten. Der Abgesandte blieb bei dem Schläfer stehen, wartete, bis er seine Glieder streckte und die Augen aufschlug, und brachte dann seinen Antrag vor. „Eben deshalb bin ich hierhergekommen", antwortete das Schneiderlein, „ich bin bereit, in des Königs Dienste zu treten." Also ward er ehrenvoll empfangen und ihm eine besondere Wohnung angewiesen. Die Kriegsleute aber waren dem Schneiderlein aufgesessen und wünschten, es wäre tausend Meilen weit weg. „Was soll daraus werden", sprachen sie untereinander, „wenn wir Zank mit ihm kriegen und er haut zu, so fallen auf jeden Streich siebene. Da kann unsereiner nicht bestehen." Also fassten sie einen Entschluss, begaben sich allesamt zum König und baten um ihren Abschied. „Wir sind nicht gemacht", sprachen sie, „neben einem Mann auszuhalten, der siebene auf einen Streich schlägt." Der König war traurig, dass er um des einen willen alle seine treuen Diener verlieren sollte, wünschte, dass seine Augen ihn nie gesehen hätten, und wäre ihn gerne wieder los gewesen. Aber er getraute sich nicht, ihm den Abschied zu geben, weil er fürchtete, er möchte ihn samt seinem Volke totschlagen und sich auf den königlichen Thron setzen. Er sann lange hin und her, endlich fand er einen Rat. Er schickte zu dem Schneiderlein und ließ ihm sagen, weil er ein so großer Kriegsheld wäre, so wollte er ihm ein Anerbieten machen. In einem Walde seines Landes hausten zwei Riesen, die mit Rauben, Morden, Sengen und Brennen großen Schaden stifteten, niemand dürfte sich ihnen nahen, ohne sich in Lebensgefahr zu setzen. Wenn er diese beiden Riesen überwände und tötete, so wollte er ihm seine einzige Tochter zur Gemahlin geben und das halbe Königreich zur Ehesteuer; auch sollten hundert Reiter mitziehen und ihm Beistand leisten.

Das wäre so etwas für einen Mann, wie du bist, dachte das Schneiderlein, eine schöne Königstochter und ein halbes Königreich wird einem nicht alle Tage angeboten. „O ja", gab er zur Antwort, „die Riesen will ich schon bändigen und habe die hundert Reiter dabei nicht nötig; wer siebene auf einen Streich trifft, braucht sich vor zweien nicht zu fürchten." Das Schneiderlein zog aus, und die hundert Reiter folgten ihm. Als es zu dem Rand des Waldes kam, sprach es zu

seinen Begleitern: „Bleibt hier nur halten, ich will schon allein mit den Riesen fertig werden."
Dann sprang er in den Wald hinein und schaute sich rechts und links um. Über ein Weilchen erblickte er beide Riesen: Sie lagen unter einem Baume und schliefen und schnarchten dabei, dass sich die Äste auf und nieder bogen. Das Schneiderlein, nicht faul, las beide Taschen voll Steine und stieg damit auf den Baum. Als es in der Mitte war, rutschte es auf einen Ast, bis es gerade über die Schläfer zu sitzen kam, und ließ dem einen Riesen einen Stein nach dem andern auf die Brust fallen. Der Riese spürte lange nichts, doch endlich wachte er auf, stieß seinen Gesellen an und sprach: „Was schlägst du mich?" „Du träumst", sagte der andere, „ich schlage dich nicht." Sie legten sich wieder zum Schlaf, da warf der Schneider auf den Zweiten einen Stein herab. „Was soll das?", rief der andere. „Warum wirfst du mich?" „Ich werfe dich nicht", antwortete der Erste und brummte. Sie zankten sich eine Weile herum, doch weil sie müde waren, ließen sie's gut sein, und die Augen fielen ihnen wieder zu. Das Schneiderlein fing sein Spiel von neuem an, suchte den dicksten Stein aus und warf ihn dem ersten Riesen mit aller Gewalt auf die Brust. „Das ist zu arg!", schrie er, sprang wie ein Unsinniger auf und stieß seinen Gesellen wider den Baum, dass dieser zitterte. Der andere zahlte mit gleicher Münze, und sie gerieten in solche Wut, dass sie Bäume ausrissen, aufeinander losschlugen, so lange, bis sie endlich beide zugleich tot auf die Erde fielen. Nun sprang das Schneiderlein herab. „Ein Glück nur", sprach es, „dass sie den Baum, auf dem ich saß, nicht ausgerissen haben, sonst hätte ich wie ein Eichhörnchen auf einen andern springen müssen: Doch unsereiner ist flüchtig!" Es zog sein Schwert und versetzte jedem ein paar tüchtige Hiebe in die Brust, dann ging es hinaus zu den Reitern und sprach: „Die Arbeit ist getan, ich habe beiden den Garaus gemacht; aber hart ist es hergegangen, sie haben in der Not Bäume ausgerissen und sich gewehrt, doch das hilft alles nichts, wenn einer kommt wie ich, der siebene auf einen Streich schlägt." „Seid Ihr denn nicht verwundet?", fragten die Reiter. „Das hat gute Wege", antwortete der Schneider, „kein Haar haben sie mir gekrümmt." Die Reiter wollten ihm keinen Glauben beimessen und ritten in den Wald hinein: Da fanden sie die Riesen in ihrem Blute schwimmen, und ringsherum lagen die ausgerissenen Bäume. Das Schneiderlein verlangte von dem König die versprochene Belohnung, den aber reute sein Versprechen, und er sann aufs Neue, wie er sich den Helden vom Halse schaffen könnte. „Ehe du meine Tochter und das halbe Reich erhältst", sprach er zu ihm, „musst du noch eine Heldentat vollbringen. In dem Walde läuft ein Einhorn, das großen Schaden anrichtet. Das musst du erst einfangen."
„Vor einem Einhorne fürchte ich mich noch weniger als vor zwei Riesen; siebene auf einen Streich, das ist meine Sache." Er nahm sich einen Strick und eine Axt mit, ging hinaus in den Wald und hieß abermals die, welche ihm zugeordnet

waren, außen warten. Er brauchte nicht lange zu suchen, das Einhorn kam bald daher und sprang geradezu auf den Schneider los, als wollte es ihn ohne Umstände aufspießen. „Sachte, sachte“, sprach er, „so geschwind geht das nicht“, blieb stehen und wartete, bis das Tier ganz nahe war, dann sprang er behändiglich hinter den Baum. Das Einhorn rannte mit aller Kraft gegen den Baum und spießte sein Horn so fest in den Stamm, dass es nicht Kraft genug hatte, es wieder herauszuziehen, und so war es gefangen. „Jetzt hab ich das Vöglein“, sagte der Schneider, kam hinter dem Baum hervor, legte dem Einhorn den Strick erst um den Hals, dann hieb er mit der Axt das Horn aus dem Baum, und als alles in Ordnung war, führte er das Tier ab und brachte es dem König.

Der König wollte ihm den verheißenen Lohn noch nicht gewähren und machte eine dritte Forderung. Der Schneider sollte ihm vor der Hochzeit erst ein Wildschwein fangen, das in dem Wald großen Schaden tat; die Jäger sollten ihm Beistand leisten. „Gerne“, sprach der Schneider, „das ist ein Kinderspiel.“ Die Jäger nahm er nicht mit in den Wald, und sie waren's wohl zufrieden, denn das Wildschwein hatte sie schon mehrmals so empfangen, dass sie keine Lust hatten, ihm nachzustellen. Als das Schwein den Schneider erblickte, lief es mit schäumendem Munde und wetzenden Zähnen auf ihn zu und wollte ihn zur Erde werfen. Der flüchtige Held aber sprang in eine Kapelle, die in der Nähe war, und gleich oben zum Fenster in einem Satze wieder hinaus. Das Schwein war hinter ihm hergelaufen, er aber hüpfte außen herum und schlug die Tür hinter ihm zu; da war das wütende Tier gefangen, das viel zu schwer und unbehilflich war, um zu dem Fenster hinauszuspringen. Das Schneiderlein rief die Jäger herbei, die mussten den Gefangenen mit eigenen Augen sehen. Der Held aber begab sich zum Könige, der nun, er mochte wollen oder nicht, sein Versprechen halten musste und ihm seine Tochter und das halbe Königreich übergab. Hätte er gewusst, dass kein Kriegsheld, sondern ein Schneiderlein vor ihm stand, es wäre ihm noch mehr zu Herzen gegangen. Die Hochzeit ward also mit großer Pracht und kleiner Freude gehalten und aus einem Schneider ein König gemacht.

Nach einiger Zeit hörte die junge Königin in der Nacht, wie ihr Gemahl im Traume sprach: „Junge, mach mir den Wams und flick mir die Hosen, oder ich will dir die Elle über die Ohren schlagen.“ Da merkte sie, in welcher Gasse der junge Herr geboren war, klagte am anderen Morgen ihrem Vater ihr Leid und bat, er möchte ihr von dem Manne helfen, der nichts anderes als ein Schneider wäre. Der König sprach ihr Trost zu und sagte: „Lass in der nächsten Nacht deine Schlafkammer offen, meine Diener sollen außen stehen und, wenn er eingeschlafen ist, hineingehen, ihn binden und auf ein Schiff tragen, das ihn in die weite Welt führt.“ Die Frau war damit zufrieden, des Königs Waffenträger aber, der alles mit angehört hatte, war dem jungen Herrn gewogen und hinterbrachte ihm den ganzen Anschlag. „Dem Ding will ich einen Riegel vorschieben“, sagte das Schneiderlein. Abends legte es sich zu gewöhnlicher Zeit mit seiner Frau zu Bett. Als sie glaubte, er sei eingeschlafen, stand sie auf, öffnete die Tür und legte sich wieder. Das Schneiderlein, das sich nur stellte, als wenn es schliefe, fing an mit heller Stimme zu rufen: „Junge, mach mir den Wams und flick mir die Hosen, oder ich will dir die Elle über die Ohren schlagen! Ich habe siebene mit einem Streich getroffen, zwei Riesen getötet, ein Einhorn fortgeführt und ein Wildschwein gefangen und sollte mich vor denen fürchten, die draußen vor der Kammer stehen!" Als diese den Schneider also sprechen hörten, überkam sie eine große Furcht, sie liefen, als wenn das wilde Heer hinter ihnen wäre, und keiner wollte sich mehr an ihn wagen. Also war und blieb das Schneiderlein sein Lebtag ein König.

Der goldene Schlüssel

Zur Winterszeit, als einmal ein tiefer Schnee lag, musste ein armer Junge hinausgehen und Holz auf einem Schlitten holen. Wie er es nun zusammengesucht und aufgeladen hatte, wollte er, weil er so erfroren war, noch nicht nach Haus gehen, sondern erst Feuer anmachen und sich ein bisschen wärmen. Da scharrte er den Schnee weg, und wie er so den Erdboden aufräumte, fand er einen kleinen goldenen Schlüssel. Nun glaubte er, wo der Schlüssel wäre, müsste auch das Schloss dazu sein, grub in der Erde und fand ein eisernes Kästchen. „Wenn der Schlüssel nur passt!", dachte er. „Es sind gewiss kostbare Sachen in dem Kästchen." Er suchte, aber es war kein Schlüsselloch da, endlich entdeckte er eins, aber so klein, dass man es kaum sehen konnte. Er probierte, und der Schlüssel passte glücklich. Da drehte er einmal herum, und nun müssen wir warten, bis er vollends aufgeschlossen und den Deckel aufgemacht hat, dann werden wir erfahren, was für wunderbare Sachen in dem Kästchen lagen.

Der Froschkönig oder der eiserne Heinrich

In den alten Zeiten, wo das Wünschen noch geholfen hat, lebte ein König, dessen Töchter waren alle schön, aber die jüngste war so schön, dass sich die Sonne selber, die doch so oft vieles gesehen hat, darüber verwunderte, so oft sie ihr ins Gesicht schien. Nahe bei dem Schlosse des Königs lag ein großer dunkler Wald, und in dem Walde unter einer alten Linde war ein Brunnen: Wenn nun der Tag recht heiß war, so ging das Königskind hinaus in den Wald und setzte sich an den Rand des kühlen Brunnens, und wenn sie Langeweile hatte, so nahm sie eine goldene Kugel, warf sie in die Höhe und fing sie wieder; und das war ihr liebstes Spielwerk.

Nun trug es sich einmal zu, dass die goldene Kugel der Königstochter nicht in das Händchen fiel, das sie ausgestreckt hatte, sondern neben vorbei auf die Erde schlug und geradezu ins Wasser hineinrollte. Die Königstochter folgte ihr mit den Augen nach, aber die Kugel verschwand, und der Brunnen war tief und gar kein Grund zu sehen. Da fing sie an zu weinen und weinte immer lauter und konnte sich gar nicht trösten. Und wie sie so klagte, rief ihr jemand zu: „Was hast du vor, Königstochter, du schreist ja, dass sich ein Stein erbarmen möchte.“ Sie sah sich um, woher die Stimme käme, da erblickte sie einen Frosch, der seinen dicken hässlichen Kopf aus dem Wasser streckte. „Ach, du bist's, alter Wasserpatscher“, sagte sie, „ich weine über meine goldne Kugel, die mir in den Brunnen hinabgefallen ist.“ „Gib dich zufrieden“, antwortete der Frosch, „ich kann wohl Rat schaffen, aber was gibst du mir, wenn ich dein Spielwerk wieder heraufhole?“ „Was du willst, lieber Frosch“, sagte sie, „meine Kleider, meine Perlen und Edelsteine, dazu die goldne Krone, die ich trage.“ Der Frosch antwortete: „Deine Kleider, deine Perlen und Edelsteine, deine goldne Krone, die mag ich nicht: aber wenn du mich lieb haben willst, und ich soll dein Geselle und Spielkamerad sein, an deinem Tischlein neben dir sitzen, von deinem goldnen Tellerlein essen, aus deinem Becherlein trinken, in deinem Bettlein schlafen: Wenn du mir das versprichst, so will ich dir die goldne Kugel wieder aus dem Grunde hervorholen.“ „Ach ja“, sagte sie, „ich verspreche dir alles, wenn du mir nur die Kugel wieder bringst.“ Sie dachte aber: „Was der einfältige Frosch schwätzt, der sitzt im Wasser bei seinesgleichen und quakt und kann keines Menschen Geselle sein.“

Der Frosch, als er die Zusage erhalten hatte, tauchte seinen Kopf unter, sank hinab und über ein Weilchen kam er wieder heraufgerudert, hatte die Kugel im Maul und warf sie ins Gras. Die Königstochter war voll Freude, als sie ihr schönes Spielwerk wieder erblickte, hob es auf und sprang damit fort. „Warte, warte“, rief der Frosch, „nimm mich mit, ich kann nicht so laufen wie du.“ Aber was half ihm, dass er ihr sein „quak quak“ so laut nachschrie als er konnte! Sie hörte nicht darauf, eilte nach Haus und hatte bald den armen Frosch vergessen, der wieder in den tiefen Brunnen hinabsteigen musste.

Am andern Tage, als sie mit dem König und allen Hofleuten an der Tafel saß und von ihrem goldnen Tellerlein aß, da kam, plitsch platsch, plitsch platsch, etwas die Marmortreppe heraufgekrochen, und als es oben angelangt war, klopfte es an der Tür und rief: „Königstochter, jüngste, mach mir auf." Sie lief und wollte sehen, wer draußen wäre, als sie aber aufmachte, so saß der Frosch davor. Da warf sie die Tür hastig zu, setzte sich wieder an den Tisch und war ihr ganz angst. Der König sah dass, ihr das Herz gewaltig klopfte, und sprach: „Ei, was fürchtest du dich, steht etwa ein Riese vor der Tür und will dich holen?" „Ach nein", antwortete das Kind, „es ist kein Riese, sondern ein garstiger Frosch, der hat mir gestern im Wald meine goldene Kugel aus dem Wasser geholt, dafür versprach ich ihm, er sollte mein Geselle werden, ich dachte aber nimmermehr, dass er aus seinem Wasser herauskönnte: Nun ist er draußen und will zu mir herein."
Indem klopfte es zum zweiten Mal und rief:
„Königstochter, jüngste,
mach mir auf,
weißt du nicht, was gestern
du zu mir gesagt
bei dem kühlen Brunnenwasser?
Königstochter, jüngste,
mach mir auf."
Da sagte der König: „Hast du's versprochen, musst du's auch halten; geh und mach ihm auf." Sie ging und öffnete die Türe, da hüpfte der Frosch herein, ihr immer auf dem Fuße nach, bis zu ihrem Stuhl. Da saß er und rief: „Heb mich herauf zu dir." Sie wollte nicht, bis es der König befahl. Als der Frosch auf den Stuhl gekommen war, sprach er: „Nun schieb mir dein goldenes Tellerlein näher, damit wir zusammen essen." Das tat sie auch, aber man sah wohl, dass sie's nicht gerne tat. Der Frosch ließ sich's gut schmecken, aber ihr blieb fast jedes Bisslein im Halse. Endlich sprach er: „Nun hab ich mich satt gegessen und bin müde, trag mich hinauf in dein Kämmerlein und mach dein seiden Bettlein zurecht, da wollen wir uns schlafen legen." Da fing die Königstochter an zu weinen und fürchtete sich vor dem kalten Frosch, den sie nicht anzurühren getraute und der nun in ihrem schönen reinen Bettlein schlafen wollte. Der König aber blickte sie zornig an und sprach: „Was du versprochen hast, sollst du auch halten, und der Frosch ist dein Geselle." Es half nichts, sie mochte wollen oder nicht, sie musste den Frosch mitnehmen. Da packte sie ihn, ganz bitterböse, mit zwei Fingern, und trug ihn hinauf und als sie im Bett lag, statt ihn hineinzuheben, warf sie ihn aus allen Kräften an die Wand und sprach: „Nun wirst du Ruhe haben, du garstiger Frosch."
Was aber herunterfiel, war nicht ein toter Frosch, sondern ein lebendiger junger Königssohn mit schönen und freundlichen Augen. Der war nun von Recht und mit ihres Vaters Willen ihr lieber Geselle und Gemahl. Da schliefen sie ver-

gnügt zusammen ein, und am andern Morgen, als die Sonne sie aufweckte, kam ein Wagen herangefahren mit acht weißen Pferden bespannt, die waren mit Federn geschmückt und gingen in goldenen Ketten und hinten stand der Diener des jungen Königs, das war der treue Heinrich. Der treue Heinrich hatte sich so betrübt, als sein Herr war in einen Frosch verwandelt worden, dass er drei eiserne Bande hatte müssen um sein Herz legen lassen, damit es ihm nicht vor Weh und Traurigkeit zerspränge. Der Wagen aber sollte den jungen König in sein Reich abholen; der treue Heinrich hob beide hinein und stellte sich wieder hinten auf, voller Freude über die Erlösung. Und als sie ein Stück Wegs gefahren waren, hörte der Königssohn hinter sich, dass es krachte, als wäre etwas zerbrochen. Da drehte er sich um und rief:
„Heinrich, der Wagen bricht."
„Nein, Herr, der Wagen nicht,
es ist ein Band von meinem Herzen,
das da lag in großen Schmerzen,
als ihr in dem Brunnen saßt,
als ihr eine Fretsche (Frosch) was't (wart)."

Noch einmal und noch einmal krachte es auf dem Weg, und der Königssohn meinte immer, der Wagen bräche, und es waren doch nur die Bande, die vom Herzen des treuen Heinrich absprangen, weil sein Herr wieder erlöst und glücklich war.

Der süße Brei

Es war einmal ein armes, frommes Mädchen, das lebte mit seiner Mutter allein, und sie hatten nichts mehr zu essen. Da ging das Kind hinaus in den Wald und begegnete ihm da eine alte Frau, die wusste seinen Jammer schon und schenkte ihm ein Töpfchen, zu dem sollt es sagen „Töpfchen, koche", so kochte es guten Hirsenbrei, und wenn es sagte „Töpfchen, steh", so hörte es wieder auf zu kochen. Das Mädchen brachte den Topf seiner Mutter heim, und nun waren sie ihrer Armut und ihres Hungers ledig und aßen süßen Brei, sooft sie wollten. Auf eine Zeit war das Mädchen ausgegangen, da sprach die Mutter: „Töpfchen, koche", da kochte es, und sie isst sich satt; nun will sie, dass das Töpfchen wieder aufhören soll, aber sie weiß das Wort nicht. Also kocht es fort, und der Brei steigt über den Rand hinaus und kocht immerzu, die Küche und das ganze Haus voll und das zweite Haus und dann die Straße, als wollt's die ganze Welt satt machen, und ist die größte Not, und kein Mensch weiß sich da zu helfen. Endlich, wie nur noch ein einziges Haus übrig ist, da kommt das Kind heim und spricht nur: „Töpfchen, steh", da steht es und hört auf zu kochen; und wer in die Stadt wollte, der musste sich durchessen.

Der Wettlauf zwischen dem Hasen und dem Igel

Es war einmal an einem schönen Sonntagmorgen im Herbst, just als der Buchweizen blühte. Die Sonne war golden am Himmel aufgegangen, frisch wehte der Morgenwind über die Stoppeln, hoch in der Luft sangen Lerchen, Bienen summten im Buchweizen und die Leute trugen ihre Sonntagskleider. Alle Geschöpfe waren vergnügt, auch der Igel.

Er stand vor seiner Tür, hatte die Arme übereinander geschlagen, guckte in den Morgenwind und trällerte ein Liedchen, so gut und so schlecht, wie es ein Igel am lieben Sonntagmorgen zu singen vermag. Auf einmal fiel ihm ein, er können, derweil seine Frau die Kinder wasche und anziehe, ein bisschen im Feld spazieren gehen und sich dabei umsehen, wie die Steckrüben stünden.

Die wären am nächsten bei seinem Hause. Er aß mit seiner Familie davon und sah sie deshalb als Eigentum an. Der Igel machte die Haustür hinter sich zu und schlug den Weg nach dem Feld ein. Eben wollte er um den Fliederbusch herumschlendern, der da am Feldrand stand, als ihm der Hase begegnete, der auf dem Weg war, seinen Kohl zu besichtigen.

Der Igel bot dem Hasen einen freundlichen guten Morgen. Der Hase, der ein vornehmer Herr und hochmütig dazu war, gab des Igels Gruß nicht zurück, sondern sagte und nahm eine spöttische Miene an:

„Wie kommt das, dass du schon so früh am Morgen im Felde herumläufst?"

„Ich gehe spazieren", antwortete der Igel.

„Spazieren?" Der Hase lachte. „Ich glaube, du könntest deine Beine wohl auch zu nützlicheren Beschäftigungen gebrauchen!"

Diese Worte verdrossen den Igel über alle Maßen. Alles konnte er vertragen, aber auf seine Beine ließ er nichts kommen, eben weil sie von Natur aus schief waren. Er erwiderte daher:

„Du bildest dir wohl ein, dass du mit deinen Beinen mehr ausrichten kannst?"

„Und ob!", bestätigte der Hase.

„Nun, es käme auf einen Versuch an", meinte der Igel. „Ich bin fest überzeugt, dass ich an dir vorbeiliefe, wenn wir einen Wettlauf austrügen!"

Der Hase spottete: „Das ist zum Lachen, du mit deinen schiefen Beinen! Aber meinetwegen mag es geschehen, wenn du so übergroße Lust hast. Was gilt die Wette?"

„Einen goldenen Taler und eine Flasche Schnaps!", schlug der Igel vor.

„Angenommen! Schlag ein und dann kann's gleich losgehen!"

„Nein, so große Eile hat das nicht“, widersprach der Igel. „Ich bin ja noch ganz nüchtern. Erst will ich nach Hause gehen und ein bisschen frühstücken. In einer halben Stunde werde ich auf dem Platz sein!“
Der Hase war einverstanden, und der Igel ging heim.
Unterwegs überlegte der Igel: „Der Hase verlässt sich auf seine langen Beine, aber ich will ihn schon kriegen! Er bildet sich zwar ein, er sei ein vornehmer Herr, er ist aber ein ganz dummer Kerl und muss bezahlen!“
Zu Hause angekommen, sagte der Igel zu seiner Frau: „Zieh dich eilig an, du musst mit ins Feld hinaus!“
„Was gibt es denn?“, fragte sie.
„Ich habe mit dem Hasen um einen goldenen Taler und eine Flasche Schnaps gewettet. Ich will um die Wette laufen, und du sollst dabei sein!“
„O je, Mann!“, schrie da die Frau. „Bist du nicht klug? Hast du den Verstand verloren? Wie kannst du mit dem Hasen um die Wette laufen?!“
„Halt das Maul, Weib!“, entgegnete der Igel. „Das ist meine Sache. Schimpfe nicht über Männergeschäfte. Zieh dich an! Marsch! Und dann komm mit!“
Was sollte die Frau machen? Sie musste folgen, ob sie wollte oder nicht.
Als sie auf dem Weg waren, sagte der Igel:
„Pass auf! Dort auf dem langen Acker wollen wir den Wettlauf machen. Der Hase soll in der Furche laufen und ich in der anderen. Von oben fangen wir zu laufen an. Nun hast du weiter nichts zu tun, als dich hier unten in der Furche aufzustellen und, wenn der Hase auf der anderen Seite ankommt, zu rufen: Ich bin schon da!“
Damit kamen sie auf dem Acker an. Der Igel wies seiner Frau den Platz an und ging den Acker hinauf. Als er oben eintraf, war der Hase schon da. Er fragte: „Kann es losgehen?“
„Jawohl, von mir aus!“, bestätigte der Igel.
Jeder stellte sich in seine Furche. Der Hase zählte: „Eins, zwei, drei“, und los ging es wie der Sturmwind den Acker hinunter. Der Igel aber lief nur ungefähr drei Schritte, duckte sich dann in die Furche nieder und blieb sitzen.
Als der Hase in vollem Lauf unten ankam, rief ihm des Igels Frau entgegen: „Ich bin schon da!“
Da stutzte der Hase und wunderte sich nicht wenig. Er war des Glaubens, den Igel vor sich zu haben, denn bekanntlich sieht des Igels Frau so aus wie ihr Mann.
Der Hase schüttelte den Kopf und meinte: „Das geht nicht mit rechten Dingen zu!“ Er rief: „Noch einmal gelaufen! Zurück!“ Und fort ging es wieder

wie der Sturmwind, sodass ihm die Ohren am Kopfe flogen. Des Igels Frau aber blieb ruhig an ihrem Platze.
Als der Hase ankam, rief ihm der Igel entgegen: „Ich bin schon da!"
Außer sich vor Eifer schrie der Hase: „Noch einmal gelaufen! Los!"
„Mir recht!", erwiderte der Igel. „Meinetwegen so oft, wie du Lust hast!"
So lief der Hase dreiundsiebzigmal, und der Igel hielt sein Spiel durch. Jedes Mal, wenn der Hase unten oder oben ankam, sagte der Igel oder seine Frau: „Ich bin schon da!"
Zum vierundsiebzigsten Male aber kam der Hase nicht mehr bis ans Ende der Furche. Mitten auf dem Acker stürzte er nieder. Das Blut floss ihm aus dem Hals, und er blieb tot liegen.
Der Igel aber nahm seinen gewonnenen Taler und die Flasche Branntwein. Er rief seine Frau aus der Furche ab, und beide gingen vergnügt nach Hause.
Und wenn sie nicht gestorben sind, so leben sie noch!

Der Wolf und die sieben jungen Geißlein

Es war einmal eine alte Geiß, die hatte sieben junge Geißlein und hatte sie lieb, wie eine Mutter ihre Kinder lieb hat. Eines Tages wollte sie in den Wald gehen und Futter holen, da rief sie alle sieben herbei und sprach: „Liebe Kinder, ich will hinaus in den Wald, seid auf eurer Hut vor dem Wolf, wenn er hereinkommt, so frisst er euch alle mit Haut und Haar. Der Bösewicht verstellt sich oft, aber an seiner rauen Stimme und an seinen schwarzen Füßen werdet ihr ihn gleich erkennen." Die Geißlein sagten: „Liebe Mutter, wir wollen uns schon in Acht nehmen, ihr könnt ohne Sorge fortgehen." Da meckerte die Alte und machte sich getrost auf den Weg.
Es dauerte nicht lange, so klopfte jemand an die Haustür und rief: „Macht auf, ihr lieben Kinder, eure Mutter ist da und hat jedem von euch etwas mitgebracht." Aber die Geißerchen hörten an der rauen Stimme, dass es der Wolf war. „Wir machen nicht auf", riefen sie, „du bist unsere Mutter nicht, die hat eine feine und liebliche Stimme, aber deine Stimme ist rau; du bist der Wolf." Da ging der Wolf fort zu einem Krämer und kaufte sich ein Stück Kreide: die aß er und machte damit seine Stimme fein. Dann kam er zurück, klopfte an die Haustür und rief: „Macht auf, ihr lieben Kinder, eure Mutter ist da und hat jedem von euch etwas mitgebracht." Aber der Wolf hatte seine schwarze Pfote in das Fenster gelegt, das sahen die Kinder und riefen: „Wir machen nicht auf, unsere Mutter hat keinen schwarzen Fuß wie du: Du bist der Wolf." Da lief der Wolf zu einem Bäcker und sprach: „Ich habe mich an den Fuß gestoßen, streich mir Teig darüber." Und als ihm der Bäcker die Pfote bestrichen hatte, so lief er zum Müller und sprach: „Streu mir weißes Mehl auf meine Pfote." Der Müller dachte:

„Der Wolf will einen betrügen", und weigerte sich, aber der Wolf sprach: „Wenn du es nicht tust, so fresse ich dich." Da fürchtete sich der Müller und machte ihm die Pfote weiß. Ja, so sind die Menschen.
Nun ging der Bösewicht zum dritten Mal zu der Haustüre, klopfte an und sprach: „Macht mir auf, Kinder, euer liebes Mütterchen ist heimgekommen und hat jedem von euch etwas aus dem Walde mitgebracht." Die Geißerchen riefen: „Zeig uns erst deine Pfote, damit wir wissen, dass du unser liebes Mütterchen bist." Da legte er die Pfote ins Fenster, und als sie sahen, dass sie weiß war, so glaubten sie, es wäre alles wahr, was er sagte, und machten die Türe auf. Wer aber hereinkam, das war der Wolf. Sie erschraken und wollten sich verstecken. Das eine sprang unter den Tisch, das zweite ins Bett, das dritte in den Ofen, das vierte in die Küche, das fünfte in den Schrank, das sechste unter die Waschschüssel, das siebente in den Kasten der Wanduhr. Aber der Wolf fand sie alle und machte nicht langes Federlesen: Eins nach dem andern schluckte er in seinen Rachen; nur das jüngste in dem Uhrkasten, das fand er nicht. Als der Wolf seine Lust gebüßt hatte, trollte er sich fort, legte sich draußen auf der grünen Wiese unter einen Baum und fing an zu schlafen.
Nicht lange danach kam die alte Geiß aus dem Wald wieder heim. Ach, was musste sie da erblicken! Die Haustüre stand sperrweit auf: Tisch, Stühle und Bänke waren umgeworfen, die Waschschüssel lag in Scherben, Decke und Kissen waren aus dem Bett gezogen. Sie suchte ihre Kinder, aber nirgends waren sie zu finden. Sie rief sie nacheinander bei Namen, aber niemand antwortete. Endlich, als sie an das jüngste kam, da rief eine feine Stimme: „Liebe Mutter, ich stecke im Uhrkasten." Sie holte es heraus, und es erzählte ihr, dass der Wolf gekommen wäre und die andern alle gefressen hätte. Da könnt ihr denken, wie sie über ihre armen Kinder geweint hat.
Endlich ging sie in ihrem Jammer hinaus, und das jüngste Geißlein lief mit. Als sie auf die Wiese kam, lag da der Wolf an dem Baum und schnarchte, dass die Äste zitterten. Sie betrachtete ihn von allen Seiten und sah, dass in seinem angefüllten Bauch sich etwas regte und zappelte. „Ach Gott", dachte sie, „sollten meine armen Kinder, die er zum Abendbrot hinuntergewürgt hat, noch am Leben sein?" Da musste das Geißlein nach Hause laufen und Schere, Nadel und Zwirn holen. Dann schnitt sie dem Ungetüm den Wanst auf, und kaum hatte sie einen Schnitt getan, so streckte schon ein Geißlein den Kopf heraus und als sie weiter schnitt, so sprangen nacheinander alle sechse heraus und waren noch alle am Leben und hatten nicht einmal Schaden gelitten, denn das Ungetüm hatte sie in der Gier ganz hinuntergeschluckt. Das war eine Freude! Da herzten sie ihre liebe Mutter und hüpften wie ein Schneider, der Hochzeit hält. Die Alte aber sagte: „Jetzt geht und sucht Wackersteine, damit wollen wir dem gottlosen Tier den Bauch füllen, solange es noch im Schlafe liegt." Da schleppten die sieben Geißerchen in aller Eile die Steine herbei und steckten sie ihm in den Bauch,

so viel sie hineinbringen konnten. Dann nähte ihn die Alte in aller Geschwindigkeit wieder zu, dass er nichts merkte und sich nicht einmal regte.
Als der Wolf endlich ausgeschlafen hatte, machte er sich auf die Beine, und weil ihm die Steine im Magen so großen Durst erregten, so wollte er zu einem Brunnen gehen und trinken. Als er aber anfing zu gehen und sich hin und her zu bewegen, so stießen die Steine in seinem Bauch aneinander und rappelten. Da rief er: „Was rumpelt und pumpelt
in meinem Bauch herum?
Ich meinte, es wären sechs Geißlein,
so sind's lauter Wackersteine."
Und als er an den Brunnen kam und sich über das Wasser bückte und trinken wollte, da zogen ihn die schweren Steine hinein und er musste jämmerlich ersaufen. Als die sieben Geißlein das sahen, da kamen sie herbeigelaufen, riefen laut: „Der Wolf ist tot! Der Wolf ist tot!", und tanzten mit ihrer Mutter vor Freude um den Brunnen herum.

Die Bremer Stadtmusikanten

Es hatte ein Mann einen Esel, der schon lange Jahre die Säcke unverdrossen zur Mühle getragen hatte, dessen Kräfte aber nun zu Ende gingen, sodass er zur Arbeit immer untauglicher ward. Da dachte der Herr daran, ihn aus dem Futter zu schaffen, aber der Esel merkte, dass kein guter Wind wehte, lief fort und machte sich auf den Weg nach Bremen: Dort, meinte er, könnte er ja Stadtmusikant werden. Als er ein Weilchen fortgegangen war, fand er einen Jagdhund auf dem Wege liegen, der jappte wie einer, der sich müde gelaufen hat. „Nun, was jappst du so, Packan?", fragte der Esel. „Ach", sagte der Hund, „weil ich alt bin und jeden Tag schwächer werde, auch auf der Jagd nicht mehr fort kann, hat mich mein Herr wollen totschlagen, da hab ich Reißaus genommen; aber womit soll ich nun mein Brot verdienen?" „Weißt du was", sprach der Esel, „ich gehe nach Bremen und werde dort Stadtmusikant, geh mit und lass dich auch bei der Musik annehmen. Ich spiele die Laute, und du schlägst die Pauken." Der Hund war's zufrieden, und sie gingen weiter. Es dauerte nicht lange, so saß da eine Katze an dem Weg und machte ein Gesicht wie drei Tage Regenwetter. „Nun, was ist dir in die Quere gekommen, alter Bartputzer?", sprach der Esel. „Wer kann da lustig sein, wenn's einem an den Kragen geht", antwortete die Katze, „weil ich nun zu Jahren komme, meine Zähne stumpf werden und ich lieber hinter dem Ofen sitze und Spinne als nach Mäusen herumjage, hat mich meine Frau ersäufen wollen; ich habe mich zwar noch fortgemacht, aber nun ist guter Rat teuer: Wo soll ich hin?" „Geh mit uns nach Bremen, du verstehst dich doch auf die Nachtmusik, da kannst du ein Stadtmusikant werden." Die Katze hielt das

für gut und ging mit. Darauf kamen die drei Landesflüchtigen an einem Hof vorbei, da saß auf dem Tor der Haushahn und schrie aus Leibeskräften. „Du schreist einem durch Mark und Bein“, sprach der Esel, „was hast du vor?“ „Da hab ich gut Wetter prophezeit“, sprach der Hahn, „weil unserer lieben Frauen Tag ist, wo sie dem Christkindlein die Hemdchen gewaschen hat und sie trocknen will; aber weil morgen zum Sonntag Gäste kommen, so hat die Hausfrau doch kein Erbarmen und hat der Köchin gesagt, sie wollte mich morgen in der Suppe essen, und da soll ich mir heut Abend den Kopf abschneiden lassen. Nun schrei ich aus vollem Hals, solang ich noch kann.“ „Ei was, du Rotkopf“, sagte der Esel, „zieh lieber mit uns fort, wir gehen nach Bremen, etwas Besseres als den Tod findest du überall; du hast eine gute Stimme, und wenn wir zusammen musizieren, so muss es eine Art haben.“ Der Hahn ließ sich den Vorschlag gefallen, und sie gingen alle viere zusammen fort.

Sie konnten aber die Stadt Bremen in einem Tag nicht erreichen und kamen abends in einen Wald, wo sie übernachten wollten. Der Esel und der Hund legten sich unter einen großen Baum, die Katze und der Hahn machten sich in die Äste, der Hahn aber flog bis in die Spitze, wo es am sichersten für ihn war. Ehe er einschlief, sah er sich noch einmal nach allen vier Winden um, da däuchte ihn, er sähe in der Ferne ein Fünkchen brennen, und rief seinen Gesellen zu, es müsste nicht gar weit ein Haus sein, denn es scheine ein Licht. Sprach der Esel: „So müssen wir uns aufmachen und noch hingehen, denn hier ist die Herberge schlecht.“ Der Hund meinte, ein paar Knochen und etwas Fleisch dran täten ihm auch gut. Also machten sie sich auf den Weg nach der Gegend, wo das Licht war, und sahen es bald heller schimmern, und es ward immer größer, bis sie vor ein hell erleuchtetes Räuberhaus kamen. Der Esel, als der größte, näherte sich dem Fenster und schaute hinein. „Was siehst du, Grauschimmel?“, fragte der Hahn. „Was ich sehe?“, antwortete der Esel. „Einen gedeckten Tisch mit schönem Essen und Trinken, und Räuber sitzen daran und lassen's sich wohl sein.“ „Das wäre was für uns“, sprach der Hahn. „Ja, ja, ach, wären wir da!“, sagte der Esel. Da ratschlagten die Tiere, wie sie es anfangen müssten, um die Räuber hinauszujagen, und fanden endlich ein Mittel. Der Esel musste sich mit den Vorderfüßen auf das Fenster stellen, der Hund auf des Esels Rücken springen, die Katze auf den Hund klettern, und endlich flog der Hahn hinauf und setzte sich der Katze auf den Kopf. Wie das geschehen war, fingen sie auf ein Zeichen insgesamt an, ihre Musik zu machen: der Esel schrie, der Hund bellte, die Katze miaute, und der Hahn krähte; dann stürzten sie durch das Fenster in die Stube hinein, dass die Scheiben klirrten. Die Räuber fuhren bei dem entsetzlichen Geschrei in die Höhe, meinten nicht anders, als ein Gespenst käme herein, und flohen in größter Furcht in den Wald hinaus. Nun setzten sich die vier Gesellen an den Tisch, nahmen mit dem vorlieb, was übrig geblieben war, und aßen, als wenn sie vier Wochen hungern sollten.

Wie die vier Spielleute fertig waren, löschten sie das Licht aus und suchten sich eine Schlafstätte, jeder nach seiner Natur und Bequemlichkeit. Der Esel legte sich auf den Mist, der Hund hinter die Türe, die Katze auf den Herd bei der warmen Asche, und der Hahn setzte sich auf den Hahnenbalken; und weil sie müde waren von ihrem langen Weg, schliefen sie auch bald ein. Als Mitternacht vorbei war und die Räuber von weitem sahen, dass kein Licht mehr im Haus brannte, auch alles ruhig schien, sprach der Hauptmann: „Wir hätten uns doch nicht sollen ins Bockshorn jagen lassen", und hieß einen hingehen und das Haus untersuchen. Der Abgeschickte fand alles still, ging in die Küche, ein Licht anzuzünden, und weil er die glühenden, feurigen Augen der Katze für lebendige Kohlen ansah, hielt er ein Schwefelhölzchen daran, dass es Feuer fangen sollte. Aber die Katze verstand keinen Spaß, sprang ihm ins Gesicht, spie und kratzte. Da erschrak er gewaltig, lief und wollte zur Hintertüre hinaus, aber der Hund, der da lag, sprang auf und biss ihn ins Bein; und als er über den Hof an dem Miste vorbeirannte, gab ihm der Esel noch einen tüchtigen Schlag mit dem Hinterfuß; der Hahn aber, der vom Lärmen aus dem Schlaf geweckt und munter geworden war, rief vom Balken herab: „Kikeriki!" Da lief der Räuber, was er konnte, zu seinem Hauptmann zurück und sprach: „Ach, in dem Haus sitzt eine gräuliche Hexe, die hat mich angehaucht und mit ihren langen Fingern mir das Gesicht zerkratzt; und vor der Türe steht ein Mann mit einem Messer, der hat mich ins Bein gestochen; und auf dem Hof liegt ein schwarzes Ungeheuer, das hat mit einer Holzkeule auf mich losgeschlagen; und oben auf dem Dache, da sitzt der Richter, der rief: ‚Bringt mir den Schelm her.' Da machte ich, dass ich fortkam." Von nun an getrauten sich die Räuber nicht weiter in das Haus, den vier Bremer Musikanten gefiel's aber so wohl darin, dass sie nicht wieder heraus wollten. Und der das zuletzt erzählt hat, dem ist der Mund noch warm.

Die goldene Gans

Es war ein Mann, der hatte drei Söhne, davon hieß der jüngste der Dummling und wurde verachtet und verspottet und bei jeder Gelegenheit zurückgesetzt. Es geschah, dass der älteste in den Wald gehen wollte, Holz hauen, und eh er ging, gab ihm noch seine Mutter einen schönen feinen Eierkuchen und eine Flasche Wein mit, damit er nicht Hunger und Durst erlitte. Als er in den Wald kam, begegnete ihm ein altes graues Männlein, das bot ihm einen guten Tag und sprach: „Gib mir doch ein Stück Kuchen aus deiner Tasche und lass mich einen Schluck von deinem Wein trinken, ich bin so hungrig und durstig." Der kluge Sohn aber antwortete: „Geb ich dir meinen Kuchen und meinen Wein, so habe ich selber nichts, pack dich deiner Wege", ließ das Männlein stehen und ging fort. Als er nun anfing, einen Baum zu behauen, dauerte es nicht lange, so hieb er fehl, und

die Axt fuhr ihm in den Arm, dass er musste heimgehen und sich verbinden lassen. Das war aber von dem grauen Männchen gekommen.
Darauf ging der zweite Sohn in den Wald, und die Mutter gab ihm wie dem ältesten einen Eierkuchen und eine Flasche Wein. Dem begegnete gleichfalls das alte graue Männchen und hielt um ein Stückchen Kuchen und einen Trunk Wein an. Aber der zweite Sohn sprach auch ganz verständig: „Was ich dir gebe, das geht mir selber ab, pack dich deiner Wege", ließ das Männlein stehen und ging fort. Die Strafe blieb nicht aus, als er ein paar Hiebe am Baum getan, hieb er sich ins Bein, dass er musste nach Haus getragen werden.
Da sagte der Dummling: „Vater, lass mich einmal hinausgehen und Holz hauen." Antwortete der Vater: „Deine Brüder haben sich Schaden dabei getan, lass dich davon, du verstehst nichts davon." Der Dummling aber bat so lange, bis er endlich sagte: „Geh nur hin, durch Schaden wirst du klug werden." Die Mutter gab ihm einen Kuchen, der war mit Wasser in der Asche gebacken, und dazu eine Flasche saures Bier. Als er in den Wald kam, begegnete ihm gleichfalls das alte graue Männchen, grüßte ihn und sprach: „Gib mir ein Stück von deinem Kuchen und einen Trunk aus deiner Flasche, ich bin so hungrig und durstig." Antwortete der Dummling: „Ich habe aber nur Aschenkuchen und saures Bier, wenn dir das recht ist, so wollen wir uns setzen und essen." Da setzten sie sich, und als der Dummling seinen Aschenkuchen herausholte, so war's ein feiner Eierkuchen, und das saure Bier war ein guter Wein. Nun aßen und tranken sie, und danach sprach das Männlein: „Weil du ein gutes Herz hast und von dem Deinigen gerne mitteilst, so will ich dir Glück bescheren. Dort steht ein alter Baum, den hau ab, so wirst du in den Wurzeln etwas finden." Darauf nahm das Männlein Abschied.
Der Dummling ging hin und hieb den Baum um, und wie er fiel, saß in den Wurzeln eine Gans, die hatte Federn von reinem Gold. Er hob sie heraus, nahm sie mit sich und ging in ein Wirtshaus, da wollte er übernachten. Der Wirt hatte aber drei Töchter, die sahen die Gans, waren neugierig, was das für ein wunderlicher Vogel wäre, und hätten gar gern eine von seinen goldenen Federn gehabt. Die älteste dachte: „Es wird sich schon eine Gelegenheit finden, wo ich mir eine Feder ausziehen kann", und als der Dummling einmal hinausgegangen war, fasste sie die Gans beim Flügel, aber Finger und Hand blieben ihr daran fest hängen. Bald danach kam die zweite und hatte keinen anderen Gedanken, als sich eine goldene Feder zu holen: Kaum aber hatte sie ihre Schwester angerührt, so blieb sie fest hängen. Endlich kam auch die dritte in gleicher Absicht: Da schrien die andern: „Bleib weg, um Himmelswillen, bleib weg." Aber sie begriff nicht, warum sie wegbleiben sollte, dachte: „Sind die dabei, so kann ich auch dabei sein", und sprang herzu, und wie sie ihre Schwester angerührt hatte, so blieb sie an ihr hängen. So mussten sie die Nacht bei der Gans zubringen.
Am andern Morgen nahm der Dummling die Gans in den Arm, ging fort und

bekümmerte sich nicht um die drei Mädchen, die daran hingen. Sie mussten immer hinter ihm dreinlaufen, links und rechts, wie's ihm in die Beine kam. Mitten auf dem Felde begegnete ihnen der Pfarrer, und als er den Aufzug sah, sprach er: „Schämt euch, ihr garstigen Mädchen, was lauft ihr dem jungen Bursch durchs Feld nach, schickt sich das?" Damit fasste er die jüngste an die Hand und wollte sie zurückziehen; wie er sie aber anrührte, blieb er gleichfalls hängen und musste selber hinterdreinlaufen. Nicht lange, so kam der Küster daher und sah den Herrn Pfarrer, der drei Mädchen auf dem Fuß folgte. Da verwunderte er sich und rief: „Ei, Herr Pfarrer, wo hinaus so geschwind? Vergesst nicht, dass wir heute noch eine Kindtaufe haben", lief auf ihn zu und fasste ihn am Ärmel, blieb aber auch fest hängen. Wie die fünf so hintereinander hertrabten, kamen zwei Bauern mit ihren Hacken vom Feld: Da rief der Pfarrer sie an und bat, sie möchten ihn und den Küster losmachen. Kaum aber hatten sie den Küster angerührt, so blieben sie hängen und waren ihrer nun siebene, die dem Dummling mit der Gans nachliefen.

Er kam darauf in eine Stadt, da herrschte ein König, der hatte eine Tochter, die war so ernsthaft, dass sie niemand zum Lachen bringen konnte. Darum hatte er ein Gesetz gegeben, wer sie könnte zum Lachen bringen, der sollte sie heiraten. Der Dummling, als er das hörte, ging mit seiner Gans und ihrem Anhang vor die Königstochter, und als diese die sieben Menschen immer hintereinander herlaufen sah, fing sie überlaut an zu lachen und wollte gar nicht wieder aufhören. Da verlangte sie der Dummling zur Braut, aber dem König gefiel der Schwiegersohn nicht, er machte allerlei Einwendungen und sagte, er müsste ihm erst einen Mann bringen, der einen Keller voll Wein austrinken könnte. Der Dummling dachte an das graue Männchen, das könnte ihm wohl helfen, ging hinaus in den Wald, und auf der Stelle, wo er den Baum abgehauen hatte, sah er einen Mann sitzen, der machte ein ganz betrübtes Gesicht. Der Dummling fragte, was er sich so sehr zu Herzen nähme. Da antwortete er: „Ich habe so großen Durst und kann ihn nicht löschen, das kalte Wasser vertrage ich nicht, ein Fass Wein habe ich zwar ausgeleert, aber was ist ein Tropfen auf einem heißen Stein?" „Da kann ich dir helfen", sagte der Dummling, „Komm nur mit mir, du sollst satt haben." Er führte ihn darauf in des Königs Keller, und der Mann machte sich über die großen Fässer, trank und trank, dass ihm die Hüften weh taten, und ehe ein Tag herum war, hatte er den ganzen Keller ausgetrunken. Der Dummling verlangte abermals seine Braut, der König aber ärgerte sich, dass ein schlechter Bursch, den jedermann einen Dummling nannte, seine Tochter davontragen sollte, und machte neue Bedingungen: Er müsste erst einen Mann schaffen, der einen Berg voll Brot aufessen könnte. Der Dummling besann sich nicht lange, sondern ging gleich hinaus in den Wald, da saß auf demselben Platz ein Mann, der schnürte sich den Leib mit einem Riemen zusammen, machte eine grämliches Gesicht und sagte: „Ich habe einen ganzen Backofen voll Raspelbrot gegessen, aber was hilft das, wenn man so großen Hunger hat wie ich: Mein Magen bleibt leer, und ich muss mich nur zuschnüren, wenn ich nicht Hungers sterben soll." Der Dummling war froh darüber und sprach: „Mach dich auf und geh mit mir, du sollst dich satt essen." Er führte ihn an den Hof des Königs, der hatte alles Mehl aus dem ganzen Reich zusammenfahren und einen ungeheuern Berg davon backen lassen: Der Mann aber aus dem Walde stellte sich davor, fing an zu essen, und in einem Tag war der ganze Berg verschwunden. Der Dummling forderte zum dritten Mal seine Braut, der König aber suchte noch einmal Ausflucht und verlangte ein Schiff, das zu Land und zu Wasser fahren könnte: „Sowie du aber damit angesegelt kommst", sagte er, „so sollst du gleich meine Tochter zur Gemahlin haben." Der Dummling ging geradewegs in den Wald, da saß das alte graue Männchen, dem er seinen Kuchen gegeben hatte, und sagte: „Ich habe für dich getrunken und gegessen, ich will dir auch das Schiff geben; das alles tu ich, weil du barmherzig gegen mich gewesen bist." Da gab er ihm das Schiff, das zu Land und zu Wasser fuhr, und als der König das sah, konnte er ihm seine Tochter nicht länger vorenthalten. Die Hochzeit ward gefeiert, nach des Königs Tod erbte der Dummling das Reich und lebte lange Zeit vergnügt mit seiner Gemahlin.

Die Sterntaler

Es war einmal ein kleines Mädchen, dem war Vater und Mutter gestorben, und es war so arm, dass es kein Kämmerchen mehr hatte, darin zu wohnen, und kein Bettchen mehr, darin zu schlafen, und endlich gar nichts mehr als die Kleider auf dem Leib und ein Stückchen Brot in der Hand, das ihm ein mitleidiges Herz gegeben hatte. Es war aber gut und fromm. Und weil es so von aller Welt verlassen war, ging es im Vertrauen auf den lieben Gott hinaus ins Feld. Da begegnete ihm ein armer Mann, der sprach: „Ach, gib mir etwas zu essen, ich bin so hungrig." Es reichte ihm das ganze Stückchen Brot und sagte: „Gott segne dir's", und ging weiter. Da kam ein Kind, das jammerte und sprach: „Es friert mich so an meinem Kopfe, schenk mir etwas, womit ich ihn bedecken kann." Da tat es seine Mütze ab und gab sie ihm. Und als es noch eine Weile gegangen war, kam wieder ein Kind und hatte kein Leibchen an und fror: Da gab es ihm seins; und noch weiter, da bat eins um ein Röcklein, das gab es auch von sich hin. Endlich gelangte es in einen Wald, und es war schon dunkel geworden, da kam noch eins und bat um ein Hemdlein, und das fromme Mädchen dachte: „Es ist dunkle Nacht, da sieht dich niemand, du kannst wohl dein Hemd weggeben", und zog das Hemd ab und gab es auch noch hin. Und wie es so stand und gar nichts mehr hatte, fielen auf einmal die Sterne vom Himmel und waren lauter harte blanke Taler und ob es gleich sein Hemdlein weggegeben, so hatte es ein neues an, und das war vom allerfeinsten Linnen. Da sammelte es sich die Taler hinein und war reich für sein Lebtag.

Dornröschen

Vor Zeiten war ein König und eine Königin, die sprachen jeden Tag: „Ach, wenn wir doch ein Kind hätten!" und kriegten immer keins. Da trug sich zu, als die Königin einmal im Bade saß, dass ein Frosch aus dem Wasser ans Land kroch, und zu ihr sprach: „Dein Wunsch wird erfüllt werden, und du wirst eine Tochter zur Welt bringen." Was der Frosch vorausgesagt hatte, das geschah, und die Königin gebar ein Mädchen, das war so schön, dass der König vor Freude sich nicht zu lassen wusste und ein großes Fest anstellte. Er ladete nicht bloß seine Verwandten, Freunde und Bekannte, sondern auch die weisen Frauen dazu ein, damit sie dem Kind hold und gewogen würden. Es waren ihrer dreizehn in seinem Reiche, weil er aber nur zwölf goldene Teller hatte, von welchen sie essen sollten, konnte er eine nicht einladen. Die geladen waren kamen, und als das Fest vorbei war, beschenkten sie das Kind mit ihren Wundergaben: die eine mit Tugend, die andere mit Schönheit, die dritte mit Reichtum und so mit allem, was Herrliches auf der Welt ist. Als elfe ihre Wünsche eben getan hatten, kam

die dreizehnte herein, die nicht eingeladen war und sich dafür rächen wollte. Sie rief: „Die Königstochter soll sich in ihrem fünfzehnten Jahr an einer Spindel stechen und tot hinfallen." Da trat die zwölfte hervor, die noch einen Wunsch übrig hatte: Zwar konnte sie den bösen Ausspruch nicht aufheben, aber sie konnte ihn doch mildern und sprach: „Es soll aber kein Tod sein, sondern ein hundertjähriger tiefer Schlaf, in welchen die Königstochter fällt."

Der König, der sein liebes Kind vor dem Unglück gerne bewahren wollte, ließ den Befehl ausgehen, dass alle Spindeln im ganzen Königreiche sollten abgeschafft werden. An dem Mädchen aber wurden die Gaben der weisen Frauen sämtlich erfüllt, denn es war so schön, sittsam, freundlich und verständig, dass es jedermann, der es ansah, lieb haben musste. Es geschah, dass an dem Tage, wo es gerade fünfzehn Jahr alt ward, der König und die Königin nicht zu Haus waren und das Mädchen ganz allein im Schloss zurückblieb. Da ging es aller Orten herum, besah Stuben und Kammern, wie es Lust hatte, und kam endlich auch an einen alten Turm. Es stieg eine enge Treppe hinauf und gelangte zu einer kleinen Türe. In dem Schloss steckte ein verrosteter Schlüssel, und als es umdrehte, sprang die Türe auf, und saß da in einem kleinen Stübchen eine alte Frau und spann emsig ihren Flachs. „Ei du altes Mütterchen", sprach die Königstochter, „was machst du da?" „Ich spinne", sagte die Alte und nickte mit dem Kopf. „Wie das Ding so lustig herumspringt!", sprach das Mädchen, nahm die Spindel und wollte auch spinnen. Kaum hatte sie aber die Spindel angerührt, so ging der Zauberspruch in Erfüllung und sie stach sich damit.

In dem Augenblicke aber, wo sie den Stich empfand, fiel sie auch nieder in einen tiefen Schlaf. Und der König und die Königin, die eben zurückgekommen waren, fingen an mit dem ganzen Hofstaat einzuschlafen. Da schliefen auch die Pferde im Stall ein, die Hunde im Hofe, die Tauben auf dem Dache, die Fliegen an der Wand, ja, das Feuer, das auf dem Herde flackerte, ward still und schlief ein, und der Braten hörte auf zu brutzeln, und der Koch, der den Küchenjungen, weil er etwas versehen hatte, in den Haaren ziehen wollte, ließ ihn los und schlief, und alles, was lebendigen Atem hatte, ward still und schlief.

Rings um das Schloss aber begann eine Dornenhecke zu wachsen, die jedes Jahr höher ward und endlich das ganze Schloss umzog und drüber hinaus wuchs, dass gar nichts mehr, selbst nicht die Fahnen auf den Dächern, zu sehen war. Es ging aber die Sage in dem Land von dem schönen schlafenden Dornröschen, denn so wurde die Königstochter genannt, also dass von Zeit zu Zeit Königssöhne kamen und durch die Hecke in das Schloss dringen wollten. Es war ihnen aber nicht möglich, denn die Äste hielten sich, als hätten sie Hände, zusammen, und die Jünglinge blieben in den Dornen hängen und starben jämmerlich. Nach langen, langen Jahren kam wieder ein Königssohn durch das Land, dem erzählte ein alter Mann von der Dornhecke, es sollte ein Schloss dahinter stehen, in welchem eine wunderschöne Königstochter, Dornröschen genannt, schliefe, und

mit ihr schliefe der ganze Hofstaat. Er erzählte auch, dass er von seinem Großvater gehört, wie viele Königssöhne schon versucht hätten, durch die Dornenhecke zu dringen, aber darin hängen geblieben und eines traurigen Todes gestorben wären. Da sprach der Jüngling: „Das soll mich nicht abschrecken, ich will hindurch und das schöne Dornröschen sehen.“ Der Alte mochte ihm abraten, wie er wollte, er hörte gar nicht darauf.

Nun waren aber gerade an dem Tag, wo der Königssohn kam, die hundert Jahre verflossen. Und als er sich der Dornenhecke näherte, waren es lauter große schöne Blumen, die taten sich von selbst auseinander, dass er unbeschädigt hindurchging; und hinter ihm taten sie sich wieder als eine Hecke zusammen. Er kam ins Schloss, da lagen im Hof die Pferde und scheckigen Jagdhunde und schliefen, auf dem Dache saßen die Tauben und hatten das Köpfchen unter den Flügel gesteckt. Und als er ins Haus kam, schliefen die Fliegen an der Wand, der Koch in der Küche hielt noch die Hand, als wollte er den Jungen anpacken, und die Magd saß vor dem schwarzen Huhn, das sollte gerupft werden. Da ging er weiter und sah im Saale den ganzen Hofstaat liegen und schlafen, und oben bei dem Throne lagen der König und die Königin. Da ging er noch weiter, und alles war so still, dass einer seinen Atem hören konnte, und endlich kam er zu dem Turm und öffnete die Türe zu der kleinen Stube, in welcher Dornröschen schlief. Da lag es und war so schön, dass er die Augen nicht abwenden konnte, und er bückte sich und gab ihm einen Kuss. Wie er es mit dem Kuss berührt hatte, schlug Dornröschen die Augen auf, erwachte und blickte ihn ganz freundlich an. Da gingen sie zusammen herab, und der König erwachte und die Königin und der ganze Hofstaat und sahen einander mit großen Augen an. Und die Pferde im Hof standen auf und rüttelten sich; die Jagdhunde sprangen und wedelten; die Tauben auf dem Dach zogen das Köpfchen unterm Flügel hervor, sahen umher und flogen ins Feld; die Fliegen an den Wänden krochen weiter; das Feuer in der Küche erhob sich, flackerte und kochte das Essen; und der Braten brutzelte fort; und der Koch gab dem Jungen eine Ohrfeige, dass er schrie; und die Magd rupfte das Huhn fertig. Und da wurde die Hochzeit des Königssohns mit dem Dornröschen in aller Pracht gefeiert, und sie lebten vergnügt bis an ihr Ende.

Frau Holle

Eine Witwe hatte zwei Töchter, davon war die eine schön und fleißig, die andere hässlich und faul. Sie hatte aber die hässliche und faule, weil sie ihre rechte Tochter war, viel lieber, und die andere musste alle Arbeit tun und der Aschenputtel im Hause sein. Das arme Mädchen musste sich täglich hinaus auf die große Straße bei einem Brunnen setzen und so viel spinnen, dass ihm das Blut aus den Fingern sprang. Nun trug es sich zu, dass die Spule einmal ganz blutig war, da bückte es sich damit in den Brunnen und wollte sie abwaschen: Sie sprang ihm aber aus der Hand und fiel hinab. Es weinte, lief zur Stiefmutter und erzählte ihr das Unglück: Sie schalt es heftig, und war so unbarmherzig, dass sie sprach: „Hast du die Spule hinunterfallen lassen, so hol sie auch wieder herauf." Da ging das Mädchen zu dem Brunnen zurück und wusste nicht, was es anfangen sollte und sprang in seiner Angst in den Brunnen hinein. Als es erwachte und wieder zu sich selber kam, war es auf einer schönen Wiese, da schien die Sonne und waren viel tausend Blumen. Auf der Wiese ging es fort und kam zu einem Backofen, der war voller Brot; das Brot aber rief: „Ach, zieh mich raus, zieh mich raus, sonst verbrenn ich, ich bin schon längst ausgebacken." Da trat es fleißig herzu und holte alles heraus. Danach ging es weiter und kam zu einem Baum, der hing voll Äpfel und rief ihm zu: „Ach schüttel mich, schüttel mich, wir Äpfel sind alle miteinander reif." Da schüttelte es den Baum, dass die Äpfel fielen als regneten sie, so lang, bis keiner mehr oben war; und dann ging es wieder weiter. Endlich kam es zu einem kleinen Haus, daraus guckte eine alte Frau, weil sie aber so große Zähne hatte, ward ihm Angst und es wollte fortlaufen. Die alte Frau aber rief ihm nach: „Fürchte dich nicht, liebes Kind, bleib bei mir, wenn du alle Arbeit im Hause ordentlich tun willst, so soll dir's gut gehen; nur musst du Acht geben, dass du mein Bett gut machst und es fleißig aufschüttelst, dass die Federn fliegen, dann schneit es in der Welt; ich bin die Frau Holle." Weil die Alte ihm so gut zusprach, willigte das Mädchen ein und begab sich in ihren Dienst. Es besorgte auch alles nach ihrer Zufriedenheit und schüttelte ihr das Bett immer gewaltig auf; dafür hatte es auch ein gut Leben bei ihr, kein böses Wort und alle Tage Gesottenes und Gebratenes. Nun war es eine Zeitlang bei der Frau Holle, da ward es traurig in seinem Herzen; und ob es hier gleich viel tausend Mal besser war als zu Haus, so hatte es doch ein Verlangen dahin; endlich sagte es zu ihr: „Ich habe den Jammer nach Haus gekriegt und wenn es mir auch noch so gut hier geht, so kann ich doch nicht länger bleiben." Die Frau Holle sagte: „Es gefällt mir, dass du wieder nach Haus verlangst, und weil du mir so treu gedient hast, so will ich dich selbst wieder hinaufbringen." Sie nahm es darauf bei der Hand und führte es vor ein großes Tor. Das ward aufgetan, und wie das Mädchen gerade unter dem Tor stand, fiel ein gewaltiger Goldregen, und alles Gold blieb an ihm hängen, sodass es über und über davon bedeckt war. „Das sollst du haben, weil du so fleißig gewesen bist", sprach die Frau Holle und gab ihm auch die Spule wieder, die ihm in den Brunnen gefallen war. Darauf ward das Tor verschlossen, und das Mädchen befand sich oben auf der Welt, nicht weit von seiner Mutter Haus, und als es in den Hof kam, saß der Hahn auf dem Brunnen und rief: „Kikeriki, unsere goldene Jungfrau ist wieder hie."

Da ging es hinein zu seiner Mutter, und weil es so mit Gold bedeckt ankam, ward es gut aufgenommen.

Als die Mutter hörte, wie es zu dem Reichtum gekommen war, wollte sie der andern hässlichen und faulen Tochter gerne dasselbe Glück verschaffen, und sie musste sich auch an den Brunnen setzen und spinnen; damit ihr die Spule blutig ward, stach sie sich in die Finger und zerstieß sich die Hand an der Dornhecke. Danach warf sie die Spule in den Brunnen und sprang selber hinein. Sie kam wie die andere auf die schöne Wiese und ging auf demselbem Pfade weiter. Als sie zu dem Backofen gelangte, schrie das Brot wieder: „Ach, zieh mich raus, zieh mich raus, sonst verbrenn ich, ich bin schon längst ausgebacken." Die Faule aber antwortete: „Da hätt' ich Lust, mich schmutzig zu machen" und ging fort. Bald kam sie zu dem Apfelbaum, der rief: „Ach, schüttel mich, schüttel mich, wir Äpfel sind alle miteinander reif." Sie antwortete aber: „Du kommst mir Recht, es könnte mir einer auf den Kopf fallen" und ging damit weiter. Als sie vor der Frau Holle Haus kam, fürchtete sie sich nicht, weil sie von ihren großen Zähnen schon gehört hatte, und verdingte sich gleich zu ihr. Am ersten Tag tat sie sich Gewalt an, war fleißig und folgte der Frau Holle, wenn sie ihr etwas sagte, denn sie dachte an das viele Gold, das sie ihr schenken würde; am zweiten Tag aber fing sie schon an zu faulenzen, am dritten noch mehr, da wollte sie morgens gar nicht aufstehen; sie machte auch der Frau Holle das Bett schlecht und schüttelte es nicht, dass die Federn aufflogen. Das ward die Frau Holle bald müde und sagte der Faulen den Dienst auf. Die war es wohl zufrieden und meinte, nun werde der Goldregen kommen; die Frau Holle führte sie auch zu dem Tor, als sie aber darunter stand, ward statt des Golds ein großer Kessel voll Pech ausgeschüttet. „Das ist zur Belohnung deiner Dienste", sagte die Frau Holle und schloss das Tor zu. Da kam die Faule heim, ganz mit Pech bedeckt; der Hahn aber auf dem Brunnen, als er sie sah, rief: „Kikeriki, unsere schmutzige Jungfrau ist wieder hie."
Das Pech aber wollte, solange sie lebte, nicht abgehen und blieb an ihr hängen.

Hänsel und Grethel

Vor einem großen Walde wohnte ein armer Holzhacker, der hatte nichts zu beißen und zu brechen und kaum das tägliche Brot für seine Frau und seine zwei Kinder, Hänsel und Grethel. Endlich kam die Zeit, da konnte er auch das nicht schaffen und wusste keine Hülfe mehr für seine Not. Wie er sich nun abends vor Sorge im Bett herumwälzte, sprach seine Frau zu ihm: „Hör, Mann, morgen früh nimm die beiden Kinder, gib jedem noch ein Stückchen Brot, dann führe sie hinaus in den Wald, mitten inne, wo er am dicksten ist, da mach ihnen ein Feuer an und dann geh weg und lass sie dort allein; wir können sie nicht länger ernähren." „Nein, Frau", sagte der Mann, „wie soll ich übers Herz bringen, meine eigenen lieben Kinder den wilden Tieren im Wald zu überliefern, die würden

sie bald zerrissen haben.“ „Wenn du das nicht tust“, sprach die Frau, „so müssen wir alle miteinander Hungers sterben“ und ließ ihm keine Ruhe, bis er einwilligte.
Die zwei Kinder waren auch noch vor Hunger wach gewesen und hatten mit angehört, was die Mutter zum Vater gesagt hatte. Grethel dachte: „Nun ist es um mich geschehen“ und fing erbärmlich an zu weinen, Hänsel aber sprach: „Sei still, Grethel, und gräme dich nicht, ich will uns schon helfen.“ Damit stieg er auf, zog sein Röcklein an, machte die Untertüre auf und schlich hinaus. Da schien der Mond hell, und die weißen Kieselsteine glänzten wie lauter Batzen. Hänsel bückte sich und steckte so viel in sein Rocktäschlein als nur hineinwollten, dann ging er zurück ins Haus. „Tröste dich, Grethel, und schlaf nur ruhig“, sprach er, legte sich wieder ins Bett und schlief ein.
Morgens früh, ehe die Sonne noch aufgegangen war, kam die Mutter und weckte die beiden Kinder: „Steht auf, wir wollen in den Wald gehen. Da hat jedes von euch ein Stücklein Brot, aber haltet's zu Rat und hebt's euch für den Mittag auf.“ Grethel nahm das Brot unter die Schürze, weil Hänsel die Steine in der Tasche hatte, dann machten sie sich auf den Weg zum Wald hinein. Wie sie ein Weilchen gegangen waren, stand Hänsel still und guckte nach dem Haus zurück, bald darauf wieder und immer wieder. Der Vater sprach: „Hänsel, was guckst du da und bleibst zurück, hab Acht und heb deine Beine auf.“ „Ach Vater, ich seh' nach meinem weißen Kätzchen, das sitzt oben auf dem Dach und will mir Ade sagen.“ Die Mutter sprach: „Narr, das ist dein Kätzchen nicht, das ist die Morgensonne, die auf den Schornstein scheint.“ Hänsel aber hatte nicht nach dem Kätzchen gesehen, sondern immer einen von den blanken Kieselsteinen aus seiner Tasche auf den Weg geworfen.
Wie sie mitten in den Wald gekommen waren, sprach der Vater: „Nun sammelt Holz, ihr Kinder, ich will ein Feuer anmachen, dass wir nicht frieren.“ Hänsel und Grethel trugen Reisig zusammen, einen kleinen Berg hoch. Da steckten sie es an, und wie die Flamme recht groß brannte, sagte die Mutter: „Nun legt euch ans Feuer und schlaft, wir wollen in dem Wald das Holz fällen; wartet, bis wir wieder kommen und euch abholen.“
Hänsel und Grethel saßen an dem Feuer bis zu Mittag, da aß jedes sein Stücklein Brot; sie glaubten, der Vater wäre noch im Wald, weil sie die Schläge einer Axt hörten, aber das war ein Ast, den er an einen Baum gebunden hatte und den der Wind hin und her schlug. Nun warteten sie bis zum Abend, aber Vater und Mutter blieben aus, und niemand wollte kommen und sie abholen. Wie es nun finstere Nacht wurde, fing Grethel an zu weinen, Hänsel aber sprach: „Wart nur ein Weilchen, bis der Mond aufgegangen ist.“ Und als der Mond aufgegangen war, fasste er Grethel bei der Hand, da lagen die Kieselsteine und schimmerten wie neu geschlagene Batzen und zeigten ihnen den Weg. Da gingen sie die ganze Nacht durch, und wie es Morgen war, kamen sie wieder bei ihres Vaters

Haus an. Der Vater freute sich, als er seine Kinder wieder sah, denn es war ihm zu Herzen gegangen, wie er sie so allein gelassen hatte; die Mutter stellte sich auch, als wenn sie sich freute, heimlich aber war sie bös.
Nicht lange darnach war wieder kein Brot im Hause, und Hänsel und Grethel hörten, wie abends die Mutter zum Vater sagte: „Einmal haben die Kinder den Weg zurückgefunden, und da habe ich's gut sein lassen; aber jetzt ist wieder nichts als nur noch ein halber Laib Brot im Haus, du musst sie morgen tiefer in den Wald führen, dass sie den Weg nicht zurückfinden, es ist sonst keine Hülfe mehr für uns." Dem Mann fiel's schwer aufs Herz und er dachte: „Es wäre doch besser, wenn du den letzten Bissen mit deinen Kindern teiltest"; weil er aber einmal eingewilligt hatte, so durfte er nicht nein sagen. Als die Kinder das Gespräch gehört hatten, stand Hänsel auf und wollte wieder Kieselsteine auflesen, wie er aber an die Türe kam, da hatte sie die Mutter zugeschlossen. Doch tröstete er die Grethel und sprach: „Schlaf nur, Grethel, der liebe Gott wird uns schon helfen."
Morgens früh erhielten sie ihr Stücklein Brot, noch kleiner als das vorige Mal. Auf dem Wege bröckelte es Hänsel in der Tasche, stand oft still und warf ein Bröcklein an die Erde. „Was bleibst du immer stehen, Hänsel, und guckst dich um?" ‚sagte der Vater, „geh deiner Wege." „Ich sehe nach meinem Täubchen, das sitzt auf dem Dach und will mir Ade sagen." „Du Narr", sagte die Mutter, „das ist dein Täubchen nicht, das ist die Morgensonne, die auf den Schornstein oben scheint." Hänsel aber zerbröckelte all sein Brot und warf die Bröcklein auf den Weg.
Die Mutter führte sie noch tiefer in den Wald hinein, wo sie ihr Lebtag nicht gewesen waren, da sollten sie wieder bei einem großen Feuer sitzen und schlafen, und abends wollten die Eltern kommen und sie abholen. Zu Mittag teilte Grethel ihr Brot mit Hänsel, weil der seins all auf den Weg gestreut hatte, aber der Mittag verging, und der Abend verging, und niemand kam zu den armen Kindern. Hänsel tröstete die Grethel und sagte: „Wart, wenn der Mond aufgeht, dann seh' ich die Bröcklein Brot, die ich ausgestreut habe, die zeigen uns den Weg nach Haus." Der Mond ging auf, wie aber Hänsel nach den Bröcklein sah, da waren sie weg: Die viel tausend Vöglein in dem Wald, die hatten sie gefunden und aufgepickt. Hänsel meinte, doch den Weg nach Haus zu finden, und zog die Grethel mit sich; aber sie verirrten sich bald in der großen Wildnis und gingen die Nacht und den ganzen Tag, da schliefen sie vor Müdigkeit ein. Dann gingen sie noch einen Tag, aber sie kamen nicht aus dem Wald heraus und waren so hungrig, denn sie hatten nichts zu essen als ein paar kleine Beeren, die auf der Erde standen.
Als sie am dritten Tage wieder bis zu Mittag gegangen waren, da kamen sie an ein Häuslein, das war ganz aus Brot gebaut und war mit Kuchen gedeckt, und die Fenster waren von hellem Zucker. „Da wollen wir uns niedersetzen und uns

satt essen", sagte Hänsel, „ich will vom Dach essen, iss du vom Fenster, Grethel, das ist fein süß für dich." Wie nun Grethel an dem Zucker knusperte, rief drinnen eine feine Stimme

„Knusper, knusper, kneischen,
wer knuspert an meinem Häuschen?"

Die Kinder antworteten:

„Der Wind, der Wind,
das himmlische Kind."

Und aßen weiter. Grethel brach sich eine ganze runde Fensterscheibe heraus, und Hänsel riss sich ein großes Stück Kuchen vom Dach ab. Da ging die Türe auf, und eine steinalte Frau kam herausgeschlichen. Hänsel und Grethel erschraken so gewaltig, dass sie fallen ließen, was sie in Händen hatten. Die Alte aber wackelte mit dem Kopf und sagte: „Ei, ihr lieben Kinder, wo seid ihr denn hergelaufen, kommt herein mit mir, ihr sollt's gut haben", fasste beide an der Hand und führte sie in ihr Häuschen. Da ward gutes Essen aufgetragen, Milch und Pfannkuchen mit Zucker, Äpfel und Nüsse, und dann wurden zwei schöne Bettlein bereitet: da legten sich Hänsel und Grethel hinein und meinten, sie wären im Himmel.

Die Alte aber war eine böse Hexe, die lauerte den Kindern auf und hatte bloß, um sie zu locken, ihr Brothäuslein gebaut, und wenn eins in ihre Gewalt kam, da machte sie es tot, kochte es und aß es, und das war ihr ein Festtag. Da war sie nun recht froh, wie Hänsel und Grethel ihr zugelaufen kamen. Früh, ehe sie noch erwacht waren, stand sie schon auf, ging an ihr Bettlein, und wie sie die zwei so lieblich ruhen sah, freute sie sich und murmelte: „Das wird ein guter Bissen für mich sein." Darauf packte sie Hänsel und steckte ihn in einen kleinen Stall; wie er nun aufwachte, war er von einem Gitter umschlossen, wie man junge Hühnlein einsperrt, und konnte nur ein paar Schritte gehen.

Dann aber rüttelte sie die Grethel aus dem Schlaf und rief: „Steh auf, du Faulenzerin, hol Wasser und geh in die Küche und koch was Gutes zu essen, dort steckt dein Bruder in einem Stall, den will ich erst fett machen, und wenn er fett ist, dann will ich ihn essen; jetzt sollst du ihn füttern." Grethel erschrak und weinte, musste aber tun, was die böse Hexe verlangte. Da ward nun alle Tage dem Hänsel das beste Essen gekocht, dass er fett werden sollte: Grethel aber bekam nichts als die Krebsschalen. Alle Tage kam die Alte und sagte: „Hänsel, streck deine Finger heraus, dass ich fühle, ob du bald fett genug bist." Hänsel streckte ihr aber immer statt des Fingers ein Knöchlein heraus; da verwunderte sie sich, dass er so mager blieb und gar nicht zunehmen wollte.

Nach vier Wochen sagte sie eines Abends zu Grethel: „Sei flink, geh und trag Wasser herbei, dein Brüderchen mag nun fett sein oder nicht, morgen will ich es schlachten und sieden; ich will derweile den Teig anmachen, dass wir auch dazu backen können." Da ging Grethel mit traurigem Herzen und trug das

Wasser, worin Hänsel sollte gesotten werden. Früh morgens musste Grethel aufstehen, Feuer anzünden und den Kessel mit Wasser aufhängen. „Gib nun Acht", sagte die Hexe, „ich will Feuer in den Backofen machen und das Brot hineinschieben." Grethel stand in der Küche und weinte blutige Tränen und dachte: „Hätten uns lieber die wilden Tiere im Walde gefressen, so wären wir zusammen gestorben und müssten nun nicht das Herzeleid tragen; und ich müsste nicht selber das Wasser heiß machen zu dem Tode meines lieben Bruders; barmherziger Gott, hilf uns armen Kindern aus der Not."

Da rief die Alte: „Grethel, komm her zu dem Backofen." Wie Grethel kam, sagte sie: „Guck hinein, ob das Brot schon hübsch braun und gar ist, meine Augen sind schwach, ich kann nicht so weit sehen, und wenn du auch nicht kannst, so setz dich auf das Brett, so will ich dich hineinschieben, da kannst du darin herumgehen und nachsehen." Sobald aber Grethel darin war, wollte sie zumachen, und Grethel sollte in dem heißen Ofen backen, und dann wollte sie es auch auffessen. Gott gab es aber dem Mädchen in den Sinn, dass es sprach: „Ich weiß nicht, wie ich das anfangen soll, zeige mir's erst und setz dich auf, ich will dich hineinschieben." Da setzte sich die Alte auf das Brett, und weil sie leicht war, schob Grethel sie hinein, so weit der Stiel an dem Brett reichte, und dann machte es geschwind die Türe zu und steckte den eisernen Riegel vor. Nun fing die Alte an in dem heißen Backofen zu schreien und zu jammern; Grethel aber lief fort, und die gottlose Hexe musste elendiglich verbrennen.

Da lief Grethel zum Hänsel, machte ihm sein Türchen auf und rief: „Spring heraus, Hänsel, wir sind erlöst." Da sprang Hänsel heraus, wie ein eingesperrtes Vöglein aus dem Käfig springt, wenn ihm das Türchen geöffnet wird. Und sie weinten vor Freude und küssten einander herzlich. Das ganze Häuschen aber war voll von Edelsteinen und Perlen, damit füllten sie ihre Taschen, gingen fort und suchten den Weg nach Haus. Sie kamen aber vor ein großes Wasser und konnten nicht hinüber. Da sah das Schwesterchen ein weißes Entchen hin und her schwimmen, dem rief es: „Ach, liebes Entchen, nimm uns auf deinen Rücken." Als das Entchen das hörte, kam es geschwommen und trug Grethel hinüber, und dann holte es auch Hänsel. Darnach fanden sie bald ihre Heimat. Der Vater freute sich herzlich, als er sie wieder sah, denn er hatte keinen vergnügten Tag gehabt, seit seine Kinder fort waren. Die Mutter aber war gestorben.

Nun brachten die Kinder Reichtümer genug mit, und sie brauchten für Essen und Trinken nicht mehr zu sorgen.

Rapunzel

Es war einmal ein Mann und eine Frau, die wünschten sich schon lange vergeblich ein Kind, endlich machte sich die Frau Hoffnung, der liebe Gott werde ihren Wunsch erfüllen. Die Leute hatte in ihrem Hinterhaus ein kleines Fenster, daraus konnte man in einen prächtigen Garten sehen, der voll der schönsten Blumen und Kräuter stand; er war aber von einer hohen Mauer umgeben, und niemand wagte hineinzugehen, weil er einer Zauberin gehörte, die große Macht hatte und von aller Welt gefürchtet ward. Eines Tags stand die Frau an diesem Fenster und sah in den Garten hinab. Da erblickte sie ein Beet, das mit den schönsten Rapunzeln bepflanzt war, und sie sahen so frisch und grün aus, dass sie lüstern ward und das größte Verlangen empfand, von den Rapunzeln zu essen. Das Verlangen nahm jeden Tag zu, und da sie wusste, dass sie keine davon bekommen konnte, so fiel sie ganz ab, sah blass und elend aus. Da erschrak der Mann und fragte: „Was fehlt dir, liebe Frau?“ „Ach“, antwortete sie, „wenn ich keine Rapunzeln aus dem Garten hinter unserm Hause zu essen kriege, so sterbe ich.“ Der Mann, der sie lieb hatte, dachte: Eh du deine Frau sterben lässest, holst du ihr von den Rapunzeln, es mag kosten, was es will. In der Abenddämmerung stieg er also über die Mauer in den Garten der Zauberin, stach in aller Eile eine Handvoll Rapunzeln und brachte sie seiner Frau. Sie machte sich sogleich Salat daraus und aß sie in voller Begierde auf. Sie hatten ihr aber so gut geschmeckt, dass sie den andern Tag noch dreimal so viel Lust bekam. Sollte sie Ruhe haben, so musste der Mann noch einmal in den Garten steigen. Er machte sich also in der Abenddämmerung wieder hinab. Als er aber die Mauer herabgeklettert war, erschrak er gewaltig, denn er sah die Zauberin vor sich stehen. „Wie kannst du es wagen“, sprach sie mit zornigem Blick, „in meinen Garten zu steigen und wie ein Dieb mir meine Rapunzeln zu stehlen? Das soll dir schlecht bekommen!“ „Ach“, antwortete er, „lasst Gnade für Recht ergehen, ich habe mich nur aus Not dazu entschlossen. Meine Frau hat Eure Rapunzeln aus dem Fenster erblickt und empfindet ein so großes Gelüsten, dass sie sterben würde, wenn sie nicht davon zu essen bekommt.“ Da ließ die Zauberin in ihrem Zorne nach und sprach zu ihm: „Verhält es sich so, wie du sagst, so will ich dir gestatten, Rapunzeln mitzunehmen, soviel du willst; allein ich mache eine Bedingung: Du musst mir das Kind geben, das deine Frau zur Welt bringen wird. Es soll ihm gut gehen, und ich will für es sorgen wie eine Mutter.“ Der Mann sagte in der Angst alles zu, und als die Frau in Wochen kam, so erschien sogleich die Zauberin, gab dem Kinde den Namen Rapunzel und nahm es mit sich fort.

Rapunzel ward das schönste Kind unter der Sonne. Als es zwölf Jahre alt war, schloss es die Zauberin in einen Turm, der in einem Walde lag und weder Treppe noch Türe hatte; nur ganz oben war ein kleines Fensterchen. Wenn die Zauberin hinein wollte, so stellte sie sich unten hin und rief:

„Rapunzel, Rapunzel, lass mir dein Haar herunter!“

Rapunzel hatte lange, prächtige Haare, fein wie gesponnen Gold. Wenn sie nun die Stimme der Zauberin vernahm, so band sie ihre Zöpfe los, wickelte sie oben um einen Fensterhaken, und dann fielen die Haare zwanzig Ellen tief herunter, und die Zauberin stieg daran hinauf.
Nach ein paar Jahren trug es sich zu, dass der Sohn des Königs durch den Wald ritt und an dem Turm vorüberkam. Da hörte er einen Gesang, der war so lieblich, dass er still hielt und horchte. Das war Rapunzel, die in ihrer Einsamkeit sich die Zeit damit vertrieb, ihre süße Stimme erschallen zu lassen. Der Königssohn wollte zu ihr hinaufsteigen und suchte nach einer Türe des Turms; aber es war keine zu finden. Er ritt heim. Doch der Gesang hatte ihm so sehr das Herz gerührt, dass er jeden Tag hinaus in den Wald ging und zuhörte. Als er einmal so hinter einem Baum stand, sah er, dass eine Zauberin herankam, und hörte, wie sie hinaufrief:
„Rapunzel, Rapunzel, lass mir dein Haar herunter!"
Da ließ Rapunzel die Haarflechten herab, und die Zauberin stieg zu ihr hinauf.
„Ist das die Leiter, auf welcher man hinaufkommt, so will ich auch einmal mein Glück versuchen." Und den folgenden Tag, als es anfing dunkel zu werden, ging er zu dem Turme und rief:
„Rapunzel, Rapunzel, lass mir dein Haar herunter!"
Alsbald fielen die Haare herab, und der Königssohn stieg hinauf. Anfangs erschrak Rapunzel gewaltig, als ein Mann zu ihr hereinkam, wie ihre Augen noch nie einen erblickt hatten. Doch der Königssohn fing an, ganz freundlich mit ihr zu reden, und erzählte ihr, dass von ihrem Gesang sein Herz so sehr sei bewegt worden, dass es ihm keine Ruhe gelassen und er sie selbst habe sehen müssen. Da verlor Rapunzel ihre Angst, und als er sie fragte, ob sie ihn zum Manne nehmen wollte, und sie sah, dass er jung und schön war, so dachte sie: Der wird mich lieber haben als die alte Frau Gotel und sagte: „Ja" und legte ihre Hand in seine Hand. Sie sprach: „Ich will gerne mit dir gehen, aber ich weiß nicht, wie ich herabkommen kann. Wenn du kommst, so bring jedesmal einen Strang Seide mit, daraus will ich eine Leiter flechten, und wenn die fertig ist, so steige ich herunter, und du nimmst mich auf dein Pferd." Sie verabredeten, dass er bis dahin alle Abende zu ihr kommen sollte; denn bei Tag kam die Alte. Die Zauberin merkte auch nichts davon, bis einmal Rapunzel anfing und zu ihr sagte: „Sag Sie mir doch, Frau Gotel, wie kommt es nur, Sie wird mir viel schwerer heraufzuziehen als den jungen Königssohn, der ist in einem Augenblick bei mir?" „Ach, du gottloses Kind!", rief die Zauberin, „was muss ich von dir hören; ich dachte, ich hatte dich von aller Welt geschieden, und du hast mich doch betrogen!" In ihrem Zorn packte sie die schönen Haare der Rapunzel, schlug sie ein paarmal um ihre linke Hand, griff eine Schere mit der rechten, und ritsch, ratsch, waren sie abgeschnitten, und die schönen Flechten lagen auf der Erde. Und sie war so unbarmherzig, dass sie die arme Rapunzel in eine Wüstenei brachte, wo sie in großem Jammer und Elend leben musste.

Denselben Tag aber, wo sie Rapunzel verstoßen hatte, machte abends die Zauberin die abgeschnittenen Flechten oben am Fensterhaken fest, und als der Königssohn kam und rief:
„Rapunzel, Rapunzel, lass mir dein Haar herunter!",
so ließ sie die Haare hinab. Der Königssohn stieg hinauf, aber er fand oben nicht seine liebste Rapunzel, sondern die Zauberin, die ihn mit bösen und giftigen Blicken ansah. „Aha", rief sie höhnisch, „du willst die Frau Liebste holen, aber der schöne Vogel sitzt nicht mehr im Nest und singt nicht mehr, die Katze hat ihn geholt und wird dir auch noch die Augen auskratzen. Für dich ist Raunzel verloren, du wirst sie nie wieder erblicken!" Der Königssohn geriet außer sich vor Schmerzen, und in der Verzweiflung sprang er den Turm herab. Das Leben brachte er davon, aber die Dornen, in die er fiel, zerstachen ihm die Augen. Da irrte er blind im Wald umher, aß nichts als Wurzeln und Beeren und tat nichts als jammern und weinen über den Verlust seiner liebsten Frau. So wanderte er einige Jahre im Elend umher und geriet endlich in die Wüstenei, wo Rapunzel mit den Zwillingen, die sie geboren hatte, einem Knaben und einem Mädchen, kümmerlich lebte. Er vernahm eine Stimme, und sie deuchte ihm so bekannt. Da ging er darauf zu und wie er herankam, erkannte ihn Rapunzel und fiel ihm um den Hals und weinte. Zwei von ihren Tränen aber benetzten seinc Augen, da wurden sie wieder klar, und er konnte damit sehen wie sonst. Er führte sie in sein Reich, wo er mit Freude empfangen ward, und sie lebten noch lange glücklich und vergnügt.

Rotkäppchen

Es war einmal eine kleine süße Dirne, die hatte jedermann lieb, der sie nur ansah, am allerliebsten aber ihre Großmutter, die wusste gar nicht, was sie alles dem Kinde geben sollte. Einmal schenkte sie ihm ein Käppchen von rotem Sammet, und weil ihm das so wohl stand und es nichts anders mehr tragen wollte, hieß es nur das Rotkäppchen. Da sagte einmal seine Mutter zu ihm: „Komm, Rotkäppchen, da hast du ein Stück Kuchen und eine Flasche Wein, die bring der Großmutter hinaus; weil sie krank und schwach ist, wird sie sich daran laben, sei aber hübsch artig und grüß sie von mir, geh auch ordentlich und lauf nicht vom Weg ab, sonst fällst du und zerbrichst das Glas, dann hat die kranke Großmutter nichts."
Rotkäppchen sagte: „Ich will schon alles gut ausrichten" und gab der Mutter die Hand darauf. Die Großmutter aber wohnte draußen im Wald, eine halbe Stunde vom Dorf. Wie nun Rotkäppchen in den Wald kam, begegnete ihm der Wolf. Rotkäppchen aber wusste nicht, was das für ein böses Tier war, und fürchtete sich nicht vor ihm. „Guten Tag, Rotkäppchen", sprach er. „Schönen Dank, Wolf." „Wo hinaus so früh, Rotkäppchen?" „Zur Großmutter." „Was trägst du

unter der Schürze?“ „Kuchen und Wein für die kranke und schwache Großmutter; gestern haben wir gebacken, da soll sie sich etwas zu gut tun und sich stärken.“ „Rotkäppchen, wo wohnt deine Großmutter?“ „Noch eine gute Viertelstunde im Wald, unter den drei großen Eichbäumen, da steht ihr Haus, unten sind die Nusshecken, das wirst du ja wissen“, sagte Rotkäppchen. Der Wolf dachte bei sich: „Das junge zarte Mädchen, das ist ein guter Bissen für dich: wie fängst du's an, dass du den kriegst?“ Da ging er ein Weilchen neben Rotkäppchen her, dann sprach er: „Rotkäppchen, sieh einmal die schönen Blumen, die im Walde stehen, warum guckst du nicht um dich? Ich glaube, du hörst gar nicht darauf, wie die Vöglein so lieblich singen? Du gehst ja für dich hin, als wenn du zur Schule gingst und ist so lustig haußen in dem Wald.“ Rotkäppchen schlug die Augen auf, und als es sah, wie die Sonne durch die Bäume hin und her sprang und alles voll schöner Blumen stand, dachte es: „Wenn ich der Großmutter einen Strauß mitbringe, der wird ihr auch lieb sein; es ist ja noch früh, dass ich doch zu rechter Zeit ankomme“ und sprang in den Wald und suchte Blumen. Und wenn es eine gebrochen hatte, meinte es, weiter hinaus stände eine noch schönere und lief darnach und lief immer tiefer in den Wald hinein. Der Wolf aber ging geradeswegs nach dem Haus der Großmutter und klopfte an die Türe. „Wer ist draußen?“ „Rotkäppchen, das bringt dir Kuchen und Wein, mach auf.“ „Drück nur auf die Klinke“, rief die Großmutter, „ich bin zu schwach und kann nicht aufstehen.“

Der Wolf drückte auf die Klinke, trat hinein und ging, ohne ein Wort zu sprechen, geradezu an das Bett der Großmutter und verschluckte sie. Dann nahm er ihre Kleider, tat sie an, setzte sich ihre Haube auf, legte sich in ihr Bett und zog die Vorhänge vor.

Rotkäppchen aber war herumgelaufen nach Blumen, und als es so viel hatte, dass es keine mehr tragen konnte, fiel ihm die Großmutter wieder ein und es machte sich auf den Weg zu ihr. Es wunderte sich, dass die Türe aufstand, und wie es in die Stube kam, sah's so seltsam darin aus, dass es dachte: „Ei, du mein Gott, wie ängstlich wird mir's heut zu Mut und bin sonst so gerne bei der Großmutter!“ Darauf ging es zum Bett und zog die Vorhänge zurück: Da lag die Großmutter und hatte die Haube tief ins Gesicht gesetzt und sah so wunderlich aus. „Ei, Großmutter, was hast du für große Ohren!“ „Dass ich dich besser hören kann.“ „Ei, Großmutter, was hast du für große Augen!“ „Dass ich dich besser sehen kann.“ „Ei, Großmutter, was hast du für große Hände!“ „Dass ich dich besser packen kann.“ „Aber, Großmutter, was hast du für ein entsetzlich großes Maul!“ „Dass ich dich besser fressen kann.“ Und wie der Wolf das gesagt hatte, sprang er aus dem Bette und auf das arme Rotkäppchen und verschlang es.

Wie der Wolf den fetten Bissen im Leibe hatte, legte er sich wieder ins Bett, schlief ein und fing an überlaut zu schnarchen. Der Jäger ging eben vorbei und dachte bei sich: „Wie kann die alte Frau so schnarchen, du musst einmal nachsehen, ob ihr etwas fehlt." Da trat er in die Stube, und wie er vor das Bett kam, so lag der Wolf darin, den er lange gesucht hatte. Nun wollte er seine Büchse anlegen, da fiel ihm ein: „Vielleicht hat er die Großmutter gefressen, und ich kann sie noch retten" und schoss nicht, sondern nahm eine Schere und schnitt dem schlafenden Wolf den Bauch auf. Wie er ein paar Schnitte getan, da sah er das rote Käppchen leuchten und wie er noch ein wenig geschnitten, da sprang das Mädchen heraus und rief: „Ach, wie war ich erschrocken, was war's so dunkel in dem Wolf seinem Leib!" Und dann kam die alte Großmutter auch lebendig heraus. Rotkäppchen aber holte große schwere Steine, damit füllten sie dem Wolf den Leib, und wie er aufwachte, wollte er fortspringen, aber die Steine waren so schwer, dass er gleich niedersank und sich tot fiel.

Da waren alle drei vergnügt; der Jäger nahm den Pelz vom Wolf, die Großmutter aß den Kuchen und trank den Wein, den Rotkäppchen gebracht hatte, und Rotkäppchen dachte bei sich: „Du willst dein Lebtag nicht wieder allein vom Wege ab in den Wald laufen, wenn dir's die Mutter verboten hat."

Rumpelstilzchen

Es war einmal ein Müller, der war arm, aber er hatte eine schöne Tochter. Nun traf es sich, dass er mit dem König zu sprechen kam und zu ihm sagte: „Ich habe eine Tochter, die kann Stroh zu Gold spinnen." Dem König, der das Gold lieb hatte, gefiel die Kunst gar wohl, und er befahl, die Müllerstochter sollte alsbald vor ihn gebracht werden. Dann führte er sie in eine Kammer, die ganz voll Stroh war, gab ihr Rad und Haspel und sprach: „Wenn du diese Nacht durch bis morgen früh dieses Stroh nicht zu Gold versponnen hast, so musst du sterben." Darauf ward die Kammer verschlossen, und sie blieb allein darin.

Da saß nun die arme Müllerstochter und wusste um ihr Leben keinen Rat, denn sie verstand gar nichts davon, wie das Stroh zu Gold zu spinnen war, und ihre Angst ward immer größer, dass sie endlich zu weinen anfing. Da ging auf einmal die Türe auf und trat ein kleines Männchen herein und sprach: „Guten Abend, Jungfer Müllerin, warum weint sie so sehr?" „Ach", antwortete das Mädchen, „ich soll Stroh zu Gold spinnen und verstehe das nicht." Sprach das Männchen: „Was gibst du mir, wenn ich dir's spinne?" „Mein Halsband", sagte das Mädchen. Das Männchen nahm das Halsband, setzte sich vor das Rädchen und schnurr, schnurr, schnurr, dreimal gezogen, war die Spule voll. Dann steckte es eine andere auf, und schnurr, schnurr, schnurr, dreimal gezogen, war auch die zweite voll; und so ging's fort bis zum Morgen, da war alles Stroh versponnen, und alle Spulen waren voll Gold. Als der König kam und nachsah, da erstaunte er und freute sich, aber sein Herz wurde nur noch begieriger, und er ließ die Müllerstochter in eine andere Kammer voll Stroh bringen, die noch viel größer war, und befahl ihr, das auch in einer Nacht zu spinnen, wenn ihr das Leben lieb wäre. Das Mädchen wusste sich nicht zu helfen und weinte, da ging abermals die Türe auf, und das kleine Männchen kam und sprach: „Was gibst du mir, wenn ich dir das Stroh zu Gold spinne?“ „Meinen Ring von dem Finger“, antwortete das Mädchen. Das Männchen nahm den Ring und fing wieder an zu schnurren mit dem Rade und hatte bis zum Morgen alles Stroh zu glänzendem Gold gesponnen. Der König freute sich über die Maßen bei dem Anblick, war aber noch immer nicht Goldes satt, sondern ließ die Müllerstochter in eine noch größere Kammer voll Stroh bringen und sprach: „Die musst du noch in dieser Nacht verspinnen; wenn dir das gelingt, sollst du meine Gemahlin werden.“ „Denn“, dachte er, „eine reichere Frau kannst du auf der Welt nicht haben.“ Als das Mädchen allein war, kam das Männlein zum dritten Mal wieder und sprach: „Was gibst du mir, wenn ich dir noch diesmal das Stroh spinne?“ „Ich habe nichts mehr, das ich geben könnte,“ antwortete das Mädchen. „So versprich mir, wenn du Königin wirst, dein erstes Kind.“ „Wer weiß, wie das noch geht“, dachte die Müllerstochter und wusste sich auch in der Not nicht anders zu helfen und versprach dem Männchen, was es verlangte; dafür spann das Männchen noch einmal das Stroh zu Gold. Und als am Morgen der König kam und alles fand, wie er gewünscht hatte, so hielt er Hochzeit mit ihr, und die schöne Müllerstochter ward eine Königin.

Über ein Jahr brachte sie ein schönes Kind zur Welt und dachte gar nicht mehr an das Männchen, da trat es in ihre Kammer und sprach: „Nun gib mir, was du versprochen hast.“ Die Königin erschrak und bot dem Männchen alle Reichtümer des Königreichs an, wenn es ihr das Kind lassen wollte, aber das Männchen sprach: „Nein, etwas Lebendes ist mir lieber als alle Schätze der Welt.“ Da fing die Königin so an zu jammern und zu weinen, dass das Männchen Mitleiden mit ihr hatte und sprach: „Drei Tage will ich dir Zeit lassen, wenn du bis dahin meinen Namen weißt, so sollst du dein Kind behalten.“

Nun dachte die Königin die ganze Nacht über an alle Namen, die sie jemals gehört hatte, und schickte einen Boten über Land, der sollte sich erkundigen weit und breit nach neuen Namen. Als am andern Tag das Männchen kam, fing sie an mit Caspar, Melchior, Balzer und sagte alle Namen, die sie wusste, nach der Reihe her, aber bei jedem sprach das Männlein: „So heiß ich nicht.“ Den zweiten Tag ließ sie herumfragen bei allen Leuten und sagte dem Männlein die ungewöhnlichsten und seltsamsten vor, Rippenbiest, Hammelswade, Schnürbein, aber es blieb dabei: „So heiß ich nicht.“ Den dritten Tag kam der Bote wieder zurück und erzählte: „Neue Namen habe ich keinen einzigen finden können, aber wie ich an einen hohen Berg um die Waldecke kam, wo Fuchs und Has sich gute Nacht sagen, so sah ich da ein kleines Haus, und vor dem Haus brannte ein Feuer, und um das Feuer sprang ein gar zu lächerliches Männchen, hüpfte auf einem Bein, und schrie: ‚Heute back ich, morgen brau ich, übermorgen hol ich der Königin ihr Kind; ach, wie gut ist, dass niemand weiß, dass ich Rumpelstilzchen heiß!‘

Da war die Königin ganz froh, dass sie den Namen wusste, und als bald hernach das Männlein kam und sprach: „Nun, Frau Königin, wie heiß ich?“, fragte sie erst: „Heißest du Kunz?“ „Nein.“ „Heißest du Heinz?“ „Nein.“ „Heißt du etwa Rumpelstilzchen?“
„Das hat dir der Teufel gesagt, das hat dir der Teufel gesagt“, schrie das Männlein und stieß mit dem rechten Fuß vor Zorn so tief in die Erde, dass es bis an den Leib hineinfuhr, dann packte es in seiner Wut den linken Fuß mit beiden Händen und riss sich selbst mitten entzwei.

Tischchen deck dich, Goldesel und Knüppel aus dem Sack

Vor Zeiten war ein Schneider, der drei Söhne hatte und nur eine einzige Ziege. Aber die Ziege, weil sie alle zusammen mit ihrer Milch ernährte, musste ihr gutes Futter haben und täglich hinaus auf die Weide geführt werden. Die Söhne taten das auch nach der Reihe. Einmal brachte sie der älteste auf den Kirchhof, wo die schönsten Kräuter standen, ließ sie da fressen und herumspringen. Abends, als es Zeit war heimzugehen, fragte er: „Ziege, bist du satt?“ Die Ziege antwortete:

„Ich bin so satt,
ich mag kein Blatt, meh, meh!“

„So komm nach Haus“, sprach der Junge, fasste sie am Strickchen, führte sie in den Stall und band sie fest. „Nun“, sagte der alte Schneider, „hat die Ziege ihr gehöriges Futter?“ „Oh“, antwortete der Sohn, „die ist so satt, sie mag kein Blatt.“ Der Vater aber wollte sich selbst überzeugen, ging hinab in den Stall streichelte das liebe Tier und fragte: „Ziege, bist du auch satt?“ Die Ziege antwortete:

„Wovon sollt' ich satt sein? Ich sprang nur über Gräbelein
und fand kein einzig Blättelein, meh, meh!“

„Was muss ich hören!“, rief der Schneider, lief hinauf und sprach zu dem Jungen: „Ei, du Lügner, sagst, die Ziege wäre satt und hast sie hungern lassen?“ Und in seinem Zorne nahm er die Elle von der Wand und jagte ihn mit Schlägen hinaus. Am andern Tag war die Reihe am zweiten Sohn, der suchte an der Gartenhecke einen Platz aus, wo lauter gute Kräuter standen, und die Ziege fraß sie rein ab. Abends, als er heimwollte, fragte er: „Ziege, bist du satt?“ Die Ziege antwortete:

„Ich bin so satt, ich mag kein Blatt, meh, meh!“

„So komm nach Haus“, sprach der Junge, zog sie heim und band sie im Stall fest. „Nun“, sagte der alte Schneider, „hat die Ziege ihr gehöriges Futter?“ „Oh“, antwortete der Sohn, „die ist so satt, sie mag kein Blatt.“ Der Schneider wollte sich darauf nicht verlassen, ging hinab in den Stall und fragte: „Ziege, bist du

auch satt?“ Die Ziege antwortete:
„Wovon sollt’ ich satt sein?
Ich sprang nur über Gräbelein
und fand kein einzig Blättelein, meh, meh!“
„Der gottlose Bösewicht!“, schrie der Schneider, „so ein frommes Tier hungern zu lassen“, lief hinauf und schlug mit der Elle den Jungen zur Haustüre hinaus.
Die Reihe kam jetzt an den dritten Sohn, der wollte seine Sache gut machen, suchte Buschwerk mit dem schönsten Laube aus und ließ die Ziege daran fressen. Abends, als er heimwollte, fragte er: „Ziege, bist du auch satt?“ Die Ziege antwortete:
„Ich bin so satt,
ich mag kein Blatt, meh, meh!“
„So komm nach Haus“, sagte der Junge, führte sie in den Stall und band sie fest. „Nun“, sagte der alte Schneider, „hat die Ziege ihr gehöriges Futter?“ „Oh“, antwortete der Sohn, „die ist so satt, sie mag kein Blatt.“ Der Schneider traute nicht, ging hinab und fragte: „Ziege, bist du auch satt?“ Das boshafte Tier antwortete:
„Wovon sollt’ ich satt sein?
Ich sprang nur über Gräbelein
und fand kein einzig Blättelein, meh meh!“
„Oh, die Lügenbrut!“, rief der Schneider, „einer so gottlos und pflichtvergessen wie der andere! Ihr sollt mich nicht länger zum Narren haben!“ Und vor Zorn ganz außer sich sprang er hinauf und gerbte dem armen Jungen mit der Elle den Rücken so gewaltig, dass er zum Haus hinaussprang.
Der alte Schneider war nun mit seiner Ziege allein. Am andern Morgen ging er hinab in den Stall, liebkoste die Ziege und sprach: „Komm, mein liebes Tierlein, ich will dich selbst zur Weide führen.“ Er nahm sie am Strick und brachte sie zu grünen Hecken und unter Schafrippe und was sonst die Ziegen gerne fressen. „Da kannst du dich einmal nach Herzenslust sättigen“, sprach er zu ihr und ließ sie weiden bis zum Abend. Da fragte er: „Ziege, bist du satt?“ Sie antwortete:
„Ich hin so satt,
ich mag kein Blatt, meh, meh!“
„So komm nach Haus“, sagte der Schneider, führte sie in den Stall und band sie fest. Als er wegging, kehrte er sich noch einmal um und sagte: „Nun bist du doch einmal satt!“ Aber die Ziege machte es ihm nicht besser und rief:
„Wie sollt’ ich satt sein?
Ich sprang nur über Gräbelein
und fand kein einzig Blättelein, meh, meh!“
Als der Schneider das hörte, stutzte er und sah wohl, dass er seine drei Söhne ohne Ursache verstoßen hatte. „Wart“, rief er, „du undankbares Geschöpf, dich

fortzujagen ist noch zu wenig, ich will dich zeichnen, dass du dich unter ehrbaren Schneidern nicht mehr darfst sehen lassen." In einer Hast sprang er hinauf, holte sein Bartmesser, seifte der Ziege den Kopf ein und schor sie so glatt wie seine flache Hand. Und weil die Elle zu ehrenvoll gewesen wäre, holte er die Peitsche und versetzte ihr solche Hiebe, dass sie in gewaltigen Sprüngen davonlief.

Der Schneider, als er so ganz einsam in seinem Hause saß, verfiel in große Traurigkeit und hätte seine Söhne gerne wieder gehabt, aber niemand wusste, wo sie hingeraten waren.

Der älteste war zu einem Schreiner in die Lehre gegangen, da lernte er fleißig und unverdrossen und als seine Zeit herum war, dass er wandern sollte, schenkte ihm der Meister ein Tischchen, das gar kein besonderes Ansehen hatte und von gewöhnlichem Holz war; aber es hatte eine gute Eigenschaft. Wenn man es hinstellte und sprach: „Tischchen, deck dich!", so war das gute Tischchen auf einmal mit einem sauberen Tüchlein bedeckt und stand da ein Teller und Messer und Gabel daneben und Schüsseln mit Gesottenem und Gebratenem und ein großes Glas mit rotem Wein leuchtete, dass einem das Herz lachte. Der junge Gesell dachte: Damit hast du genug für dein Lebtag, zog guter Dinge in der Welt umher und bekümmerte sich gar nicht darum, ob ein Wirtshaus gut oder schlecht und ob etwas darin zu finden war oder nicht. Wenn es ihm gefiel, so kehrte er gar nicht ein, sondern im Felde, im Wald, auf einer Wiese, wo er Lust hatte, nahm er sein Tischchen vom Rücken, stellte es vor sich und sprach: „Deck dich!", so war alles da, was sein Herz begehrte. Endlich kam es ihm in den Sinn, er wollte zu seinem Vater zurückkehren, sein Zorn würde sich gelegt haben, und mit dem „Tischchen deck dich" würde er ihn gerne wieder aufnehmen. Es trug sich zu, dass er auf dem Heimweg abends in ein Wirtshaus kam, das mit Gästen angefüllt war. Sie hießen ihn willkommen und luden ihn ein, sich zu ihnen zu setzen und mit ihnen zu essen, sonst würde er schwerlich noch etwas bekommen. „Nein", antwortete der Schreiner, „die paar Bissen will ich euch nicht von dem Munde nehmen, lieber sollt ihr meine Gäste sein." Sie lachten und meinten, er triebe seinen Spaß mit ihnen. Er aber stellte sein hölzernes Tischchen mitten in die Stube und sprach: „Tischchen, deck dich!" Augenblicklich war es mit Speisen besetzt, so gut, wie sie der Wirt nicht hätte herbeischaffen können und wovon der Geruch den Gästen lieblich in die Nase stieg. „Zugegriffen, liebe Freunde!", sprach der Schreiner, und die Gäste, als sie sahen, wie es gemeint war, ließen sich nicht zweimal bitten, rückten heran, zogen ihre Messer und griffen tapfer zu. Und was sie am meisten verwunderte, wenn eine Schüssel leer geworden war, so stellte sich gleich von selbst eine volle an ihren Platz. Der Wirt stand in einer Ecke und sah dem Dinge zu; er wusste gar nicht, was er sagen sollte, dachte aber: Einen solchen Koch könntest du in deiner Wirtschaft wohl brauchen. Der Schreiner und seine Gesellschaft waren lustig bis in die späte Nacht, endlich legten sie sich schlafen, und der junge Geselle ging auch zu Bett und stellte sein Wunschtischchen an die Wand. Dem Wirte aber ließen seine Gedanken keine Ruhe, es fiel ihm ein, dass in seiner Rumpelkammer ein altes Tischchen stände, das geradeso aussah; das holte er ganz sachte herbei und vertauschte es mit dem Wünschtischchen. Am andern Morgen zahlte der Schreiner sein Schlafgeld, packte sein Tischchen auf, dachte gar nicht daran, dass er ein falsches hätte, und ging seiner Wege. Zu Mittag kam er bei seinem Vater an, der ihn mit großer Freude empfing. „Nun, mein lieber Sohn, was hast du gelernt?", sagte er zu ihm. „Vater, ich bin ein Schreiner geworden." „Ein gutes Handwerk", erwiderte der Alte, „aber was hast du von deiner Wanderschaft mitgebracht?" „Vater, das Beste, was ich mitgebracht habe, ist das Tischchen." Der Schneider betrachtete es von allen Seiten und sagte: „Daran hast du kein Meisterstück gemacht, das ist ein altes und schlechtes Tischchen." „Aber es ist ein ,Tischchen deck dich', antwortete der Sohn, „wenn ich es hinstelle und sage ihm, es solle sich decken, so stehen gleich die schönsten Gerichte darauf und ein Wein dabei, der das Herz erfreut. Ladet nur alle Verwandte und Freunde ein, die sollen sich einmal laben und erquicken, denn das Tischchen macht sie alle satt." Als die Gesellschaft beisammen war, stellte er sein Tischchen mitten in die Stube und sprach: „Tischchen, deck dich!" Aber das Tischchen regte sich nicht und blieb so leer wie ein anderer Tisch, der die Sprache nicht versteht. Da merkte der arme Geselle, dass ihm das Tischchen vertauscht war, und schämte sich, dass er wie ein Lügner dastand. Die Verwandten aber lachten ihn aus und mussten ungetrunken und ungegessen wieder heimwandern. Der Vater holte seine Lappen wieder herbei und schneiderte fort, der Sohn aber ging bei einem Meister in die Arbeit.

Der zweite Sohn war zu einem Müller gekommen und bei ihm in die Lehre gegangen. Als er seine Jahre herum hatte, sprach der Meister: „Weil du dich so wohl gehalten hast, so schenke ich dir einen Esel von einer besonderen Art, er zieht nicht am Wagen und trägt auch keine Säcke." „Wozu ist er denn nütze?", fragte der junge Geselle. „Er speit Gold", antwortete der Müller, „wenn du ihn auf ein Tuch stellst und sprichst: ,Bricklebrit!' so speit dir das gute Tier Goldstücke aus, hinten und vorn." „Das ist eine schöne Sache", sprach der Geselle, dankte dem Meister und zog in die Welt. Wenn er Gold nötig hatte, brauchte er nur zu seinem Esel ,Bricklebrit!' zu sagen, so regnete es Goldstücke, und er hatte weiter keine Mühe, als sie von der Erde aufzuheben. Wo er hinkam, war ihm das Beste gut genug und je teurer je lieber, denn er hatte immer einen vollen Beutel. Als er sich eine Zeitlang in der Welt umgesehen hatte, dachte er: Du musst deinen Vater aufsuchen, wenn du mit dem Goldesel kommst, so wird er seinen Zorn vergessen und dich gut aufnehmen. Es trug sich zu, dass er in dasselbe Wirtshaus geriet, in welchem seinem Bruder das Tischchen vertauscht war. Er führte seinen Esel an der Hand, und der Wirt wollte ihm das Tier abnehmen und anbinden, der junge Geselle aber sprach: „Gebt Euch keine Mühe, meinen Grauschimmel führe ich selbst in den Stall und binde ihn auch selbst an, denn ich muss wissen, wo er steht.“ Dem Wirt kam das wunderlich vor, und er meinte, einer, der seinen Esel selbst besorgen müsste, hätte nicht viel zu verzehren; aber als der Fremde in die Tasche griff, zwei Goldstücke herausholte und sagte, er solle nur etwas Gutes für ihn einkaufen, so machte er große Augen, lief und suchte das Beste, das er auftreiben konnte. Nach der Mahlzeit fragte der Gast, was er schuldig wäre, der Wirt wollte die doppelte Kreide nicht sparen und sagte, noch ein paar Goldstücke müsste er zulegen. Der Geselle griff in die Tasche, aber sein Geld war eben zu Ende. „Wartet einen Augenblick, Herr Wirt“, sprach er, „ich will nur gehen und Gold holen!“, nahm aber das Tischtuch mit. Der Wirt wusste nicht, was das heißen sollte, war neugierig, schlich ihm nach, und da der Gast die Stalltüre zuriegelte, so guckte er durch ein Astloch. Der Fremde breitete unter dem Esel das Tuch aus, rief „Bricklebrit!“ und augenblicklich fing das Tier an zu speien von hinten und von vorne, dass es ordentlich auf die Erde herabregnete. „Ei, der Tausend!“, sagte der Wirt, „da sind die Dukaten bald geprägt! So ein Geldbeutel ist nicht übel!“ Der Gast bezahlte seine Zeche und legte sich schlafen, der Wirt aber schlich in der Nacht herab in den Stall, führte den Münzmeister weg und band einen andern Esel an seine Stelle. Den folgenden Morgen in der Frühe zog der Geselle mit seinem Esel ab und meinte, er hätte seinen „Goldesel“. Mittags kam er bei seinem Vater an, der sich freute, als er ihn wiedersah, und ihn gerne aufnahm. „Was ist aus dir geworden, mein Sohn?“, fragte der Alte. „Ein Müller, lieber Vater“, antwortete er. „Was hast du von deiner Wanderschaft mitgebracht?“ „Weiter nichts als einen Esel.“ „Esel gibt's hier genug“, sagte der Vater, „da wäre mir doch eine gute Ziege lieber gewesen.“ „Ja“, antwortete der Sohn, „aber es ist kein gemeiner Esel, sondern ein ‚Goldesel‘; wenn ich sage ‚Bricklebrit!‘, so speit Euch das gute Tier ein ganzes Tuch voll Goldstücke. Lasst nur alle Verwandten herbeirufen, ich mache sie alle zu reichen Leuten.“ „Das lass ich mir gefallen“, sagte der Schneider, „dann brauch ich mich mit der Nadel nicht weiter zu quälen“, sprang selbst fort und rief die Verwandten herbei. Sobald sie beisammen waren, hieß sie der Müller Platz machen, breitete sein Tuch aus und brachte den Esel in die Stube. „Jetzt gebt Acht!“, sagte er und rief: „Bricklebrit!“, aber es waren keine Goldstücke, was herabfiel, und es zeigte sich, dass das Tier nichts von der Kunst verstand, denn es bringt's nicht jeder Esel so weit. Da machte der arme Müller ein langes Gesicht, sah, dass er betrogen war, und bat die Verwandten um Verzeihung, die so arm heimgingen, als sie gekommen waren. Es blieb nichts übrig, der Alte musste wieder nach der Nadel greifen und der Junge sich bei einem Müller verdingen.

Der dritte Bruder war zu einem Drechsler in die Lehre gegangen, und weil es ein kunstreiches Handwerk ist, musste er am längsten lernen. Seine Brüder aber meldeten ihm in einem Briefe, wie schlimm es ihnen ergangen wäre und wie sie der Wirt noch am letzten Abend um ihre schönen Wünschdinge gebracht hätte. Als der Drechsler nun ausgelernt hatte und wandern sollte, so schenkte ihm sein Meister, weil er sich so wohl gehalten, einen Sack und sagte: „Es liegt ein Knüppel darin." „Den Sack kann ich umhängen, und er kann mir gute Dienste leisten, aber was soll der Knüppel darin? Der macht ihn nur schwer." „Das will ich dir sagen", antwortete der Meister. „Hat dir jemand etwas zuleid getan, so sprich nur: ‚Knüppel, aus dem Sack!', so springt dir der Knüppel heraus unter die Leute und tanzt ihnen so lustig auf dem Rücken herum, dass sie sich acht Tage lang nicht regen und bewegen können; und eher lässt er nicht ab, als bis du sagst: ‚Knüppel, in den Sack!'" Der Gesell dankte ihm, hing den Sack um, und wenn ihm jemand zu nahe kam und auf den Leib wollte, so sprach er: „Knüppel, aus dem Sack!' ", alsbald sprang der Knüppel heraus und klopfte einem nach dem andern den Rock oder das Wams gleich auf dem Rücken aus und wartete nicht erst, bis er ihn ausgezogen hatte; und das ging so geschwind, dass, eh' sich's einer versah, die Reihe schon an ihm war. Der junge Drechsler langte zur Abendzeit in dem Wirtshaus an, wo seine Brüder betrogen worden waren. Er legte seinen Ranzen vor sich auf den Tisch und fing an zu erzählen, was er alles Merkwürdiges in der Welt gesehen habe. „Ja", sagte er, „man findet wohl ein ‚Tischchen deck dich', einen ‚Goldesel' und dergleichen, lauter gute Dinge, die ich nicht verachte, aber das ist alles nichts gegen den Schatz, den ich mir erworben habe und mit mir da in meinem Sack führe." Der Wirt spitzte die Ohren: Was in aller Welt mag das sein?, dachte er, der Sack ist wohl mit lauter Edelsteinen angefüllt, den sollte ich billig auch noch haben, denn aller guten Dinge sind drei. Als Schlafenszeit war, streckte sich der Gast auf die Bank und legte seinen Sack als Kopfkissen unter. Der Wirt, als er meinte, der Gast läge in tiefem Schlaf, ging herbei, rückte und zog ganz sachte und vorsichtig an dem Sack, ob er ihn vielleicht wegziehen und einen andern unterlegen könnte. Der Drechsler aber hatte schon lange darauf gewartet; wie nun der Wirt eben einen herzhaften Ruck tun wollte, rief er: „Knüppel, aus dem Sack!" Alsbald fuhr das Knüppelchen heraus, dem Wirt auf den Leib und rieb ihm die Nähte, dass es eine Art hatte. Der Wirt schrie zum Erbarmen, aber je lauter er schrie, desto kräftiger schlug der Knüppel ihm den Takt dazu auf den Rücken, bis er endlich erschöpft zur Erde fiel. Da sprach der Drechsler: „Wenn du das ‚Tischchen deck dich' und den ‚Goldesel' nicht wieder herausgibst, so soll der Tanz von neuem angehen!" „Ach nein", rief der Wirt ganz kleinlaut, „ich gebe alles gerne wieder heraus, lasst nur den verwünschten Kobold wieder in den Sack kriechen." Da sprach der Geselle: „Ich will Gnade vor Recht ergehen lassen, aber hüte dich vor Schaden!" Dann rief er: „Knüppel, in den Sack!" und ließ ihn ruhen.

Der Drechsler zog am andern Morgen mit dem „Tischchen deck dich" und dem „Goldesel" heim zu seinem Vater. Der Schneider freute sich, als er ihn wiedersah, und fragte auch ihn, was es in der Fremde gelernt hätte. „Lieber Vater", antwortete er. „Ich bin ein Drechsler geworden." „Ein kunstreiches Handwerk", sagte der Vater, „was hast du von der Wanderschaft mitgebracht?" „Ein kostbares

Stück, lieber Vater", antwortete der Sohn, „einen Knüppel in dem Sack." „Was?", rief der Vater, „einen Knüppel! Das ist der Mühe wert! Den kannst du dir von jedem Baume abhauen." „Aber einen solchen nicht, lieber Vater. Sage ich: ‚Knüppel aus dem Sack', so springt der Knüppel heraus und macht mit dem, der es nicht gut mit mir meint, einen schlimmen Tanz und lässt nicht eher nach, als bis er auf der Erde liegt und um gut Wetter bittet. Seht ihr, mit diesem Knüppel habe ich das ‚Tischlein deck dich' und den ‚Goldesel' wieder herbeigeschafft, die der diebische Wirt meinen Brüdern abgenommen hatte. Jetzt lasst sie beide rufen und ladet alle Verwandten ein, ich will sie speisen und tränken und will ihnen die Taschen noch mit Gold füllen."

Der alte Schneider wollte nicht recht trauen, brachte aber doch die Verwandten zusammen. Da deckte der Drechsler ein Tuch in die Stube, führte den Goldesel herein und sagte zu seinem Bruder: „Nun, lieber Bruder, sprich mit ihm!" Der Müller sagte: „Bricklebrit!", und augenblicklich sprangen die Goldstücke auf das Tuch herab, als käme ein Platzregen, und der Esel hörte nicht eher auf, als bis alle so viel hatten, dass sie nicht mehr tragen konnten. (Ich sehe dir's an, du wärst auch gerne dabei gewesen!) Dann holte der Drechsler das Tischchen und sagte: „Lieber Bruder, nun sprich mit ihm!" Und kaum hatte der Schreiner „Tischchen, deck dich!" gesagt, so war es gedeckt und mit den schönsten Schüsseln reichlich besetzt. Da ward eine Mahlzeit gehalten, wie der gute Schneider noch keine in seinem Hause erlebt hatte, und die ganze Verwandtschaft blieb beisammen bis in die Nacht, und waren alle lustig und vergnügt. Der Schneider verschloss Nadel und Zwirn, Elle und Bügeleisen in einen Schrank und lebte mit seinen drei Söhnen in Freude und Herrlichkeit.

Wo ist aber die Ziege hingekommen, die schuld war, dass der Schneider seine drei Söhne fortjagte? Das will ich dir sagen. Sie schämte sich, dass sie einen kahlen Kopf hatte, lief in eine Fuchshöhle und verkroch sich hinein. Als der Fuchs nach Hause kam, funkelten ihm ein paar große Augen aus der Dunkelheit entgegen, dass er erschrak und wieder zurücklief. Der Bär begegnete ihm, und da der Fuchs ganz verstört aussah, so sprach er: „Was ist dir, Bruder Fuchs, was machst du für ein Gesicht?" „Ach", antwortete der Rote, „ein grimmig Tier sitzt in meiner Höhle und hat mich mit feurigen Augen angeglotzt." „Das wollen wir bald austreiben", sprach der Bär, ging mit zu der Höhle und schaute hinein; als er aber die feurigen Augen erblickte, wandelte ihn ebenfalls Furcht an, er wollte mit dem grimmigen Tiere nichts zu tun haben und nahm Reißaus. Die Biene begegnete ihm, und da sie merkte, dass es ihm in seiner Haut nicht wohl zumute war, sprach sie: „Bär, du machst ja ein gewaltig verdrießlich Gesicht, wo ist deine Lustigkeit geblieben?" „Du hast gut reden", antwortete der Bär, „es sitzt ein grimmiges Tier mit Glotzaugen in dem Hause des Roten, und wir können es nicht herausjagen." Die Biene sprach: „Du dauerst mich, Bär, ich bin ein armes, schwaches Geschöpf, das ihr im Wege nicht anguckt, aber ich glaube doch, dass ich euch helfen kann." Sie flog in die Fuchshöhle, setzte sich der Ziege auf den glatten, geschorenen Kopf und stach sie so gewaltig, dass sie aufsprang, „meh, meh!“ schrie und wie toll in die Welt hineinlief; und weiß niemand auf diese Stunde, wo sie hingelaufen ist.

Sneewittchen

Es war einmal mitten im Winter, und die Schneeflocken fielen wie Federn vom Himmel herab, da saß eine Königin an einem Fenster, das einen Rahmen von schwarzem Ebenholz hatte, und nähte. Und wie sie so nähte und nach dem Schnee aufblickte, stach sie sich mit der Nadel in den Finger, und es fielen drei Tropfen Blut in den Schnee. Und weil das Rote im weißen Schnee so schön aussah, dachte sie bei sich: „Hätt' ich ein Kind, so weiß wie Schnee, so rot wie Blut und so schwarz wie der Rahmen.“ Bald darauf bekam sie ein Töchterlein, das war so weiß wie Schnee, so rot wie Blut und so schwarzhaarig wie Ebenholz und wurde darum das Sneewittchen genannt. Und wie das Kind geboren war, starb die Königin.

Über ein Jahr nahm sich der König eine andere Gemahlin. Es war eine schöne Frau, aber sie war stolz und übermütig und konnte nicht leiden, dass sie an Schönheit von jemand sollte übertroffen werden. Sie hatte einen wunderbaren Spiegel, wenn sie vor den trat und sich darin beschaute, sprach sie:

„Spieglein, Spieglein an der Wand,
wer ist die Schönste im ganzen Land?“

so antwortete der Spiegel:

„Frau Königin, ihr seid die Schönste im Land.“

Da war sie zufrieden, denn sie wusste, dass der Spiegel die Wahrheit sagte.

Sneewittchen aber wuchs heran und wurde immer schöner, und als es sieben Jahr alt war, war es so schön wie der klare Tag und schöner als die Königin selbst.

Als diese einmal ihren Spiegel fragte:

„Spieglein, Spieglein an der Wand,
wer ist die Schönste im ganzen Land?“,

so antwortete er:

„Frau Königin, Ihr seid die Schönste hier,
aber Sneewittchen ist tausendmal schöner als Ihr.“

Da erschrak die Königin und ward gelb und grün vor Neid. Von Stund an, wenn sie Sneewittchen erblickte, kehrte sich ihr das Herz im Leibe herum, so hasste sie das Mädchen. Und der Neid und Hochmut wuchsen und wurden so groß in ihr, dass sie Tag und Nacht keine Ruhe mehr hatte. Da rief sie einen Jäger und sprach: „Bring das Kind hinaus in den Wald, ich will's nicht mehr vor meinen Augen sehen. Dort sollst du's töten und mir Lunge und Leber zum Wahrzeichen mitbringen.“ Der Jäger gehorchte und führte es hinaus, und als er den Hirschfänger gezogen hatte und Sneewittchens unschuldiges Herz durchbohren wollte, fing es an zu weinen und sprach: „Ach, lieber Jäger, lass mir mein Leben; ich will in den wilden Wald laufen und nimmermehr wieder heimkommen.“ Und weil es so schön war, hatte der Jäger Mitleiden und sprach: „So lauf hin, du armes Kind.“ „Die wilden Tiere werden dich bald gefressen haben“, dachte er, und doch war’s ihm, als wär ein Stein von seinem Herzen gewälzt, weil er es nicht zu töten brauchte. Und weil gerade ein junger Frischling dahergesprungen kam, stach er ihn ab, nahm Lunge und Leber heraus und brachte sie als Wahrzeichen der Königin mit. Der Koch musste sie in Salz kochen, und das boshafte Weib aß sie auf und meinte, sie hätte Sneewittchens Lunge und Leber gegessen.

Nun war das arme Kind in dem großen Wald mutterselig allein und war ihm so angst, dass es alle Blätter an den Bäumen ansah und nicht wusste, wie es sich helfen sollte. Da fing es an zu laufen und lief über die spitzen Steine und durch die Dornen, und die wilden Tiere sprangen an ihm vorbei, aber sie taten ihm nichts. Es lief so lange nur die Füße noch fort konnten, bis es bald Abend werden wollte, da sah es ein kleines Häuschen und ging hinein, sich zu ruhen. In dem Häuschen war alles klein, aber so zierlich und reinlich, dass es nicht zu sagen ist. Da stand ein weiß gedecktes Tischlein mit sieben kleinen Tellern, jedes Tellerlein mit seinem Löffelein, ferner sieben Messerlein und Gäblein und sieben Becherlein. An der Wand waren sieben Bettlein nebeneinander aufgestellt und schneeweiße Laken darüber gedeckt. Sneewittchen, weil es so hungrig und durstig war, aß von jedem Tellerlein ein wenig Gemüs und Brot und trank aus jedem Becherlein einen Tropfen Wein; denn es wollte nicht einem allein alles wegnehmen. Hernach, weil es so müde war, legte es sich in ein Bettchen, aber keins passte; das eine war zu lang, das andere zu kurz, bis endlich das siebente recht war, und darin blieb es liegen, befahl sich Gott und schlief ein.

Als es nun ganz dunkel war, kamen die Herren von dem Häuslein, das waren sieben Zwerge, die in den Bergen nach Erz hackten und gruben. Sie zündeten ihre sieben Lichtlein an, und wie es nun hell im Häuslein ward, sahen sie, dass jemand darin gewesen war, denn es stand nicht alles so in der Ordnung, wie sie es verlassen hatten. Der erste sprach: „Wer hat auf meinem Stühlchen gesessen?“ Der zweite: „Wer hat von meinem Tellerchen gegessen?“ Der dritte: „Wer hat von meinem Brötchen genommen?“ Der vierte: „Wer hat von meinem Gemüschen gegessen?“ Der fünfte: „Wer hat mit meinem Gäbelchen gestochen?“ Der sechste: „Wer hat mit meinem Messerchen geschnitten?“ Der siebente: „Wer hat aus meinem Becherlein getrunken?“ Dann sah sich der erste um und sah, dass auf seinem Bett eine kleine Delle war, da sprach er: „Wer hat in mein Bettchen getreten?“ Die andern kamen gelaufen und riefen: „In meinem hat auch jemand gelegen.“ Der siebente aber, als er in sein Bett sah, erblickte Sneewittchen, das lag darin und schlief. Nun rief er die andern, die kamen herbeigelaufen und schrien vor Verwunderung, holten ihre sieben Lichtlein und beleuchteten Sneewittchen. „Ei, du mein Gott! Ei, du mein Gott!“, riefen sie, „was ist das Kind schön!“ und hatten so große Freude, dass sie es nicht aufweckten, sondern im Bettlein fortschlafen ließen. Der siebente Zwerg aber schlief bei seinen Gesellen, bei jedem eine Stunde, da war die Nacht herum.

Als es Morgen war, erwachte Sneewittchen, und wie es die sieben Zwerge sah, erschrak es. Sie waren aber freundlich und fragten: „Wie heißt du?“ „Ich heiße Sneewittchen“, antwortete es. „Wie bist du in unser Haus gekommen?“, sprachen weiter die Zwerge. Da erzählte es ihnen, dass seine Stiefmutter es hätte wollen umbringen lassen, der Jäger hätte ihm aber das Leben geschenkt, und da wäre es gelaufen den ganzen Tag, bis es endlich ihr Häuslein gefunden. Die Zwerge sprachen: „Willst du unsern Haushalt versehen, kochen, betten, waschen, nähen und stricken, und willst du alles ordentlich und reinlich halten, so kannst du bei uns bleiben, und es soll dir an nichts fehlen.“ Das versprach Sneewittchen und blieb bei ihnen. Es hielt ordentlich Haus: Morgens gingen sie in die Berge und suchten Erz und Gold, abends kamen sie wieder, und da musste ihr Essen bereit sein. Den Tag über war das Mädchen allein, da warnten es die guten Zwerglein und sprachen: „Hüte dich vor deiner Stiefmutter, die wird bald wissen, dass du hier bist; lass ja niemand herein.“

Die Königin aber, nachdem sie Sneewittchens Lunge und Leber glaubte gegessen zu haben, dachte nicht anders, als wieder die Erste und Allerschönste zu sein, und trat vor ihren Spiegel und sprach:

„Spieglein, Spieglein an der Wand,
wer ist die Schönste im ganzen Land?“

Da antwortete der Spiegel:

„Frau Königin, Ihr seid die Schönste hier,
aber Sneewittchen über den Bergen
bei den sieben Zwergen
ist noch tausendmal schöner als Ihr.“

Da erschrak sie, denn sie wusste, dass der Spiegel keine Unwahrheit sprach, und merkte, dass der Jäger sie betrogen hatte und Sneewittchen noch am Leben war. Und da sann und sann sie aufs Neue, wie sie es umbringen wollte; denn so lange sie nicht die Schönste war im ganzen Land, ließ ihr der Neid keine Ruhe. Und als sie sich endlich etwas ausgedacht hatte, färbte sie sich das Gesicht und kleidete sich wie eine alte Krämerin und war ganz unkenntlich. In dieser Gestalt ging sie über die sieben Berge zu den sieben Zwergen, klopfte an die Türe und rief: „Schöne Ware feil! feil!“ Sneewittchen guckte zum Fenster heraus und rief: „Guten Tag, liebe Frau, was habt ihr zu verkaufen?“ „Gute Ware, schöne Ware“, antwortete sie, „Schnürriemen von allen Farben“, dabei holte sie einen hervor, der aus bunter Seide geflochten war. „Die ehrliche Frau kann ich hereinlassen“, dachte Sneewittchen, riegelte die Türe auf und kaufte sich den hübschen Schnürriemen. „Kind“, sprach die Alte, „wie du aussiehst! Komm, ich will dich einmal ordentlich schnüren.“ Sneewittchen hatte kein Arg, stellte sich vor sie und ließ sich mit dem neuen Schnürriemen schnüren; aber die Alte schnürte geschwind und schnürte so fest, dass dem Sneewittchen der Atem verging und es für tot hinfiel. „Nun bist du die Schönste gewesen“, sprach sie und eilte hinaus.

Nicht lange darauf, zur Abendzeit, kamen die sieben Zwerge nach Haus, aber wie erschraken sie, als sie ihr liebes Sneewittchen auf der Erde liegen fanden, und es regte und bewegte sich nicht, als wär es tot. Sie hoben es in die Höhe, und weil sie sahen, dass es zu fest geschnürt war, schnitten sie den Schnürriemen entzwei: Da fing es an, ein wenig zu atmen und ward nach und nach wieder lebendig. Als die Zwerge hörten, was geschehen war, sprachen sie: „Die alte Krämerfrau war niemand als die Königin, hüte dich und lass keinen Menschen herein, wenn wir nicht bei dir sind.“

Das böse Weib aber, als es nach Haus gekommen war, ging vor den Spiegel und fragte:

„Spieglein, Spieglein an der Wand,
wer ist die Schönste im ganzen Land?“

Da antwortete er wie sonst:

„Frau Königin, Ihr seid die Schönste hier,
aber Sneewittchen über den Bergen
bei den sieben Zwergen
ist noch tausendmal schöner als Ihr.“

Als sie das hörte, lief ihr alles Blut zum Herzen, so erschrak sie, denn sie sah wohl, dass Sneewittchen wieder lebendig geworden war. „Nun aber“, sprach sie, „will ich etwas aussinnen, das dich zu Grunde richten soll“ und mit Hexenkünsten, die sie verstand, machte sie einen giftigen Kamm. Dann verkleidete sie sich und nahm die Gestalt eines andern alten Weibes an. So ging sie hin über die sieben Berge zu den sieben Zwergen, klopfte an die Türe und rief: „Gute Ware feil!“ Sneewittchen schaute heraus und sprach: „Geht nur weiter, ich darf niemand hereinlassen.“ „Das Ansehen wird dir doch erlaubt sein“, sprach die Alte, zog den giftigen Kamm heraus und hielt ihn in die Höhe. Da gefiel er dem Kinde so gut, dass es sich betören ließ und die Türe öffnete. Als es den Kamm erhandelt hatte, sprach die Alte: „Nun will ich dich einmal ordentlich kämmen.“ Das arme Sneewittchen dachte an nichts und ließ die Alte gewähren, aber kaum hatte sie den Kamm in die Haare gesteckt, als das Gift darin wirkte und das

Mädchen ohne Besinnung niederfiel. „Du Ausbund von Schönheit, jetzt ist's um dich geschehen", sprach das boshafte Weib und ging fort. Zum Glück aber war es bald Abend, wo die sieben Zwerglein nach Haus kamen. Als sie Sneewittchen wie tot auf der Erde liegen sahen, hatten sie gleich die böse Stiefmutter in Verdacht, suchten nach und fanden den giftigen Kamm, und wie sie ihn herausgezogen, kam Sneewittchen wieder zu sich und erzählte ihnen, was vorgegangen war. Da warnten sie es noch einmal, auf seiner Hut zu sein und niemand die Türe zu öffnen.

Die Königin stellte sich daheim vor den Spiegel und sprach:

„Spieglein, Spieglein an der Wand,
wer ist die Schönste im ganzen Land?"

Da antwortete er wie vorher:

„Frau Königin, Ihr seid die Schönste hier,
aber Sneewittchen über den Bergen
bei den sieben Zwergen
ist noch tausendmal schöner als Ihr."

Als sie den Spiegel so reden hörte, zitterte und bebte sie vor Zorn. „Sneewittchen soll sterben", rief sie, „und wenn es mein eigenes Leben kostet." Darauf ging sie in eine ganz verborgene einsame Kammer, wo niemand hinkam, und machte da einen giftigen Apfel. Äußerlich sah er schön aus, weiß mit roten Backen, dass jeder, der ihn erblickte, Lust darnach bekam, aber wer ein Stückchen davon aß, der musste sterben. Als der Apfel fertig war, färbte sie sich das Gesicht und verkleidete sich in eine Bauersfrau und so ging sie über die sieben Berge zu den sieben Zwergen. Sie klopfte an, Sneewittchen streckte den Kopf zum Fenster heraus und sprach: „Ich darf keinen Menschen einlassen, die sieben Zwerge haben mir's verboten." „Mir auch recht", anwortete die Bäurin, „meine Äpfel will ich schon los werden. Da, einen will ich dir schenken." „Nein", sprach Sneewittchen, „ich darf nichts annehmen." „Fürchtest du dich vor Gift?", sprach die Alte. „Siehst du, da schneide ich den Apfel in zwei Teile; den roten Backen iss du, den weißen will ich essen." Der Apfel war aber so künstlich gemacht, dass der rote Backen allein vergiftet war. Sneewittchen lusterte den schönen Apfel an und als es sah, dass die Bäurin davon aß, so konnte es nicht länger widerstehen, streckte die Hand hinaus und nahm die giftige Hälfte. Kaum aber hatte es einen Bissen davon im Mund, so fiel es tot zur Erde nieder. Da betrachtete es die Königin mit grausigen Blicken und lachte überlaut und sprach: „Weiß wie Schnee, rot wie Blut, schwarz wie Ebenholz! Diesmal können dich die Zwerge nicht wieder erwecken." Und als sie daheim den Spiegel befragte:

„Spieglein, Spieglein an der Wand,
wer ist die Schönste im ganzen Land?",

so antwortete er endlich:

„Frau Königin, Ihr seid die Schönste im Land."

Da hatte ihr neidisches Herz Ruhe, so gut ein neidisches Herz Ruhe haben kann. Die Zwerglein, wie sie abends nach Haus kamen, fanden Sneewittchen auf der Erde liegen und regte sich kein Atem mehr, und es war tot. Sie hoben es auf, suchten, ob sie was Giftiges fänden, schnürten es auf, kämmten ihm die Haare, wuschen es mit Wasser und Wein, aber es half alles nichts; das liebe Kind war tot. Sie legten es auf eine Bahre und setzten sich alle siebene daran und beweinten es und weinten drei Tage lang. Da wollten sie es begraben, aber es sah noch so frisch aus wie ein lebender Mensch und hatte noch seine schönen roten Backen. Sie sprachen: „Das können wir nicht in die schwarze Erde versenken" und ließen einen durchsichtigen Sarg von Glas machen, dass man es von allen Seiten sehen konnte, legten es hinein und schrieben mit goldenen Buchstaben seinen Namen darauf und dass es eine Königstochter wäre. Dann setzten sie den Sarg hinaus auf den Berg, und einer von ihnen blieb immer dabei und bewachte ihn. Und die Tiere kamen auch und beweinten Sneewittchen, erst eine Eule, dann ein Rabe, zuletzt ein Täubchen.

Nun lag Sneewittchen lange, lange Zeit in dem Sarg und verweste nicht, sondern sah aus, als wenn es schliefe, denn es war noch so weiß als Schnee, so rot als Blut und so schwarzhaarig wie Ebenholz. Es geschah aber, dass ein Königssohn in den Wald geriet und zu dem Zwergenhaus kam, da zu übernachten. Er sah auf dem Berg den Sarg und das schöne Sneewittchen darin und las, was mit goldenen Buchstaben darauf geschrieben war. Da sprach er zu den Zwergen: „Lasst mir den Sarg, ich will euch geben, was ihr dafür haben wollt." Aber die Zwerge antworteten: „Wir geben ihn nicht um alles Gold in der Welt." Da sprach er: „So schenkt mir ihn, denn ich kann nicht leben, ohne Sneewittchen zu sehen, ich will es ehren und hoch achten wie mein Liebstes." Wie er so sprach, empfanden die guten Zwerglein Mitleiden mit ihm und gaben ihm den Sarg. Der Königssohn ließ ihn nun von seinen Dienern auf den Schultern forttragen. Da geschah es, dass sie über einen Strauch stolperten, und von dem Schüttern fuhr der giftige Apfelgrütz, den Sneewittchen abgebissen hatte, aus dem Hals, und es ward wieder lebendig. Da richtete es sich auf und sprach: „Ach Gott, wo bin ich?" Der Königssohn sagte voll Freude: „Du bist bei mir" und erzählte, was sich zugetragen hatte und sprach: „Ich habe dich lieber als alles auf der Welt; komm mit mir in meines Vaters Schloss, du sollst meine Gemahlin werden." Da war ihm Sneewittchen gut und ging mit ihm, und ihre Hochzeit ward mit großer Pracht und Herrlichkeit angeordnet.

Zu dem Fest war aber auch Sneewittchens gottlose Stiefmutter eingeladen. Wie sie sich nun mit schönen Kleidern angetan hatte, trat sie vor den Spiegel und sprach:

„Spieglein, Spieglein an der Wand,
wer ist die Schönste im ganzen Land?"

Der Spiegel antwortete:

„Frau Königin, Ihr seid die Schönste hier,
aber die junge Königin ist tausendmal schöner als Ihr.“
Da stieß das böse Weib einen Fluch aus und ward ihr so angst, so angst, dass sie sich nicht zu lassen wusste. Sie wollte zuerst gar nicht auf die Hochzeit kommen, doch ließ es ihr keine Ruhe, sie musste fort und die junge Königin sehen. Und wie sie hineintrat, erkannte sie Sneewittchen, und vor Angst und Schrecken stand sie da und konnte sich nicht regen. Aber es waren schon eiserne Pantoffeln über Kohlenfeuer gestellt und wurden glühend hereingebracht: Da musste sie die feuerroten Schuhe anziehen und darin tanzen, dass ihr die Füße jämmerlich verbrannten; und sie durfte nicht aufhören, bis sie sich tot getanzt hatte.

Die drei Räuber *(Tomi Ungerer)*[1]

Es waren einmal drei grimmige Räuber mit weiten schwarzen Mänteln und hohen schwarzen Hüten. Der erste hatte eine Donnerbüchse. Der zweite hatte einen Blasebalg mit Pfeffer. Der dritte hatte ein riesiges rotes Beil. In der Nacht, wenn es dunkel war, lagen sie am Wegrand auf der Lauer. Es waren schreckliche Kerle. Wenn sie auftauchten, fielen die Frauen um vor Angst, die Hunde zogen den Schwanz ein, und selbst die mutigsten Männer ergriffen die Flucht. Wenn Kutschen vorbeikamen, bliesen sie den Pferden Pfeffer in die Nüstern. Da mussten die Kutscher anhalten. Dann zertrümmerten sie die Wagenräder. Und mit der Donnerbüchse bedrohten sie die Reisenden und raubten sie aus. Die Räuber hatten ihr Versteck in einer Höhle hoch in den Bergen. Dorthin schleppten sie ihre Beute. Sie hatten Kisten und Truhen voll Gold. Perlen, Ringen, Uhren und Edelsteinen.

Da geschah es einmal, dass sie in einer tiefschwarzen Nacht eine Kutsche überfielen, in der nur ein einziger Reisender saß. Und das war ein trauriges kleines Mädchen, das Tiffany hieß. Sie war ein Waisenkind und war auf dem Weg zu einer wunderlichen alten Tante, bei der sie in Zukunft leben sollte. Das gefiel Tiffany gar nicht. Und deshalb freute sie sich, als plötzlich die drei Räuber vor ihr standen. Weil die Räuber außer Tiffany nichts fanden, wickelten sie das kleine Mädchen in eine warme Decke und nahmen es mit in die Räuberhöhle. Dort machten sie ihr ein weiches Bett, in dem sie schlafen konnte.

Als Tiffany am nächsten Morgen erwachte, sah sie die Kisten und Truhen, die mit Schätzen gefüllt waren. „Was macht ihr denn damit?“, fragte sie die Räuber. Die Räuber schauten einander verblüfft an. Sie hatten nie überlegt, was sie mit all dem Reichtum anfangen könnten. Und weil Tiffany, das Waisenkind, ihnen so gut gefiel, gingen sie auf die Suche nach anderen unglücklichen Kindern, um für sie zu sorgen. Sie kauften ein prächtiges Schloss, in dem alle Kinder Platz hatten. Die Kinder bekamen die gleichen Mäntel und Hüte wie die drei Räuber. Nur in Rot.

Die Geschichte von den Kindern im Räuberschloss sprach sich schnell herum. Jeden Tag wurden neue Waisenkinder vor der Tür gefunden. Sie blieben im Schloss, bis sie alt genug waren, um zu heiraten. Dann bauten sie sich Häuser in der Nähe. Bald war es eine ganze kleine Stadt mit Leuten, die alle rote Hüte und rote Mäntel trugen. Zum Schluss bauten sie eine Stadtmauer mit drei mächtigen Türmen. Für jeden Räuber einen Turm. Aus Dankbarkeit.

[1] *aus: Tomi Ungerer: Die drei Räuber*
Deutsch von Tilde Michels

Die Prinzessin auf der Erbse *(Hans Christian Andersen)*

Es war einmal ein Prinz, der wollte eine Prinzessin heiraten. Aber das sollte eine wirkliche Prinzessin sein. Da reiste er in der ganzen Welt herum, um eine solche zu finden, aber überall fehlte etwas. Prinzessinnen gab es genug, aber ob es wirkliche Prinzessinnen waren, konnte er nie herausfinden. Immer war da etwas, was nicht ganz in Ordnung war. Da kam er wieder nach Hause und war ganz traurig, denn er wollte doch gern eine wirkliche Prinzessin haben.

Eines Abends zog ein furchtbares Wetter auf; es blitzte und donnerte, der Regen stürzte herab, und es war ganz entsetzlich. Da klopfte es an das Stadttor, und der alte König ging hin, um aufzumachen.

Es war eine Prinzessin, die draußen vor dem Tor stand. Aber wie sah sie vom Regen und dem bösen Wetter aus! Das Wasser lief ihr von den Haaren und Kleidern herab, lief in die Schnäbel der Schuhe hinein und zum Absatz wieder hinaus. Sie sagte, dass sie eine wirkliche Prinzessin wäre.

„Ja, das werden wir schon erfahren!“, dachte die alte Königin, aber sie sagte nichts, ging in die Schlafkammer hinein, nahm alles Bettzeug ab und legte eine Erbse auf den Boden der Bettstelle. Dann nahm sie zwanzig Matratzen, legte sie auf die Erbse und dann noch zwanzig Eiderdaunendecken oben auf die Matratzen. Hier sollte nun die Prinzessin die ganze Nacht über liegen. Am Morgen wurde sie gefragt, wie sie geschlafen hätte.

„Oh, entsetzlich schlecht!“, sagte die Prinzessin. „Ich habe fast die ganze Nacht kein Auge geschlossen! Gott weiß, was in meinem Bett gewesen ist. Ich habe auf etwas Hartem gelegen, sodass ich am ganzen Körper ganz braun und blau bin! Es ist ganz entsetzlich!“

Daran konnte man sehen, dass sie eine wirkliche Prinzessin war, da sie durch die zwanzig Matratzen und die zwanzig Eiderdaunendecken die Erbse gespürt hatte. So feinfühlig konnte niemand sein außer einer echten Prinzessin.

Da nahm sie der Prinz zur Frau, denn nun wusste er, dass er eine wirkliche Prinzessin gefunden hatte. Und die Erbse kam auf die Kunstkammer, wo sie noch zu sehen ist, wenn sie niemand gestohlen hat.

Seht, das war eine wirkliche Geschichte!

Der kleine Häwelmann *(Theodor Storm)*[1]

Es war einmal ein kleiner Junge, der hieß Häwelmann. Des Nachts schlief er in einem Rollenbett und auch des Nachmittags, wenn er müde war; wenn er aber nicht müde war, so musste seine Mutter ihn darin in der Stube umherfahren, und davon konnte er nie genug bekommen.

Nun lag der kleine Häwelmann eines Nachts in seinem Rollenbett und konnte nicht einschlafen; die Mutter aber schlief schon lange neben ihm in ihrem großen Himmelbett. „Mutter“, rief der kleine Häwelmann, „ich will fahren!“ Und die Mutter langte im Schlaf mit dem Arm aus dem Bett und rollte die kleine Bettstelle hin und her, und wenn ihr der Arm müde werden wollte, so rief der kleine Häwelmann: „Mehr, mehr!“ und dann ging das Rollen wieder von vorne an. Endlich aber schlief sie gänzlich ein; und so viel Häwelmann auch schreien mochte, sie hörte es nicht; es war rein vorbei.

Da dauerte es nicht lange, so sah der Mond in die Fensterscheiben, der gute alte Mond, und was er da sah, war so possierlich, dass er sich erst mit seinem Pelzärmel über das Gesicht fuhr, um sich die Augen auszuwischen; so etwas hatte der alte Mond all sein Lebtag nicht gesehen. Da lag der kleine Häwelmann mit offenen Augen in seinem Rollenbett und hielt das eine Beinchen wie einen Mastbaum in die Höhe. Sein kleines Hemd hatte er ausgezogen und hing es wie ein Segel an seiner kleinen Zehe auf; dann nahm er ein Hemdzipfelchen in jede Hand und fing mit beiden Backen an zu blasen. Und allmählich, leise, leise, fing es an zu rollen, über den Fußboden, dann die Wand hinauf, dann kopfüber die Decke entlang und dann die andere Wand wieder hinunter. „Mehr, mehr!“, schrie Häwelmann, als er wieder auf dem Boden war; und dann blies er wieder seine Backen auf, und dann ging es wieder kopfüber und kopfunter. Es war ein großes Glück für den kleinen Häwelmann, dass es gerade Nacht war und die Erde auf dem Kopf stand; sonst hätte er doch gar zu leicht den Hals brechen können.

Als er drei Mal die Reise gemacht hatte, guckte der Mond ihm plötzlich ins Gesicht. „Junge“, sagte er, „hast du noch nicht genug?“

„Nein“, schrie Häwelmann, „mehr, mehr! Mach mir die Tür auf! Ich will durch die Stadt fahren; alle Menschen sollen mich fahren sehen.“

„Das kann ich nicht“, sagte der gute Mond; aber er ließ einen langen Strahl durch das Schlüsselloch fallen; und darauf fuhr der kleine Häwelmann zum Haus hinaus.

Auf der Straße war es ganz still und einsam. Die hohen Häuser standen im hellen Mondschein und glotzten mit ihren schwarzen Fenstern recht dumm in die Stadt hinaus; aber die Menschen waren nirgends zu sehen. Es rasselte recht, als der kleine Häwelmann in seinem Rollenbette über das Straßenpflaster fuhr; und der gute Mond ging immer neben ihm und leuchtete. So fuhren sie Straßen aus, Straßen ein; aber die Menschen waren nirgends zu sehen. Als sie bei der Kirche

vorbeikamen, da krähte auf einmal der große goldene Hahn auf dem Glockenturm. Sie hielten still. „Was machst du da?“, rief der kleine Häwelmann hinauf.
„Ich krähe zum ersten Mal!“, rief der goldene Hahn herunter.
„Wo sind denn die Menschen?“, rief der kleine Häwelmann hinauf.
„Die schlafen“, rief der goldene Hahn herunter, „wenn ich zum dritten Mal krähe, dann wacht der erste Mensch auf.“
„Das dauert mir zu lange“, sagte Häwelmann, „ich will in den Wald fahren, alle Tiere sollen mich fahren sehen!“
„Junge“, sagte der gute alte Mond, „hast du noch nicht genug?“
„Nein“, schrie Häwelmann, „mehr, mehr! Leuchte, alter Mond, leuchte!“ Und damit blies er die Backen auf, und der gute alte Mond leuchtete, und so fuhren sie zum Stadttor hinaus und übers Feld und in den dunklen Wald hinein. Der gute Mond hatte große Mühe, zwischen den vielen Bäumen durchzukommen; mitunter war er ein ganzes Stück zurück, aber er holte den kleinen Häwelmann doch immer wieder ein.
Im Walde war es still und einsam; die Tiere waren nicht zu sehen; weder die Hirsche noch die Hasen, auch nicht die kleinen Mäuse. So fuhren sie immer weiter, durch Tannen- und Buchenwälder, bergauf und bergab. Der gute Mond ging nebenher und leuchtete in alle Büsche; aber die Tiere waren nicht zu sehen; nur eine kleine Katze saß oben in einem Eichbaum und funkelte mit den Augen. Da hielten sie still. „Das ist der kleine Hinze!“, sagte Häwelmann, „ich kenne ihn wohl; er will die Sterne nachmachen.“ Und als sie weiterfuhren, sprang die kleine Katze mit von Baum zu Baum.
„Was machst du da?“, rief der kleine Häwelmann hinauf.
„Ich illuminiere!“, rief die kleine Katze herunter.
„Wo sind denn die andern Tiere?“, rief der kleine Häwelmann hinauf.
„Die schlafen!“, rief die kleine Katze herunter und sprang wieder einen Baum weiter, „horch nur, wie sie schnarchen!“
„Junge“, sagte der gute alte Mond, „hast du noch nicht genug?“
„Nein“, schrie Häwelmann, „mehr, mehr! Leuchte, alter Mond, leuchte!“ und dann blies er die Backen auf, und der gute alte Mond leuchtete; und so fuhren sie zum Walde hinaus und dann über die Heide bis ans Ende der Welt und dann gerade in den Himmel hinein.
Hier war es lustig; alle Sterne waren wach und hatten die Augen auf und funkelten, dass der ganze Himmel blitzte. „Platz da!“, schrie Häwelmann und fuhr in den hellen Haufen hinein, dass die Sterne links und rechts vor Angst vom Himmel fielen.
„Junge“, sagte der gute alte Mond, „hast du noch nicht genug?“
„Nein!“, schrie der kleine Häwelmann, „mehr, mehr!“ Und – hast du nicht gesehen – fuhr er dem alten guten Mond quer über die Nase, dass er ganz dunkelbraun im Gesicht wurde. „Pfui!“, sagte der Mond und nieste drei Mal, „alles mit

■ [1]*aus: Der kleine Häwelmann erzählt von Theodor Storm, illustriert von Lisbeth Zwerger*

Maßen!“ und damit putzte er seine Laterne aus, und alle Sterne machten die Augen zu. Da wurde es im ganzen Himmel auf einmal so dunkel, dass man es ordentlich mit Händen greifen konnte. „Leuchte, alter Mond, leuchtet!“, schrie Häwelmann, aber der Mond war nirgends zu sehen und auch die Sterne nicht; sie waren schon alle zu Bett gegangen. Da fürchtete der kleine Häwelmann sich sehr, weil er so allein im Himmel war. Er nahm seine Hemdzipfelchen in die Hände und blies die Backen auf; aber er wusste weder aus noch ein, er fuhr kreuz und quer, hin und her, und niemand sah ihn fahren, weder die Menschen noch die Tiere, noch auch die lieben Sterne. Da guckte endlich unten, ganz unten am Himmelsrande ein rotes rundes Gesicht zu ihm herauf, und der kleine Häwelmann meinte, der Mond sei wieder aufgegangen. „Leuchte, alter Mond, leuchte!“, rief er, und dann blies er wieder die Backen auf und fuhr quer durch den ganzen Himmel und gerade darauf los. Es war aber die Sonne, die gerade aus dem Meere heraufkam. „Junge“, rief sie und sah ihm mit ihren glühenden Augen ins Gesicht, „was machst du hier in meinem Himmel?“ Und – eins, zwei, drei! nahm sie den kleinen Häwelmann und warf ihn mitten in das große Wasser. Da konnte er schwimmen lernen.

Und dann?

Ja und dann? Weißt du nicht mehr? Wenn ich und du nicht gekommen wären und den kleinen Häwelmann in unser Boot genommen hätten, so hätte er doch leicht ertrinken können!

Der Däumling *(Janosch)*[1]

Ein Bauersmann hatte einen Sohn, der war so klein wie ein Finger, ja eher noch kleiner, sodass die Nachbarn schon mit bösen Zungen darüber schwätzten; denn wie konnte das denn sein? Der Vater selbst war doch im Ganzen groß genug (einsdreiundsechzig). Und weil der Sohn nicht wuchs, so viele Jahre auch vergingen, und er kaum größer war als ein kleiner Daumen, nannten sie ihn „Däumling“. Der Sohn war aber der einzige Sohn des Bauern und sein Erbe. Ab seinem zehnten Jahr hätte er den Traktor fahren, ab seinem vierzehnten den Wagen lenken sollen, ab seinem sechzehnten die Dreschmaschine und den Heustabler. Aber er war – selbst wenn er sich auf eine Zigarettenschachtel stellte – kaum so groß wie der Mercedes-Zündschlüssel. Dabei ging der Junge nicht nutzlos einher, sondern er sammelte Krümel vom Tisch, stapelte sie auf einen Haufen. Er trug abgebrannte Streichhölzer und Kippen zusammen, die sein Vater achtlos auf den Teppich geworfen hatte, und schleppte alles hinaus auf den Mist. Er verfolgte Beißinsekten und erschlug sie mit einer Baumeichel, damit sie seinen Vater nicht beißen sollten. Mit geschickten Händen hatte er sich einen Bogen gefertigt. Angespitzte Schweinsborsten dienten ihm als Pfeile, und er konnte bald fliegende Mücken mit einem Schuss aus der

SAMMLUNG

Luft holen und auf den Dung tun. Kurzum, er war nützlich und auch guter Dinge. Doch der Vater war des nicht zufrieden.
Als die Zeit kam, da ihm schon der erste Flaum unter der Nase wuchs und der Mensch sich einen passenden Beruf suchen muss, bat er seinen Vater, ein Kammerjäger werden zu dürfen. Aber der Vater war des nicht zufrieden.
Nun hatte der Däumling aber auch eine geschickte Hand im Basteln an Kofferradiogeräten und hatte sie sogar schon auf den Empfang von russischen Geheimsendern getrimmt. Er hatte auch beispielsweise das Zündschloss vom Mercedes, das bekanntlich solide und stabil ist, sauber geölt und den Dreck, der immer wieder vom Finger auf den Schlüssel und von dort ins Zündschloss kommt, aus den feinen Federchen gepult, träumte auch davon, Werkmeister für automatisches Spielzeug zu werden, bat seinen Vater dann aber doch, bei einem Damenarmbanduhren-Uhrenmeister in die Lehre gehen zu dürfen. Aber der Vater war des nicht zufrieden.
Da fing der Däumling an zu weinen, und um es dem Vater recht zu machen, ging er bei einem Riesen in die Lehre. Der gab ihm Riesenmilch bei der Riesin zu trinken, und der Däumling wuchs und wuchs, wurde ein Riese und ging zurück nach Hause. Aber was er dort auch in die Hand nahm, ging kaputt. Er zertrat den teuren Salat mit seinen großen Füßen, brach Obstbäume um, und der Vater war es wieder nicht zufrieden. „Dir kann man gar nichts recht machen", sprach der Däumling, verließ das Haus seines Vaters und kam nie wieder zurück.

[1]*aus: Janosch erzählt Grimm's Märchen*
1972/91 Beltz Verlag, Weinheim und Basel

Die Schildkröte und der Elefant *(aus Südafrika)*[1]

Die Schildkröte begegnete dem Elefant am Wege:
„Du, Elefant, du bist also wirklich der Meinung, dass du eigentlich recht groß bist."
„Ja, hast du mich denn nicht gesehen?"
„So, also du bist groß."
„Ja, wieso denn?"
„Ja, hast du da deinen Kopf einmal gesehen?"
„Was?"
„Wenn ich springe, springe ich darüber weg."
„Du?"
„Ja, ich!"
„Du bist doch nur so klein."
„Natürlich, du."
„Los denn, wir wollen uns nun wundern, wie du nicht springen kannst."
„Nein, heute komme ich von weit her, da bin ich müde."
„Da können wir uns ja gleich über die Aufschneiderei wundern."
„Du denkst, ich bin ein Aufschneider?"
„Ja, du bist ein Lügner, weshalb suchst du Ausflüchte? Du kannst ja doch nicht laufen."
„Dann komm, komm morgen, und stell dich gerade hierhin, dann sollst du dich wundern, wie ich springen kann."
Darauf ging der Elefant weg. Die Schildkröte aber lief, um ihre Frau zu holen, und versteckte sie im Gebüsch am Wege. Als es Tag wurde, da kam der Elefant.
„Willkommen!", sagte die Schildkröte.
„Jawohl!"
„Du bist also gekommen, Elefant?"
„Ja, ich bin gekommen, ich dachte, ich will mich wundern, wie die Schildkröte laufen kann."
„Komm her, stelle dich gerade hierhin!"
Darauf stand der Elefant in der Mitte, die Schildkröte auf der einen Seite und ihre Frau auf der andern und der Elefant dazwischen.
„Nun, zu denn, Schildkröte, springe!"
„Hopp!", so machte die Schildkröte auf dieser Seite, als ob sie spränge.
„He!", so machte das Weib auf der andern Seite. Der Elefant dachte:
„Ich muss doch einmal dort hinsehen", und wirklich findet er die Schildkröte da.
„Der Tausend, das ging ja schnell, mache es doch noch einmal, denn ich habe es nicht gut sehen können."
Darauf sagte nun die Frau Schildkröte auf der einen Seite:
„Hopp!", und der Elefant denkt: „Ich will schnell nach der andern Seite sehen",

SAMMLUNG

[1] *aus: Afrikanische Märchen, hrsg. von Carl Meinhof erschienen bei Diederichs im Heinrich Hugendubel Verlag, Kreuzlingen / München*

und da hört er schon: „He!“ Da ist die Schildkröte wieder. Darauf sagte der Elefant:
„Nein, ich glaub jetzt, in diesem Stück bist du mir überlegen, aber Dauerlauf laufen, darin übertreffe ich dich nun wirklich.“
Da meinte die Schildkröte:
„Ich weiß nicht, vielleicht könnte ich auch das versuchen.“
„Na zu denn!“
„Jetzt hier geht es nicht, meine Beine sind noch angegriffen vom Springen, aber vielleicht kannst du morgen kommen.“
„Auch das, gut denn.“
„Dann mach dich morgen früh auf und komm hierher, denn von hier wollen wir unsern Dauerlauf anfangen.“
In der Nacht kam dann die Schildkröte und nahm ihre Kinder und Vettern und alle ihre Verwandten und versteckte sie am Wege, einen hier, den andern da. Sie sagte:
„Seht zu, wenn ihr merkt, dass der Elefant gekommen ist, dann tut so, als ob ihr auf dem Wege lauft und mit ihm um die Wette lauft.“
Als es dann Morgen wurde, erschien der Elefant und sagte:
„Schildkröte!“
Und die Schildkröte sagte:
„Hier!“
„Bist du da?“
„Ja.“
„Komm denn, wir wollen laufen.“
Darauf machte der Elefant seinen Dauerlauf: trab, trab, trab. Als er dann nach seiner Meinung eine Strecke gelaufen war, wollte er sehen, wie er die Schildkröte zurückgelassen hatte und rief ihr zu:
„Schildkröte!“
Zu seinem Schrecken hörte er die Schildkröte ganz vorne rufen:
„Hier!“
„Tausend ja!“
Und wieder nahm er einen Anlauf und lief und lief und lief. Als er ganz weit war, dachte er, er wollte sehen, wie er seinen Freund zurückgelassen hatte und sagte:
„Schildkröte!“
„Hier!“, rief es von vorne. In dieser Weise ging es weiter, und so fiel es zu Ungunsten des Elefanten aus.

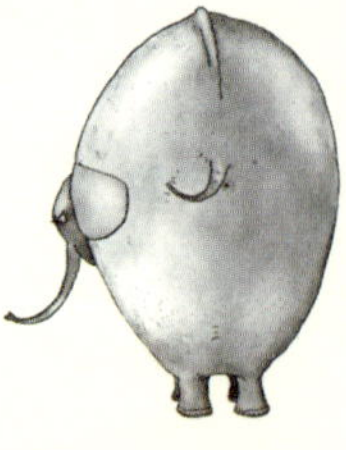

Der Schmied und die Elfen *(aus Schottland)*[1]

Vor langer, langer Zeit lebte in Schottland ein kräftiger Schmied mit seinem einzigen, mutterlosen Sohn. Der war ein schmächtiger, verträumter Bub, doch arbeitete er tüchtig mit seinem Vater an der Esse. Alle Nachbarn bangten um ihn, denn das kleine Elfenvolk liebt solche Kinder; und sie legten dem Schmied immer wieder ans Herz, nur ja gut auf sich Acht zu geben. „Lass den Jungen nicht aus den Augen“, sagten sie, „sonst entführen die Elfen ihn ins Lichte Land. Schau jeden Abend nach, ob du auch wirklich den Ebereschenzweig über deine Tür gehängt hast, um sie fern zu halten!“ Jeden Abend zur Dämmerung wurde der Zweig über die Tür gehängt, und der Knabe blieb unversehrt.

Eines Tages aber musste der Schmied verreisen. „Vergiss nicht, den Zweig aufzuhängen, ehe du zu Bett gehst“, ermahnte er seinen Sohn, ehe er fortging. Doch freilich, nach einem langen Tag voller Arbeit und Streifzügen durchs Moor im Sonnenschein war der Junge viel zu müde, um daran zu denken. Und als der Schmied heimkehrte, stand die Tür offen. Er betrat das Haus, rief nach seinem Jungen und hörte eine dünne Stimme sagen: „Vater, ich liege krank zu Bett und muss da bleiben, bis ich wieder gesund bin.“

Der Schmied war ganz bestürzt, wie er das hörte und den armen Jungen sah: so blass und schwach, von Krankheit gealtert – so schien es. Tagelang lag er hilflos da. Nur zum Essen raffte er sich auf. Der Schmied wunderte sich bloß, dass er trotz der Krankheit so viel aß. Einige Zeit quälte er sich, bis er schließlich einen weisen alten Mann holte und um Rat bat.

„Das Wesen ist nicht dein Sohn“, sagte der Alte nach einem Blick auf den Jungen. „Das ist ein Wechselbalg, den das kleine Volk zurückließ, als es deinen Sohn mitnahm.“

Der Schmied war verzweifelt, aber der Weise tröstete ihn und sprach: „Willst du deinen Sohn wiedersehen, so steht dir eine schwierige Aufgabe bevor. Doch als Erstes geh ins Haus und verteile leere Eierschalen auf dem Boden neben dem Feuer. Sobald der Wechselbalg dich beobachtet, tu so, als seien sie bleischwer, sodass er neugierig wird, was du machst.“

Der Schmied befolgte den Rat genau, bog sich unter der Last der Eierschalen, bis der Wechselbalg laut auflachte und mit einer Fistelstimme kreischte: „In all meinen achthundert Jahren habe ich noch nie so etwas Albernes gesehen!“

Als der weise Mann das gehört hatte, erklärte er dem Schmied, wie er den Wechselbalg loswerden könne: Erst müsse er neben dessen Bett ein Feuer machen und abwarten, bis der Wechselbalg frage, was er dort tue. In dem Augenblick solle er ihn packen und ins Feuer werfen.

Der Schmied tat wieder, wie ihm geraten, und warf das Geschöpf genau im rechten Augenblick ins Feuer. Mit einem bangen Klageruf schwebte es zum Rauchloch hinaus und war schon in den Wolken verschwunden.

[1] aus: Evetts-Secker / Cann: Väter und Söhne – Märchen aus aller Welt. Urachhaus, Stuttgart 1999.

Als dem weisen Mann das berichtet wurde, sagte er: „Nun kommt die schwierigere Aufgabe, mein Freund. Jetzt musst du in den grünen Hügel und das Elfenreich aufsuchen. Nur bei Vollmond ist das Tor in die Erde zu finden. Nimm die Bibel mit, dazu einen Dolch und deinen Hahn, der morgens kräht. Fürchte dich nicht vor Gesang und Tanz im strahlenden Licht, sondern dringe forsch ein, stoße den Dolch in den Türstock, damit sich das Tor nicht hinter dir schließen kann. Geh geradewegs ins Feenreich im Schutz deiner Bibel."

Geduldig, aber mit wachsender Sorge um seinen Jungen erwartete der Schmied den nächsten Vollmond. Sein Herz tat ihm weh vor Sehnsucht, ihn wiederzusehen, und sein Mut wuchs mit dem Schmerz.

Wieder folgte der Schmied dem Rat des weisen Mannes, fand sich bei Vollmond auf dem Hügel ein und hörte unter seinen Füßen die Musik erklingen. Plötzlich leuchtete ein starkes Licht auf, und die Erde öffnete sich vor ihm. Er stieß den Dolch in den Türstock und trat mit dem Hahn unterm Arm, der Bibel in der Hand in die Tiefe des Hügels. Da befand er sich in einem riesigen Raum, an dessen Ende er seinen eigenen Sohn in der Elfenschmiede bei der Arbeit sah. Mitten durch das tanzende Grüne Volk nur konnte er ihn erreichen. Dem Tanz aber musste er widerstehen; würde er als Sterblicher in ihm gefangen, müsste er auf ewig tanzen. Als er sich dem Sohn näherte, sah er die Wildheit im Blick seiner Augen und die Blässe seiner Lippen; Feenzauber trieb ihn zur Arbeit an der Esse.

Das kleine Volk war rasend, dass ein Mensch es wagte, in ihr verborgenes Reich unter dem Hügel einzudringen, und sie griffen zornig an. Doch er bewegte sich mitten durch sie hindurch und antwortete auf ihre Herausforderung, wie der weise Mann ihn gelehrt hatte: „Ich bin gekommen, meinen Sohn zu suchen, und werde nicht ohne ihn gehen." Das Feenvolk nahte sich ihm drohend, doch die Macht der Bibel hielt sie in Armeslänge auf Abstand. So konnte der Schmied seinen Sohn erreichen. Dabei rief er mit laut schallender Stimme: „Entlasst meinen Sohn sofort aus eurem Zauber! Gebt ihn frei, sage ich und lasst ihn heimziehen in sein eigenes Land!"

Als der Junge die Stimme des Vaters vernahm, war er überglücklich. Er streckte die Arme nach ihm aus, und sein Blick wurde ruhig. Sofort ging ein Aufschrei durch das Feenvolk, und sie verwünschten die Kühnheit des Schmieds.

In dem Augenblick aber berührte der erste Sonnenstrahl den Hügel, der schlafende Hahn erwachte und grüßte mit kräftigem Krähen das Nahen des Lichts. Entsetzen ergriff das Kleine Volk, durfte doch kein Lichtstrahl von außen in sein Versteck einfallen. Sie eilten, das Tor zum Hügel zu schließen. Der Dolch im Türstock aber hinderte sie, und der Schmied und sein Sohn konnten entkommen. Rasch zog der sterbliche Mann sein Messer heraus. Sie rannten in den lichten Morgen und waren gerettet.

Aber ein zorniges Elfenwesen verfluchte die Flüchtenden und rief: „Du magst heimfinden, doch dein Sohn wird nicht sprechen, ehe mein Bann gebrochen ist."

Damit schloss sich das Tor zum Feenhügel, und die Sonne leuchtete ihnen entgegen.
Wie froh war der Junge, wieder in der vertrauten Welt zu sein. Er streifte durch die Moore und half seinem Vater in der Schmiede. Sie waren glücklich – nur konnte der arme Junge kein Wort sprechen. Dann, als ein Jahr und ein Tag vergangen waren seit seiner Befreiung vom Feenvolk, begannen sie die Arbeit an einem kostbaren Schwert für den Führer ihres Clans. Es sollte ein besonders prächtiges Schwert werden, und sie waren ganz besessen von ihrem Tun. Schweigend hämmerten Vater und Sohn das glühende Metall, wenn die Sonne am Himmel aufstieg, und arbeiteten noch, wenn die Sonne im Westen hinter den Hügeln versank.
Wie der Junge so schaffte, blitze plötzlich ein Bild in ihm auf, eine seltsame Erinnerung an das Feuer in der Elfenschmiede, und in sich vernahm er die Zaubersprüche, unter denen das Kleine Volk seine glänzenden Klingen schmiedete. Erstaunt beobachtete der Schmied, wie die Hände seines Sohnes das Metall bearbeiteten, wie seine Augen seltsam glänzten und seine Lippen sich im Rhythmus des Hammers mitbewegten. So arbeitete er, bis das herrlichste Schwert vollendet war, eine Waffe wie von Elfenhand.
Der Junge lächelte, als er des Vaters Bewunderung sah. Triumphierend sprach er: „Vater, diese Klinge wird niemals versagen. Wer mit ihr kämpft, wird nie besiegt!"
Er sprach! Der Bann war gebrochen. Unbewusst hatte er mit dem Elfenschwert seine eigene Zauberarznei geschaffen. Der Junge verlor jegliche Erinnerung an das Kleine Volk und ihr Tanzen unter dem Hügel. Er wuchs heran und wurde der berühmteste Schmied in ganz Schottland. Das Elfenschwert brachte seinem Träger hohes Ansehen.

Große Mutter Erdbeben *(Märchen der Irokesen)*[1]

Vor langer Zeit lebte eine Frau, die hatte drei erwachsene Töchter: Runder Stein, Langbein und Zitterndes Blatt. Als sie im rechten Alter waren, musste Mutter Schwan für ihre Verheiratung sorgen. Sie rief sie zu sich und sprach: „Mein Leben war hart und arbeitsam, weil ich euch allein aufziehen musste und wir nichts zu essen hatten als Früchte des Waldes und Pilze. Soll ich noch einen Winter überleben, so brauche ich auf meine alten Tage etwas Fleisch zu essen. Es wird Zeit, dass ihr heiratet. Zwei von euch werden ins Gebiet des Adlerstammes reisen. Dort lebt Große Mutter Erdbeben, die reich ist und mit ihrem Sohn Narbengesicht in einem großen Haus lebt. Der ist ein geschickter Jäger und wird auch ein guter Ehemann sein. Bringt ihm das beste Brot, das ihr backen könnt, und mir das beste Stück Fleisch zurück, das ihr finden könnt."

Beglückt hörten die beiden Töchter, Runder Stein und Langbein, den Plan ihrer Mutter und bereiteten sofort das Hochzeitsbrot: Sie wuschen Getreide, mahlten es zu Mehl, bereiteten den Teig, kneteten ihn und formten zwanzig runde Laibe; die buken sie in der Asche und packten sie in einen großen Korb, den sie aus Kiefernwurzeln und Birkenrinde geflochten hatten. Dann legten sie sich früh zur Ruhe, um zeitig im Morgengrauen aufbrechen zu können. Ehe sie losgingen, flocht ihnen Mutter Schwan die Haare und bemalte ihre Gesichter mit roten Streifen. Beim Abschied schärfte sie ihnen ein: „Geht direkt zu Mutter Erdbeben. Sprecht unterwegs mit niemandem und rastet nicht. Denkt an meine Worte!"
Die beiden machten sich mit ihrem Hochzeitsbrot auf den Weg. Zitterndes Blatt blieb zurück und schaute ihnen nah. Gegen Nachmittag hatten sie schon manch kalten Fluss durchquert; ihre Mokassins waren schlammverschmiert und ihre Füße wund von scharfen Felsen. Plötzlich rannte ein Mann des Eulenstammes in großer Aufregung vor ihnen her. „Ich habe bei der Kaninchenjagd meinen Pfeil verloren", rief er. „Den brauche ich, um meiner Familie Fleisch zu bringen. Bitte helft mir suchen!"
Langbein zögerte, da sie sich der Worte ihrer Mutter erinnerte; Runder Stein aber stellt den Korb hin und half ihm suchen. Sie ward betrogen, denn als sie suchte, lief der Eulenmann mit dem Hochzeitsbrot davon.
Schweren Herzens kehrten die Mädchen heim, wohl wissend, wie enttäuscht ihre Mutter sein würde. Langbein erklärte, was vorgefallen war, und Mutter Schwan rief: „Wie konntet ihr so ungehorsam sein? Ihr hättet doch geradewegs zum Adlervolk gehen sollen. Jetzt kommt ihr ohne Fleisch zurück." Sie weinte, bis die Sonne hinter den Bäumen versank. Dann sagte sie zu Langbein: „Geh schlafen, morgen beginnen wir von vorn. Wir backen Hochzeitsbrot, und du wirst mit Zitterndem Blatt gehen, um Mutter Erdbeben und ihren Sohn zu besuchen. Eure ältere Schwester muss fortan daheim bleiben und sich damit abfinden."
Ehe noch die Sonne aufging, war das Brot bereitet. Wieder flocht Mutter Schwan ihren Töchtern die Haare und bemalte ihre Gesichter. Wieder schärfte sie ihnen ein: „Haltet unterwegs nicht an, um zu schwatzen wie eure Schwester. Geht sofort zu Mutter Erdbeben und weicht nicht vom Wege ab."
Die Schwestern liefen los, fest entschlossen, zu tun, was die Mutter befahl. Doch noch ehe es Mittag war, tauchte derselbe Eulenmann auf und grüßte sie freundlich lächelnd. Zitterndes Blatt dachte an das Los ihrer Schwester und mahnte: „Schweig still, bleib nicht stehn, Schwester, wir müssen eilends zu Mutter Erdbeben."
Langbein aber war so von Eules Gebaren eingenommen, dass sie innehielt und ihn nach dem Weg fragte. „Große Mutter Erdbeben wohnt ganz hier in der Nähe", erwiderte er, „du kannst ihre Behausung von hier aus sehen." Betrügerisch zeigte

[1] *aus: Evetts-Secker/Cann: Mütter und Töchter – Märchen aus aller Welt. Urachhaus, Stuttgart 2002.*

er auf sein eigenes Haus; denn obwohl er schon Frau und Sohn hatte, meinte er, diese Schwanenmädchen wären schöne Bräute für ihn.
Der durchtriebene Kerl rannte voraus, schickte seinen Sohn hinaus und bestreute seine Frau mit Asche, bis sie ganz alt aussah. Dann bemalte er sich mit leuchtenden Farben, dass er strahlte wie ein junger Held, und erwartete die Mädchen. Im Dämmerdunkel des Hauses hielten sie ihn für den ersehnten Gatten und setzten sich zu ihm. Doch als sie gerade von ihrer beschwerlichen Reise erzählten, kam ein Bote gelaufen: „Komm schnell, Eule, Mutter Erdbeben schickt nach dir. Lass sie nicht warten!"
Eule sprang eilig auf, um die alte Frau nicht zu verstimmen. „Ich werde gebraucht in der großen Ratsversammlung", gab er vor. „Bin bald zurück. Wundert euch nicht. Ich bin Narbengesicht, Eule ist nur mein Spitzname", und fort war er.
Zitterndes Blatt misstraute ihm. „Dieser Mann ist ein Betrüger", sagte sie, „wir hätten nicht anhalten dürfen. Lass uns rasch gehen." Die Mädchen nahmen ihren Korb und eilten davon. Unterwegs stillten sie ihren Hunger mit Beeren und erreichten schließlich Mutter Erdbebens Haus, aus dem Tanzlärm und Gelächter schallten. Durchs Fenster erspähten die Mädchen gerade noch etwas von Eules albernem Gebaren, mit dem er die Adler-Leute belustigen wollte. Dann kam er heraus. Geschwind versteckten sich die Mädchen hinter Bäumen, dass er sie nicht bemerke, und sie warteten, bis alle Gäste fort waren und Mutter Erdbeben mit ihrem Sohn allein am Feuer zurückblieb.
Da traten Langbein und Zitterndes Blatt ein und näherten sich scheu dem Feuer. Sie stellten ihren Korb vor Mutter Erdbeben hin. Die lächelte freundlich, nahm von dem Brot und gab es ihrem Sohn. „Narbengesicht, dies Brot ist ein Hochzeitsgeschenk. Iss und heirate", sprach sie.
Narbengesicht empfing das Brot von der Mutter und betrachtete die Mädchen eindringlich. Dann lächelte auch er. „Gerne werde ich euch beide heiraten", sagte er und aß genüsslich ihre Festgabe, während die Mädchen sich neben ihn setzten, jede an seine Seite.
Nach dem Hochzeitsfest lebten die Frauen bei Narbengesicht und Mutter Erdbeben und waren zufrieden mit ihrem Dasein. Jeden Tag gab es genug zu essen, und abends hörten sie die Geschichten des Adlervolkes.
So vergingen die Wochen, bis Mutter Erdbeben eines Tages sagte: „Jetzt seid ihr gestärkt und ausgeruht. Wandert zu eurer alten Mutter und bringt ihr Fleisch. Sobald sie kräftiger ist und reisen kann, nehmt ihr sie mit zu uns. Sie kann hier ihr eigenes Feuer machen von dem Holz, das ihr für sie sammelt, und ihren eigenen Topf haben, um sich Fleisch zu kochen, solange sie Zähne hat."
Da schnürten Langbein und Zitterndes Blatt getrocknetes Fleisch zu einem großen Bündel. Doch noch ehe sie versuchten es hochzuheben, berührte Mutter Erdbeben die Last und ließ sie augenblicklich so klein werden, dass sie leicht zu

tragen war. Die jungen Frauen waren sehr erstaunt, dachten sich aber, es sei besser, zu schweigen. Still machten sie sich auf den Heimweg.
Als sie das Geschenk vor Mutter Schwan hinlegten, war sie nicht sonderlich beeindruckt; kaum aber hatte sie es berührt, wuchs es, und sie verwunderte sich über seine Größe. „Das habt ihr gut gemacht, meine Töchter", sagte sie erfreut. Mit strahlenden Augen saß sie am Feuer und kaute das getrocknete Fleisch, bis ihr der Schweiß übers Gesicht rann.
Mutter Schwan war es nicht gewöhnt, so viel zu kauen. Bald schon war sie erschöpft, und als sie unmöglich noch mehr essen konnte, legte sie sich hin und schlief so friedlich wie noch nie. Als sie sich stark genug fühlte, reiste sie mit allen drei Töchtern zum Stamme der Adler. Und so beschloss Mutter Schwan ihre alten Tage zufrieden am eigenen Feuer, aber im Kreise ihrer Töchter und Enkel, in Mutter Erdbebens Haus – und nun ist die Geschichte aus!

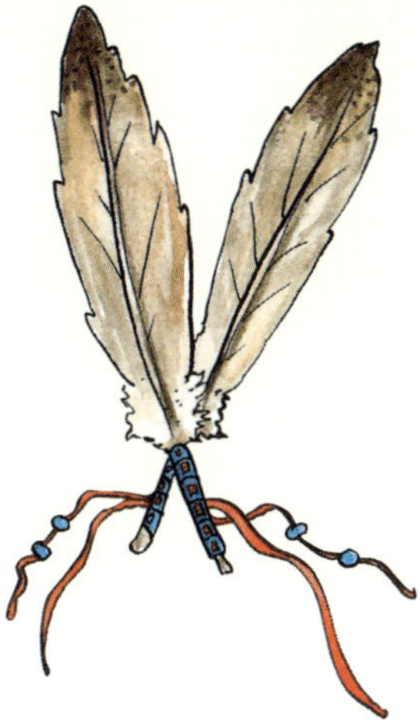

Literatur über Märchen

Bettelheim, Bruno (1980): Kinder brauchen Märchen, dtv TB
Berger, Eberhard/Giera, Joachim (Hg.) (1990): 77 Märchenfilme. Ein Filmführer für jung und alt. Berlin: Henschel
Doderer, Klaus (Hg.) (1983): Über Märchen für Kinder von heute, Weinheim: Beltz
Doderer, Klaus (Hg.) (1984): Lexikon der Kinder und Jugendliteratur, Weinheim: Beltz
Feibel, Thomas (1997): Multimedia für Kids: Spielen und Lernen am Computer, Reinbek: Rowohlt TB
Feibel, Thomas (2000): Großer Kinder-Software-Ratgeber 2001. München: Markt + Technik
Freund, Winfried (1996): Deutsche Märchen. München: Wilhelm Fink
Hetmann, Frederik (1999): Märchen und Märchendeutung erleben & verstehen. Klein Königsförde: Königsfurt Verlag
Kaminski, Winfred (1997): Vom Zauber der Märchen – Ein pädagogischer Leitfaden zu den Sammlungen der Brüder Grimm. Mainz: Matthias-Grünewald-Verlag
Kaminski, Winfred (2001): Spiele mit Märchen – Gruppen- und Brettspiele für Kinder. Mainz: Matthias-Grünewald-Verlag
Karlinger, Felix (1988): Geschichte des Märchens im deutschen Sprachraum. Darmstadt: Wissenschaftliche Buchgesellschaft
Lüthi, Max (8./1990): Märchen. Stuttgart: J.B. Metzler
Lüthi, Max (8./1985): Das europäische Volksmärchen. Tübingen: A. Francke
Mazenauer, Beat/Perrig, Severin (1995): Wie Dornröschen seine Unschuld gewann – Archäologie der Märchen. Leipzig: Gustav Kiepenheuer
Pertler, Cordula/Pertler, Reinhold (3./2001): Kinder erleben Märchen – Methoden und Ideen. München: Don Bosco
Schaufelberger, Hildegard (1987): Märchenkunde für Erzieher. Freiburg: Herder
Scherf, Walter (1995): Das Märchen Lexikon, Band 1 von A–K; Band 2 von L–Z. München: C.H. Beck
Vom Wege, Brigitte/Wessel, Mechthild (1999): Praxisbuch Kinderliteratur für die sozialpädagogische Ausbildung. Köln: Stam
Vom Wege, Brigitte/Wessel, Mechthild (2001): Spielketten und Spielaktionen, Bd. 1,2. Freiburg: Herder

Adressen

www.arbeitskreis-jugendliteratur.de
Arbeitskreis für Jugendliteratur e.V., Metzstraße 14c, 81667 München;
www.bjf.bkj.de
Bundesverband Jugend und Film e.V., Kennedyallee 105 a, 60596 Frankfurt/M., Tel. 069-6312723
www.matthias-film.de
Matthias-Film, Gemeinnützige GmbH, Gänsheidestr.67, 70184 Stuttgart, Tel. 0711-243456
www.kjf.de
Kinder- und Jugendfilmzentrum in Deutschland, Küppelstein 34, 42857 Remscheid, Tel. 02191-794-233
www.top-videonews.de
Aktuelle Informationen über (Märchen-)Filme für Kinder auf Video oder DVD
www.filmwerk.de
Katholisches Filmwerk GmbH, Ludwigstr. 33, 60327 Frankfurt/M. Tel. 069-971436-0
www.maerchen-emg.de
Europäische Märchengesellschaft, Postfach 1322, 48403 Rheine
www.gutenberg2000.de
enthält Texte deutscher Sprache von mehr als 1000 Autoren
www.maerchen-erzaehlen.de
Informationen über Märchenerzähler
www.internet-maerchen.de
Internet Märchenbuch
www.maerchen-stiftung.de
Märchenstiftung Walter Kahn, Ohmstraße 9, 80802 München
www.maerchenkreis.de
Stuttgarter Märchenkreis
www.maerchenlexikon.de
Informationen zum Thema Märchen und Märchenvolltexte
www.wissen.de
www.maerchenjurte.de
Eine Gruppe von Märchenerzählern, die an verschiedenen Orten gastieren
www.maerchengesellschaft.ch
Schweizerische Märchengesellschaft
www.erzaehlen.de
www.maerchen.de
www.maerchen-fuer-kinder.de